KB158655

배정원의 사랑학 수업

일러두기

외래어 표기법상 '보디 이미지'가 맞는 표기이나, 보편적 언어 사용을 고려하여 '바디 이미지'
로 표기하였습니다.

연애는 덧셈, 섹스는 곱셈

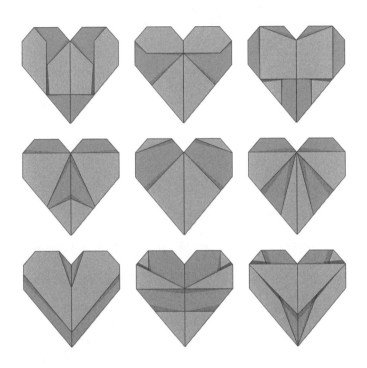

배정원의 사랑학 수업

배정원 지음

행성B

사랑학 수업을 하는 이유

"교수님께서 '사랑학 수업'을 하는 이유가 뭔가요?"

한 방송에서 이 질문을 받았다. 학생들에게 오랜 시간 사랑하는 방법을 가르치며 정말 수없이 같은 질문을 받아 왔지만, 그날은 왠지 다른 대답을 하고 싶었다.

'나는 왜 학생들에게 사랑을 권하는 거지? 사랑을 통해 우리는 뭘 얻지?'

잠시 깊은 생각에 빠져 있다가 이렇게 답했다.

"생각해 보면 사랑하던 순간들은 인생을 통틀어 가장 행복했던 순간들이었어요. 사랑하는 사람과 먹는 밥, 사랑하는 사람과 걷던 길, 사랑하는 사람과 보던 저녁노을… 사랑할 때 나와 내 주변은 아름답고 선명했지요. 사랑을 통해 나는 나 자신을 가장 잘 이해할 수 있었어요. 그래서 비록 실연으로 끝나더라도… 우리 학생들이 그런 경험을 꼭 해 보면 좋겠어요."

그렇다. 사랑은 그런 것이다.

사랑을 나누는 순간은 인생의 그 어느 때보다 반짝반짝 빛난다. 아마도 사랑을 통해 나와 상대가 가장 영롱하게 스스로를 드러내기 때문일 것이다. 우리는 누군가를 사랑하고 사랑받으면서 내가 어떤 사람인지 깨닫게 된다. 내가 사람을 만날 때 집착하는지, 자신감이 없는지, 질투가 많은지, 결정 장애가 있는지, 이타적 또는 이기적인지를 연인이라는 사람과의 관계 속에서 알아채는 것이다. 사랑과 연애만큼 나를 잘 알게 해 주는 것은 없으며, 실연의 경험조차 결국 '나'라는 사람을 들여다보게 해 준다.

또한 사랑은 행복 그 자체다. 나에게 특별한 누군가를 아끼고 돌보며 그를 위해 기꺼이 헌신한다. 시간과 돈과 마음, 곧 온 존재를 내어주며 기쁨을 느끼는 것이다. 그리고 나 역시 누군가의 애정어린 돌봄을 받으며 안도감을 느끼고 성장하게 된다. 사랑을 통해 나 자신을 긍정하는 인간관계를 경험하게 되는 것이다. 정신의학자 빅터 프랭클은 "사랑이야말로 우리를 구원하는 힘"이라고 말했다. 그 지옥 같은 유대인 수용소에서 굶주림과 노역을 겪으며 언제 죽을지 모르는 가운데 그가 버틸 수 있었던 힘은 사랑하는 아내를 수시로 떠올리고, 마음속의 그녀에게 시시때때로 말을 거는 것이었다. 죽음이 코앞에 와 있을 때조차 사랑하는 이를 생각하며 고통을 견딜 수 있었다는 것이다.

우리는 이렇게 사랑을 통해 내가 어떤 사람인지 잘 알게 되고, 더욱 나은 사람으로 성숙하고 성장하기도 한다. 당장 죽을지도 모르는 위험 속에서 좌절하지 않도록 버틸 힘을 주는 것도 사랑이다. 인생을 사는 데 사랑만 한 '강력하고 다정한 위안'은 없다.

요즘의 청년들이 사랑과 연애를 자꾸 뺄셈으로 계산하는 게 나는 안타까웠다. 청춘은 어느 세대나 가장 가난하고 가장 무겁다. 내가 누군지도 모르겠고 미래를 위해 어떻게 살아야 할지, 무엇을 준비해야 할지 알 수 없기 때문이다. 그래서 돈과 시간, 감정을 소비하는 사랑과 연애를 미루거나 포기하겠다는 말을 많이 한다.

하지만 사랑은, 연애는 덧셈 그 이상이다. 사랑은 세상에 기죽는 나에게 다시 시작할 기운을 '빵빵하게' 충전해 주며 나를 일으킨다. 사랑하는 이가 있으면 그 어떤 어려움도 두렵지 않다. 이에 더하여 사랑하는 이와 나누는 섹스는 내가 더 이상 혼자가 아니라는 사실과 함께 사랑의 기쁨과 인생의 행복을 곱절로 만들어 주는 곱셈이다. 섹스는 단순히 몸의 감각이 아니라, 육체와 정신을 서로에게 활짝 열어 인정하고 이해받는 강력한 소통과 결속 방식이기 때문이다.

나는 사랑이 두려워 지레 피하는 청년들이, 또 사랑으로 좌충우

돌하는 청춘들이 이 책을 통해 성과 사랑에 구체적이며 충분한 정보를 얻기를 바란다. 또 무엇보다 누군가를 만나 연애하고 싶은 마음이 생긴다면 정말 좋겠다. 이 책에 청년들을 위한 사랑의 여러 조언을 담았다. 자신을 존중하는 마음 가지기, 내게 맞는 사람을 알아보는 안목 갖추기, 사랑을 시작하고 유지하는 방법 익히기, 질투나 두려움 등에 대처하기, 그리고 잘 헤어지는 법 등 마음과 관계를 세밀하게 짚어 보았다. 또한 즐겁고 안전하게 섹스하기, 피임과 성병 예방법을 포함한 성 건강 관리법까지 담았다. 우리 청년들이 조금이라도 더 행복하게 사랑을 나눌 수 있도록 도움이 되었으면 한다.

살아보니 인생은 마라톤이 아니라 허들 경기다. 매번 내 눈앞에 나타나는 크고 작은 장애물을 넘고 넘고 또 넘으며 가는 장애물 경기. 그 장애물을 함께 넘을 동료를 만나면 얼마나 든든할까. 서로 독려하고 넘어지면 일으켜 줄 수 있을 것이다. 사랑이 그것이고 청춘의 사랑은 더욱 그렇다. 이 사랑의 경험을 통해 우리는 더욱 단단해지고 풍성해진다. 모쪼록 당신에게 찾아온 사랑을, 연애를 어느 순간에서도 피하거나 미루지 않길 바란다.

이 책이 나오기까지 정말 오랜 시간이 걸렸다. 그동안 지치지 않고 지켜보고, 위로하고, 격려하고, 응원을 보내준 행성B 출판사의 이윤희 편집장에게 감사를 드린다. 나를 향한 그녀의 믿음과 섬세하고 냉정한 조언이 없었다면 이 책은 나오지 못했을 것이다. 또 고군분투하는, 때로 게으른 나를 믿어주신 임태주 대표에게도 감사를 빼놓을 수 없다. 원고를 꼼꼼히 읽고 세밀한 부분까지 예쁘게 디자인해 주신 페이퍼컷의 장상호 디자이너께도 깊은 감사를 드린다.

나의 근원이자 세상에서 가장 독립적인 부모님께 존경과 무한감사를, 일하는 엄마라 청소년기와 청년기를 잘 챙겨주지 못했던 나의 분신 두 아이에게는 "미안하고 사랑한다"는 말을 천만번 전하고 싶다.

일일이 이름 부르지 못해도 나의 인생을 스쳐 지나고, 함께 걷고, 곳곳에서 '행운의 모자'가 되어 주신 분들에게 두 손 모아 깊은 감사를 드린다. 나의 '친절한 인생'에게도….

1

상상 말고
실전,
데이트 수업

관계를 경험하라,
랜덤 데이트 과제

2021년 여름 〈유 퀴즈 온 더 블록〉이라는 방송 프로그램에 출연해 유명해진 〈성과 문화〉 수업 중 '데이트 과제'는 사실 이전부터 많은 관심을 모아왔다. 수강신청하는 학생들도 수업 첫 시간 자기소개를 하면서 꽤 많은 수가 이 과제 때문에 수강을 원했다고 밝힌다. 학생들의 이런 염원(?)을 '염불보다 잿밥'이라 할지 몰라도 데이트 수업은 교수인 나로서도 꽤 공을 들이는 과제이다.

대학의 수업에서 데이트를 과제로 내준다는 것에 국내뿐 아니라 미국, 네덜란드, 프랑스 등 외국의 유수한 언론들도 관심을 보여 지금도 취재 요청을 받곤 한다. 특히 미국의 WSJ, CNN, 싱가포르 국영 방송 CNA, 프랑스의 M6 방송은 직접 수업과 학생들의 데이트 현장을 취재하고 따라다니기도 했었다. 그들은 '왜 한국의 학생들은 데이트를 수업에서 배워야 하는가?'를 제일 궁금해했는데, CNN은 실제 기사 속에 "취업 준비에 바쁘고 돈도 많이 들기 때문에 데이트를 못 한다"는 학생의 대답을 싣기도 했다.

우리나라는 물론이고 좋아하는 이와의 관계, 연애, 사랑, 섹스 등에 대해 일정한 커리큘럼을 가지고 수업하는 대학은 세계적으로 무척 드물다. 아마 서양에서는 대체로 청소년기부터 이성교제를 쉽고 자유롭게 하기 때문일 것이다. 고등학교 때까지 이성교제를 엄격한 눈으로 바라보는 우리나라가 유독 보수적이다. 어떤 의미에서 나의 학생들은 무척 행운을 누리고 있는 셈이다. 〈성과 문화〉 수업에서 남녀의 다른 성 생리, 성 심리와 사랑, 관계 맺기, 연애, 결혼, 섹스 등의 구체적이고 실용적인 정보와 가치를 배우기 때문이다. 이는 행복한 인생을 위한 '종합선물세트'를 받는 것과 다르지 않다.

왜 한국의 청년들은 유독 연애를 부담스러워하는 걸까? 분명 여유가 없긴 한 것 같다. '물질적인 부유함'이 성공이라 배우고, 성공을 위한 무한 경쟁을 사람 간의 소통 대신 익히고 있으니 말이다. 또 코로나 팬데믹의 '물리적 거리두기'로 인한 3년의 시간은 이성 간의 소통을 더욱 어렵게 만들었다.

사실 데이트 과제를 하는 것은 쉽지 않다. 우선은 성비가 여간해서 맞지 않는다.

〈성과 문화〉 수업은 알려진 대로 수강신청 경쟁이 치열하다. 그래서 학생들은 종종 내게 "수강신청을 하기 위해 PC방에 가서 대기하고 있다가 열리는 즉시 미친 듯이(?) 클릭해서 성공했다"는 이야기를 하곤 한다. '광클'에는 아무래도 남학생이 유리한 것 같고, 수업 자체도 여학생보다 남학생들이 더 관심이 많아서인지 그동안 늘 남학생이 여학생보다 7 : 3, 6 : 4 정도로 많았다. 그런데 요즘은 여학생들의 수가 늘어서 이전 학기에는 5 : 5를 기록했다. 정말 '야호!'다. 〈성과 문화〉 수업은 여학생의 수가 다른 교양수업 대비 많은 편이고, 되도록 남녀 서로의 입장과 이야기를 나누게 하려고 우선적으로 여학생과 남학생을 함께 앉힌다. 조를 짤 때도 성비와 학년, 전공을 고려한다. 서로를 이해하려면 무엇보다 마주 보고 대화하는 것이 중요하기 때문이다. 나와 같은 의견에 공감하고, 다른 의견을 듣고 설득되기도 하는 경험은 서로를 이해하는 데 많은 도움이 된다. 또 조별 토론을 자주 하기 때문에 같은 조의 남녀 학생들은 빨리 친해진다. 그것이 〈성과 문화〉 수업이 학생들에게 인기가 높은 이유이기도 할 것이다.

연락의 규칙

♥

학생들은 학기가 시작되면 언제 데이트 과제를 할 것인지 궁금해한다. 대체로 데이트 과제는 남녀의 성 생리와 성 심리를 공부한 후, 사랑에 대한 이론을 배울 무렵에 하게 된다.

어느 날 자신의 이름과 전화번호를 적은 메모지를 내달라는 요청을 하면 학생들은 드디어 데이트한다는 기대감에 술렁인다. 일단 여학생들이 남학생의 쪽지를 뽑고 나면 언제나 적지 않은 쪽지들이 선택받지 못한 채 남게 된다. 그러면 남아있는 쪽지의 주인인 남학생들이 나와서 여학생들의 쪽지를 뽑아 파트너를 정하게 한다. 이 부분에서 여학생들은 자신이 한 번만 데이트를 할지, 아니면 두 번 하게 될지를 알게 된다. 남학생들은 자기의 이름이 안 불리면 적잖이 실망하지만 어쨌든 기회가 있다. 그런 후 한 사람씩 자신이 뽑은 이름을 불러 손을 들게 해서 얼굴을 확인한다. 두 사람 모두 자신의 상대를 알게 하는 것이다.

짝을 다 확인한 후 데이트의 규칙을 알려 준다. 쪽지를 가진 사람은 먼저 연락해야 한다. 나는 상대를 너무 오래 기다리게 하지 말라고 요구한다. 뭐니 뭐니 해도 데이트는 설렘의 불꽃이 사라지기 전에 시작하는 게 좋기 때문이다. 너무 늦게 연락하는 건 상대에 대한 예의가 아니며 괜한 오해를 살 수 있다. 여기서 팁을 주자면 첫인상은 밝고 유쾌할수록 좋으며 목소리도 마찬가지다. 그래서 전화를 하기 전에 몇 번 목소리를 내 보고 경쾌한 느낌을 주도록 한다. 문자 메시지의 분위기도 밝은 게 좋다. 물론 이런 팁은 데이트 전에는 주지 않는다. 무엇보다 경험에서 얻는 지식이 가장 좋으니까.

그리고 어떤 데이트를 할지 계획을 짜는 것에 대해서도 정보를 준다. 예전에는 대체로 남학생들이 주도하여 계획을 짠 후 데이트하더니 언젠가부터 여학생들이 계획에 능동적으로 참여하기 시작했다. 주로 카톡 메시지로 하지만 때로는 직접 만나서 데이트를 계획하고 드물게는 사전 데이트를 하는 학생들도 있다.

비용, 이벤트, 시간의 규칙

가장 큰 원칙들의 첫째는 엄격한 더치페이다. 각자 5천 원씩 돈을 내서 만나서부터 헤어질 때까지 그 돈 안에서 데이트를 해야 한다. 둘째, 데이트에 꼭 필요한 세 가지 이상의 이벤트를 함께해야 한다. 학생들은 4시간 동안 차 마시고, 식사하고, 전시회나 혹은 영화·연극 관람, 공원 산책, 함께 자전거 타기 같은 활동들을 한다.

학생들은 매번 데이트 예산이 너무 적다고 불평하고 걱정한다. 사실 요즘처럼 물가가 비싼 상황에서 둘이 합쳐서 만 원밖에 안 되는 돈으로 데이트를 즐긴다는 것은 쉬운 일이 아니다. 그래서 할인 쿠폰, 지인 협찬은 1회 인정해 준다. 지인 협찬 없이 진행할 때는 학생들은 헌혈을 하기도 하고(문화상품권을 얻기 위해), 큰 마켓의 시식코

너를 돌며 배를 채우기도 하고, 도시락을 마련하기도 한다. 학생들이 데이트 때문에 헌혈을 한다는 것을 알고는 잠시 걱정했지만, 생각해 보니 그것은 나쁘지 않은 일이었다. 왜냐하면 학생들로서는 헌혈의 경험을 할 수 있고, 문화상품권도 얻으며, 헌혈할 동안 상대와 그곳에서 주는 빵과 우유를 먹을 수도 있기 때문이다. 또 나라로서도 젊고 건강한 피를 얻으니 좋은 일 아닌가? 그래서 헌혈은 오케이!

재미있게도 도시락은 주로 남학생들이 준비한다. 그 이유는 아마도 도시락을 준비하면서 솜씨 자랑도 하지만, 요리하는 남자라는 이미지에서 오는 플러스 요인을 기대하는 것 같다. 실제로 도시락을 준비하는 남학생은 후한 점수를 받는다. 아들이 첫 번째 데이트를 준비하며 호기롭게 김밥 재료를 사 왔지만 싸면서 자꾸 옆구리가 터지자, 보다 못한 엄마가 나서서 김밥 도시락을 싸주는 흐뭇한(?) 경우도 종종 벌어진다. 그리고 여기서 한 사람이 도시락을 싸면 다른 사람은 간식으로 먹을 과일이나 과자, 차를 준비하도록 조언한다. 뭐든 한쪽이 몰아서 부담하는 것은 규칙 위반이라고 강조하면서. 그것이 더치페이를 하는 이유이다.

학생들은 이외에도 떡볶이 같은 길거리 음식을 사서 나눠 먹거나 커피를 나눠 마신다. 선배가 아르바이트로 일하는 음식점에 가서 선배 덕을 보는 친구들도 꽤 있다. 흥미로운 것은 여전히 돈 때문에 더 멋진 데이트를 못 했다고 불평하는 학생들이 꼭 있다는 것이다. 돈이 넉넉하면 할 것과 먹을 것은 많아지겠지만, 그건 너무 쉽지 않은가?

사실 청춘들은 돈이 있어야 데이트를 잘 할 수 있다고 믿는 경우가 많고, 대개 그것은 사실이다. 데이트라는 행위의 목표 자체가 상대의 마음을 얻는 일종의 사교이기 때문에 그렇다. 하지만 간혹 돈이 없을 때도 사랑하는 사람을 만나고 싶지 않은가?

매번 돈이 없는 데이트를 하면 불편함이 많겠지만, 어쩌다 돈이 거의 필요 없는 데이트를 해 보는 것은 재미있는 추억이 된다. 처음에는 돈을 많이 쓰는 데이트가 즐겁지만 익숙해지면 비싼 밥 먹고 영화 보고 카페에 갔다가 헤어지는, 일상적이고 지루한 데이트가 된다. 돈이 없으면 부족한 가운데 방법을 찾게 되고 상상력을 동원하게 되는 장점이 있다. 실제로 돈이 없어 데이트를 제대로 못 했다는 학생들이 꼭 있지만, 과제를 마친 후 발표하는 시간에 다른 학생들이 똑같은 조건에서 무척 재미있는 데이트를 했다는 이야기를 듣게 되면 생각하는 얼굴이 된다.

모르는 사람과 처음 하는 데이트이기에 가능하면 긴 시간 각자 앞만 보고 말을 하지 않는 영화나 연극 관람은 하지 않도록 조언하기도 한다. 만약 영화나 연극을 봤다면 적어도 그 시간의 절반만큼은 서로 마주 보고 이야기할 시간을 가져야 한다고도 주문한다. 첫 번째 데이트는 어쨌든 상대를 더 알아가는 데 집중해야 하기 때문이다.

그리고 하나 더, 자신의 차가 있어도 자가용을 데이트 과제에 사용하는 것은 반칙이다. 일단 이동성이 좋은 차를 가지고 나오면 상대가 점수를 더 후하게 줄 위험(?)이 있고, 그것은 다른 학생들에게 공정하지 않다. 게다가 차가 있으면 너무 멀리 이동할 가능성이 있고 그러다 사고가 날 수도 있는 데다, 잘 모르는 사람의 사적 영역에 쉽게 들어가는 것을 경계하기 위해서 자가용은 이용할 수 없도록 하고 있다. 실제로 자가용을 사용하면 감점을 받는다.

경험은 같지만 감정은 다른 데이트 후기 리포트

데이트한 후에는 각각 '데이트 후기' 리포트를 쓴다. 학생들은 데이트 비용을 쓴 영수증과 데이트 인증사진을 첨부해야 한다.

두 번 데이트한 여학생의 경우는 두 번의 데이트를 비교해서 써내라고 한다. 그렇게 부탁하지 않아도 두 사람과 데이트를 하면 자연스럽게 비교할 수밖에 없다. 각각 리포트를 써서는 제출하는 날 아침에 만나 같이 묶어서 내도록 한다. 이렇게 하는 이유는 함께 했더라도 두 사람의 데이트 경험이 꼭 똑같지 않고, 하나의 리포트로 내라고 하면 솔직하게 쓰기가 어렵기 때문이다.

실제로 자신이 한 데이트가 너무 재밌어서 다시 만나고 싶다고 쓴 학생의 상대가 '두 번 다시 만나고 싶지 않은 사람'이라고 쓰는 경우가 제법 있다. 그리고 몇 명의 학생을 랜덤으로 불러서 데이트 경험을 이야기하도록 한다. 대체로 여학생 한 명에 남학생 두 명이 나오게 되는데 우선 남학생들의 이야기를 들은 다음 여학생에게 이야기를 청한다.

그리고 여학생에게 묻는다. 두 명의 상대 중 애프터를 요청받는다면 누구와 다시 데이트하고 싶으냐고. 남학생들은 잔인하다고 아우성을 치지만, 그 평가는 꽤 공정하고 배려가 있다. 우리나라 청년들은 현명해서 누군가를 민망하게 만들지 않는다. 만나 보려는 이유를 물으면 "같이 있는 시간이 재미있어서"라는 대답도 많지만 "지난번에 컨디션이 안 좋아서 상대를 충분히 알아보지 못했기에 다시 만나 보고 싶어서"라는 대답도 제법 나온다.

누군가는 내가 남학생들에게 너무 잔인한 게 아니냐고 하는데, 나는 하모니스트Harmonist를 지향하는 사람이라 남녀 중 어느 한쪽을 편애하지 않는다. 남학생 파트너를 비교하게 하는 건 단순히 그들의 수가 많기에 비교 대상이 되기 때문이다. 하지만 앞으로 여학생 수가 많아져서 남학생이 여러 번 데이트한다면 남학생에게 같은 질문을 할 것이다.

10년 가깝게 데이트 수업을 하면서 재미있는 에피소드도 많이 있었다.

본 데이트 이전과 이후에 사전 사후 데이트를 진행했던 열렬한 커플도 여럿 있었고, 외국에서 오래 살다 온 여학생이 서울 근교에 가보고 싶다고 하자, 남학생이 정성스레 도시락을 싸고 출발과 도착 시간이 여학생에게 부담되지 않도록 예매한 시외버스를 타고 근교에 다녀오며 설명까지 준비한 경우도 있었다. 당연히 남학생의 배려에 감동한 여학생은 후기 발표를 자청했고 그 남학생은 여학생들에게 인기가 치솟았다.

또 한 커플은 학기가 시작되고 처음 들어 온 강의실에서 서로 첫눈에 반했는데 그동안 내색을 못 하다가 운 좋게도 제비로 서로를 뽑았다. 데이트 후 발표 시간에 여학생은 너무 흥분해서 그런 마음을 다 털어놓았다. 둘의 데이트는 다행히 기대를 저버리지 않았고, 여학생은 자기 둘은 계속 만나기로 했다는 말까지 하면서 다른 학생들의 부러움을 샀다. 이 부분에서 나는 좀 걱정이 되었는데, 왜냐하면 그동안 내가 봐온 남학생은 프라이버시를 중요하게 생각하는 사람 같았기 때문이다. 그런데 발표날에 우연히 결석했던 남학생이 후에 그 내용을 친구를 통해 듣게 되었는지는 모르지만, 둘의 만남은 잘 이어지지 않았다. 여학생의 들뜬 발표가 그들의 썸 전선에 전적으로 부정적인 영향을 준 건 아니었겠지만, 너무나 성급한 노출이 남학생에게 꽤 부담이 되었던 것으로 읽혔다.

데이트를 하고 나면 이렇게 자주 묘한 기류가 생성되고는 한다. 하지만 대체로 한 번의 데이트로 끝나거나, 한쪽이 일방적으로 좋아하다가 끝나는 경우가 많다. 그런데 학기가 끝날 때 아직도 사귀고 있다고 감사를 표시하는 커밍아웃도 제법 있다.

데이트 수업에서 배워야 할
다섯 가지 '태도'

내가 데이트 수업을 통해서 학생들이 배웠으면 하는 것은 '어떤 사람과 몇 시간을 보내야 한다면 가장 필요한 태도는 무엇인가?'이다. 당신은 그것이 무엇이라고 생각하는가?

학생들은 내가 말하기 전에 정답을 리포트에 적어 낸다. 잘 모르는 사람과 몇 시간을 즐겁게 보내려면 가장 필요한 것은 그 사람에 대한 '배려와 존중'이라고. 4시간여의 데이트 과제를 하면서 학생들은 벌써 알아차리는 것이다.

배려와 존중

감동이 있는 데이트가 되려면 무엇보다 필요한 태도는 바로 상대를 배려하고 존중하는 것이다. 배려는 상대의 입장이 되어 생각하지 않으면 하기 어렵다. 배려는 데이트를 준비하는 시작부터 데이트를 마치는 순간까지 가장 중요한 미덕이다.

경치가 아름다운 산책로나 공원을 오래 걸을 때 파트너의 신발을 살피는 것, 혹은 많이 걸을지도 모르니 걷기 편한 운동화를 신고 나오면 좋겠다고 미리 말해 주는 일, 상대의 먹는 속도를 살피며 천천히 보조를 맞춰 음식을 먹는 것, 예기치 않게 늦게 되었을 때 먼저 전화나 문자로 양해를 구하는 일…. 이런 사소한 행동이 호감도를 높이고 함께하는 시간을 즐겁게 한다.

경청과 집중

상대에게 나를 알리려면 가장 효과적인 방법은 말을 하는 것이다. 나의 생각과 가치관을 설명하는 것은 중요하다. 이 '말'이라는 표현을 통해 우리는 서로를 알아간다. 그렇기에 상대의 말을 잘 들어주는 것은 무엇보다 중요하다. 우리는 '경청'의 중요성을 자주 이야기하지만 실제로 경청할 줄 아는 사람은 참 드물다. '경청'이란 재판관이 아니라, '답정너'가 아니라, 상대가 어떤 생각에서 이야기하고 있는지 그의 입장이 되어 들어 보려고 애쓰는 것이다. 그래서 나와 생각이 달라도 상대의 말을 끊고 '그게 아니다'라고 끼어들거나, 속으로 '×'표를 하고 건성으로 고개를 끄덕거리는 게 아닌 그가 말하려는 뜻이 무엇인지 생각하며 사심 없이 열심히 듣는 것이다. 그리고 내가 잘 이해했는지 확인한 후 자기의 의견을 말하는 것이 순서이다.

여기서 잠깐 우리가 사용하는 '말'의 모호성에 대해 더 이야기해보자면, 나는 수업을 시작하면서 학생들과 작은 실험을 한다. "사과, 먹는 사과를 떠올려 보라"고 주문한 뒤 잠시 후 학생들 각각이 어떤 사과를 떠올렸는지를 물어본다. 그러면 빨간 사과, 파란 사과, 노란 사과뿐 아니라 백설 공주의 사과, 뉴턴의 사과를 떠올린 학생들도 있다. 요즘은 애플사의 사과 로고를 떠올리는 학생도 많다. 이 실험을 통해 보통명사, 그것도 우리가 자주 대하는 사물의 이름에 관해 물었음에도 각각 다른 생각을 하는 것을 학생들은 알아차린다.

단어는 모호하다. 남과 소통하기 위해 문자라는 기호를 사용하지만, 실제 우리가 생각하는 단어는 이렇게 다를 수 있다는 것이다. 보통명사가 이럴진대 '아름답다', '멋있다', '섹시하다', '훌륭하다' 같은 형용사의 사용은 어떨 것인가? 또 친해지기까지(상대의 말하는 방식과 언어에 익숙해지기까지) 우리는 대화를 한다지만, 실제 많은 오해와 어설픈 이해로 다투거나 관계가 깨지는 경우도 적지 않다.

자기 이야기는 장황하게 하면서 정작 상대가 이야기할 때는 시큰 둥하게 계속 휴대폰을 확인하거나, 누군가에게 문자를 보내며 산만 하게 굴면 말하는 사람은 무시당하는 느낌을 받는다. 실제로 우리가 휴대폰을 많이 사용하면서 생긴 가장 큰 문제는 '지금, 여기'에 집중 하지 않는다는 것이다. 데이트 현장에서 '경청과 집중'은 '배려와 존 중'의 다른 이름이다.

또 나는 '문자 메시지로 소통하기texting'의 위험을 말하고 싶다. 요즘은 만나거나 직접 통화하기보다 문자로 소통하는 것에 익숙하 다. 상대의 표정을 읽는 것이 피곤해서 문자를 선호한다는 사람도 많다. 그런데 문자로만 소통한다는 것은 의도하지 않게 오해를 부를 때가 많다. 특히 잘 모르는 상대와는 더욱 그렇다. 문자는 건조해서 감정을 느끼기 힘들기 때문에 상대의 말을 오해하기 쉽다. 처음 데 이트를 신청하면서 실수하지 않으려고 고른 단어나 문장이 차갑고 혹은 무례하게 읽히기도 한다. 친구들끼리 흔히 사용하는 친밀하고 애교 있는 말투나, 이모티콘을 지나치게 사용하는 것도 조심해야 한 다. 실제 한 여학생은 남학생이 제안한 데이트 장소를 완곡히 거절 하면서 미안한 마음에 하트가 잔뜩 그려진 이모티콘을 사용했는데, 남학생은 이것이 거절인지 좋다는 것인지를 이해 못 해 오해가 생긴 적도 있었다.

데이트 수업이 끝나고 나면 때로 외모가 매력적이어서 매사 관심의 초점이 되던 학생의 인기가 떨어지고, 의외의 인물이 부상하기도 한다. 그것은 그가 얼마나 상대에게 친절하고 배려심 있으며 존중했느냐, 얼마나 잘 소통했느냐에 달려 있다.

남자와 여자에 대한 이해

여자와 남자를 끊임없이 연구하는 심리학자들이 공통으로 말하는 한 가지는 남자의 뛰어난 공간감과 여자의 뛰어난 언어감각이다.

남자가 멀리 보고(그 대신 앞의 물건을 잘 못 찾는다) 소리가 나는 방향을 잘 짚어내는 것, 일렬주차를 망설임 없이 능숙하게 해치우는 것, 그것이 바로 뛰어난 공간감이다. 지도를 보고 쉽게 찾아가는 능력도 그렇다. 그에 비해 여자는 지형지물을 이용해 설명해 주는 것이 길을 찾는 데 더 효과적이다. 또 하루에 7천여 개 단어를 대화에 사용하는 남자와 달리 여자는 2만여 개의 단어를 사용한다. 남자는 직설화법을, 여자는 비유법·간접화법을 사용한다.

데이트 수업은 소통 방법과 생각하는 방식이 다른 남녀가 서로의 특징을 알아가게 하는 목적도 있다. 한 번의 만남으로 성별의 특징을 모두 알아차리기는 어렵지만 그래도 한 가지 느낄 수는 있다. 남자와 여자는 '다르다'는 것이다. 남자와 여자는 길을 찾는 것도, 대화하는 방법도, 화를 내고 푸는 것도 접근방식이 다르다. 물론 개인의 차이가 있다. 하지만 성별의 차이도 분명 있다.

성이란 원래 타고난 생물학적 특질이 분명히 있으며, 이런 기본적인 성질 외에 자신을 둘러싼 문화와 환경의 영향이 적지 않은 법이다. 특히 남녀는 사회 환경과 문화의 영향을 많이 받아 지금의 차이에 이르게 되었다. 분명한 것은 이렇게 다른 점이 많으니 다름을 인지하고 알아가려는 자세를 가져야 한다는 것이다. ✎

마지막 사람을 정하기 전까지
삼십 명 이상은 만나라

데이트 수업은 결코 매칭matching 수업이 아니다. 그러므로 학생들이 사귄다 해도 그것은 나의 기대와 아무런 상관이 없다. 제비뽑기로 상대를 정하는 것은 낯선 사람에게 처음 말을 걸고 데이트를 제안하는 것이 누구에게나 어려운 일이기 때문이다. 제비뽑기를 하면 그런 걱정을 덜어준다. 그렇기 때문에 모태솔로라 해도 걱정할 것이 없다. 또 마음에 두고 있던 상대를 만나기도 하지만 대개는 전혀 예상치 않았던 상대를 만난다. 복불복, 자기가 좋아하는 이상형을 만날 가능성이 거의 없어서 제비뽑기는 더욱 공정하고 좋다. 오히려 이 기대하지 않은 만남을 통해 나는 학생들이 '애초에 나의 이상형은 아니더라도 함께 시간을 보내면서 꽤 매력 있고, 마음에 드는 상대가 의외로 많다'는 것을 알았으면 했다.

우리는 연인을 택할 때 어릴 때부터 마음에 새겨놓은 이상형의 조

건에 맞추어 만날 때가 많다. 그것은 사랑에 빠지는 첫 관문 '끌림'
의 법칙이기도 하다. 눈이 크다거나, 긴 곱슬머리라든가, 섬세한 손
가락을 가진 사람이어야 한다거나, 웃으면 눈이 반달이 되는 이상형
(주로 유전적이고 외모 부분에서)이 우리 머릿속에 새겨져 있다(유명한
정신의학 박사면서 성 과학자인 존 머니는 이를 러브 맵Love Map이라고 이름
붙였다. 우리말로 '이상형 지도'쯤이라고 할까?). 그래서 심지어 누가 '좋
은 사람'이라며 소개를 해도 나의 이상형과 거리가 있으면 만나지
않기도 한다. 그러나 이 세상에 매력 없는 사람은 없다. 그리고 의외
로 기대 없이 만났는데, 소울메이트처럼 마음과 가치관이 딱딱 맞는
사람도 있다.

한 여자가 소개팅을 하게 되었다. 상대로 나온 남자가 외모 면에
서 자기 이상형이 아니어서 실망한 여자는 차만 마신 후 '약속이 있
다'면서 일어서려 했다. 그때 남자가 정중하게 말했다. "혹시 약속
시간까지 여유가 좀 있다면 저랑 식사만 하고 가시면 어떨까요? 제
가 ○○레스토랑을 예약해 두었는데 혼자 2인분을 먹을 수는 없어
서요." ○○레스토랑은 아주 유명한 미식 식당이었는데 예약이 쉽
지 않은 곳으로 정평이 나 있었다. 여자는 잠시 생각한 뒤 "그렇다면
얼른 식사만 하고 갈까요?"라며 남자의 청에 응했다. 그런데 생각해
보라. 소개팅에 나가면서 뒤에 다른 약속을 잡는 사람이 얼마나 되

겠는가? 남자는 짧은 소개팅 후 혼자 남겨진 경험이 많았다. 하지만 그는 아주 유능하고 관대하며 유머러스한 사람이었다. 그리고 소개받은 그녀가 마음에 들어 꼭 잡고 싶었다. 그래서 주선한 이에게 미리 그녀의 취향을 알아내고 예약이 어려운 식당을 예약해 놓았는데, 그날 하늘도 남자를 도왔다.

비가 오는 데다 심한 교통체증 때문에 두 사람은 남자의 차에 1시간이 넘게 갇혀 있었다. 그런데 그 시간이 언제 지났을지 모를 정도로 남자는 그녀를 여러 번 크게 웃게 해 주었고, 그녀에게 매력 넘치는 남자로 각인될 수 있었다. 결국 그 커플은 결혼에 골인했고, 지금 아주 행복해 보인다. "그 자리에서 정말 차만 마시고 헤어졌더라면 저렇게 다정하고 유쾌한 사람을 놓칠 뻔했다"고 여자는 말한다.

나는 마지막 사람을 정하기 전까지 가능한 많은 사람을 만나 보라고 한다. 보통 삼십 명 이상이라고 하지만, 사실은 자신이 만날 수 있는 사람은 다 만나 보라고, 그리고 얕게도 깊게도 만나 보라고 권한다. 지구에 사는 사람 반이 여자고 반은 남자다. 게다가 여행이 자유롭고 쉬운 현대의 우리는 한국 사람뿐 아니라 프랑스, 영국, 아프리카, 인도 사람 등 다양한 국적과 인종의 사람을 만나 사랑에 빠질 수도 있다. 물론 지리적으로 가까운 사람, 자주 보는 사람과 사랑을 시작하기 쉽지만 우연히 비행기 옆자리에 앉은 멋진 사람과 사랑이 시작되는 경우가 왜 없겠는가?

또 누군가와 깊고 길게 관계를 맺고 싶다면, 서로를 책임지는 사랑을 하고 싶다면 첫눈에 반하는 사랑에 목을 매어서는 안 된다. 로미오와 줄리엣처럼 첫눈에 반하는 사랑은 백만 명 중에 하나 있을까 말까이며 성공 가능성은 더욱 그렇다. 로미오와 줄리엣이 순탄하게 결혼해서 오래 살았다면 그들은 사랑을 유지할 수 없었을지도 모른다. 단번에 결혼이라는 긴 동반의 상대를 만나면 너무나 행운이지만, 오래 함께하고 싶은 사람을 정하기 전에 다양한 성격과 가치관을 가진 사람을 많이 만나 보기를 추천한다.

나는 학생들에게 예를 든다. 만약 고급 정장을 한 벌 마련할 생각이어서 백화점에 갔다고 치자. 마음먹고 아주 고가의 옷을 사려고 한다면 당신은 첫눈에 빠진 옷을 덥석 사는가? 물론 첫눈에 든 옷을 사는 경우가 많긴 하다. 하지만 옷이 비쌀수록 우리는 친구를 데려가 보여주기도 하고, 내 옷장 안의 옷들과 머릿속에서 맞춰 보기도 한다. 길어야 10여 년 입을 옷도 그렇게 사는데(심지어 옷과는 싸울 일도 없다), 몇십 년을 함께 살아야 할지도 모르는 사람을 첫눈에 반한 느낌만으로 선택할 수는 없는 일이다.

미혼일 때 많은 사람과 교제하면서 신나게 놀았던 바람둥이가 결혼해서 잘 사는 경우를 자주 본다. 너무나 당연한 결과인지도 모른다. 왜냐하면 그(혹은 그녀)는 많은 사람을 만나 보면서 자신과 맞는 사람의 유형을 파악했을 것이고, 또 여러 사람을 만나다 보니 어떤 사람하고도 잘 지내는 노하우를 가지고 있을 것이기 때문이다.

사랑에도 학습이 필요하다. 사람의 유형이 천 가지, 만 가지이듯 사랑의 모습도 다르다. 그러니 여러 모습의 사랑에 빠져 봐야 자신의 방식을 이해할 수 있고, 자신이 사랑에 빠지는 패턴을 알아낼 수 있다. 좀 더 자기다운 사랑을 할 수 있고, 상대의 사랑 방식을 이해할 수 있다. 또한 자신과 상대의 사랑에 대해 함께 자주, 그리고 솔직하게 이야기할 수 있어야 하며 연습을 통해 소통 능력을 키워가야 한다. 사람을 많이 만나다 보면 내게 잘 맞는 사람을 알아보는 안목이 생기고, 상대와 갈등이 생겨도 원만히 해결하며, 좋은 관계를 맺는 법도 배우게 된다. ✈

연애, 이런 사람은
피하자

이제 막 커플이 되어 사랑에 빠진 상태에서는 연인이 제대로 보이지 않는다. 모든 우주가 상대를 중심으로 돌아가는 환희의 날들이 지나고 나면, 실체가 조금씩 보이기 시작한다. 그럼에도 여전히 상대를 덮어 주고 자신의 상상을 합리화하려 들지만 안개가 걷히듯 객관적인 시야가 점점 넓어지기 시작한다.

우리는 누구나 '좋은 사람'을 만나기를 바란다. 그런데 영화의 빌런처럼 처음부터 악한 사람은 없다. 모든 사람은 여러 얼굴을 가지고 있다. 살인범조차 착한 아들이거나, 좋은 형일 수 있다는 것이다. 그리고 모든 이에게 좋은 사람이 내게도 좋은 사람이라는 보장도 없다. 결론은 내게 좋은 사람이 '좋은 사람'이라는 거다.

나는 〈성과 문화〉 수업에서 '사랑할 때 고려해야 할 사람'에 대해 알려 준다.

사랑할 때 고려해야 할 사람

- 정직하지 않은 사람, 거짓말 잘하는 사람
- 데이트에 매번 늦는 사람, 자주 약속을 어기는 사람
- 가치관이 나와 너무 다른 사람
- 생일 등 기념일을 기억하지 않는 사람
- 전화, 이메일, 문자에 답 안 하는 사람
- 비현실적인 기대를 많이 하는 사람
- 마약, 도박, 알코올에 중독된 사람
- 사랑에 중독된 사람
- 섹스에 중독된 사람
- 소유욕이 너무 강한 사람
- 자기 부모를 이상화하고 있는 사람
- 돈에 연연하는 사람
- 폭력·폭언하는 사람
- 강박적인 관념이 있는 사람
- 결혼을 강요하는 사람

위에 열거한 사람들은 가능하면 연인으로는 만나지 않는 것이 좋다.

꽤 많은 사람, 특히 여자들이 자신의 사랑으로 상대의 단점이나

문제를 해결하고 더 나은 사람으로 바꿀 수 있을 거라 착각한다. 그러나 사람이 바뀌려면 그것은 타인의 사랑이나 관심, 조언보다는 스스로 강력한 계기가 있고, 제대로 마음을 먹어야만 가능한 일이다. 여자들의 이런 착각을 '평강공주 신드롬'이라고 하는데, 바보 온달을 평강공주가 가르치고 내조해서 나라를 구한 장군으로 만든 것처럼, 사랑의 힘으로 상대를 바꿀 수 있다고 생각하는 것이다. 하지만 이런 자신감은 버리는 게 좋다.

상대에 대한 기준을 말했지만 사실 그 조건들을 내게도 적용해 좀 더 객관적인 눈으로 나를 살펴보는 것도 필요하다. 사랑은 두 사람이 하는 것이고 나도 상대에게 '좋은 사람'이어야 하기 때문이다.

정직하지 않은 사람, 거짓말 잘하는 사람

기준이 엄한 부모에게 양육된 사람은 어린 시절 공감이나 응원을 받기보다 훈육의 대상이었을 가능성이 크다. 자주 지적을 당하다 보면 아이는 조금이라도 야단을 덜 맞기 위해 이렇게 저렇게 핑계를 대고, 요리조리 빠져나갈 구석을 만들 수밖에 없다. 대부분의 훈육은 (특히 체벌이 동반되었을 때는 더욱) 반성보다 두려움과 공포를 느끼게 하기 때문이다. 그래서 아이의 잘못을 알려 줄 때 매번 몰아붙이는 훈육을 하면 자녀를 거짓말쟁이나 비겁한 사람이 되게 하기 쉽다.

상대가 정직하지 않고 자주 거짓말하는 것을 알아차리게 되면 정들기 전에 헤어지는 것이 좋다. 관계를 유지하기 위해 그 사람에게 계속 속아주든지, 아니면 그를 용서하기 위해 자신을 번번이 설득해야 할 것이기 때문이다. 그리고 그런 상황에 지쳐갈 것이 뻔하다.

데이트에 매번 늦는 사람, 자주 약속을 어기는 사람

데이트는 호감을 느끼는 사람을 만나는 행위이다. 그렇다면 당연히 상대에게 갖고 있는 나의 호감만큼 에너지를 쓰게 되어 있다. 그런데 자주 늦고 약속을 변경하거나 잊는다면 그 사람이 정말 나라는 존재를 소중하게 생각하고 있는지, 호감을 느끼고 있는 건지를 심각하게 생각해 봐야 한다.

사람은 누구나 좋아하는 일은 열심히 하게 되어 있다. 상대에게 관심은 있지만 매번 약속에 늦는 버릇을 가졌다면 빨리 그 버릇을 고쳐야 한다. 시계를 10분쯤 이르게 맞춰 놓거나 알람을 예약해 스스로를 재촉하는 것도 한 방법이다. 시간 약속은 모든 약속 중에 기본이라서 시간을 잘 지키는가는 성실성과 자기관리 능력을 보여주는 일이다. 지킬 수 있는 시간을 약속하고 약속은 절대로 지켜야 한다.

또 여자가 먼저 나가 기다리는 것은 자존심이 상하는 일이기 때문에 좀 일찍 약속 장소에 도착하더라도 남자가 도착한 후 5분쯤 있다가 나타난다는 여자들도 있는데 그러지 않았으면 한다. 오히려 약속 시간보다 10분쯤 일찍 도착해서 느긋하게 자리 잡고 옷매무새도 다듬고 앉아 상대를 맞는 것이 만남에 주도권을 잡는 일이다. 매번 늦어서 머리카락 휘날리며 뛰어 들어와 헐떡거리며 '미안하다'고 인사를 시작하는 것보다 천만 배 여유로워 보여서 호감도가 높아진다. 시간에 촉박해서 약속을 미루거나 바꾸는 사람은 생각해 볼 것도 없이 아웃! 상대와 만남이 설레는 일이라면, 상대를 정말 좋아한다면 그런 일은 결코 없을 테니까.

가치관이 나와 너무 다른 사람

이별할 때 우리는 흔히 성격 차이 때문에 헤어진다고 말하지만 사실은 가치관이 달라서인 경우가 훨씬 많다. 한 사람의 가치관은 아주 어려서부터 자신이 살아온 환경과 경험 그리고 교육으로 만들어진다. 그래서 주위에 '성숙하고 좋은 어른'을 두는 것은 큰 행운이다.

사랑, 일, 돈, 직업, 결혼과 양육에 이르기까지 서로의 가치관을 알아가는 것은 매우 중요하다. 성격은 좀 맞춰 갈 수 있지만 어릴 때부터 형성된 가치관을 바꾸는 것은 정말 어렵기 때문이다. 사랑에 대해 어떤 생각을 하는지, 일에 대해서, 돈을 어떻게 벌고 관리하는지에 대해서 그리고 결혼관, 가족관, 나아가 자녀 양육에 어떤 생각인지를 솔직하고 꾸준하게 대화하면서 맞춰봐야 한다. 또 사람과 삶에 대한 것도 가급적이면 조금이라도 남과 나눌 줄 아는 사람, 이타적인 사람과 함께 가는 것이 더 풍요롭지 않을까?

또 지지하는 정당이나 정치관도 비슷해야 싸울 일이 적어진다. 어느 한쪽이라도 정치에 관심이 없다면 굳이 정치관 때문에 다툴 일은 없겠지만, 두 사람이 모두 강한 정치 신념이 있다면 중요한 문제다. 사실 정치만큼 우리 삶에 영향을 미치는 일도 없기 때문이다. 예전보다 확실히 정치적인 견해 때문에 커플끼리 언쟁하고, 심지어 헤어지기도 하는 걸 보면 뜻을 맞춰 한 방향을 본다는 것이 얼마나 어려운 일인가 생각하게 된다.

직업관과 결혼 후 생활에 대한 합의도 무척 중요하다.

캠퍼스 커플로 오랫동안 연애하고 결혼한 부부가 있었다. 그들은 서로를 아주 잘 알고 이해한다고 생각했을 것이다. 결혼 후 두 사람은 맞벌이를 했는데, 아이가 태어나자 시부모는 아내에게 일을 그만두라고 강요하기 시작했다. 남편의 수입이 넉넉하다는 게 그 이유였다. 며느리가 집에서 아이를 키우며 내조를 하는 것이 낫다고도 했다.

아내는 장학금으로 대학원에 다녔고, 안정된 직장을 가지고 있었으며, 성취를 중요하게 생각하는 사람이라서 일을 계속 유지하고 싶었다. 자신을 잘 안다고 생각했던 남편이 육아에 참여하고 대안을 함께 고민해 주길 바랐지만, 남편 역시 수입도 적은 아내가 일을 그만두는 게 당연하다고 거들었다. 결국 그녀는 경력단절여성이 되었다. 그녀는 가부장적 논리를 폈던 시부모보다 "오랫동안 친구이기도 했던 남편이 나의 꿈이나 학업, 일에 대한 이해가 하나도 없다는 것이 더 절망스러웠다"고 털어놓았다.

아내는 사회 속에서 일하며 성취와 행복을 느끼는 사람이었다. 하지만 남편에게 일은 '경제적인 목적, 돈을 버는 것'이었고 자기가 충분히 벌기 때문에 아내가 밖에서 더 일을 할 필요가 없다고 생각했던 것이다. 결국 '사랑과 그에 따른 책임 때문에' 아내는 자신의 행복을 포기했다. 이런 갈등이 없으려면 커플로 만날 때 서로의 가치관에 대해서 많이, 자주, 그리고 충분히 대화해야 한다.

생일 등 기념일을
기억하지 않는 사람

"나는 내 생일도 기억 못 해" 하며 쿨한 척하는 사람이 많다. 물론 상대가 자신의 생일을 기억해 주지 않는다며 서운해할 때 하는 말이다. 가풍에 따라 가족들의 생일을 특별하게 챙기지 않는 집안도 있지만, 대개 태어난 날을 축하받으며 산다. 그 외에도 기억하고 기념하는 날들이 있다.

'생일이 뭐 대수냐'고 '매일이 생일 아니냐'고 하는 상대는 좀 고려해 보고 싶다. 그러잖아도 세상살이가 힘들고 서러운데 '너라는 존재가 세상에 온 날은 참 축하할 만한 일', '누가 뭐래도 내게는 가장 큰 경사'라고 기뻐해 주고 챙겨주는 것을 연인에게 기대하는 게 무리일까? 그리고 더한다면 처음 만난 날(사귀기로 한 날), 크리스마스 정도는 기념하면 좋을 것 같다.

요즘은 로즈데이, 빼빼로데이 등 커플이 기념해야 할 날이 너무 많지만, 대개는 상업적인 발상과 연관된 날들이니 그 정도는 무시해도 상관없을 것이다. 로맨틱한 이벤트는 사랑에 도움이 되니 기념일에 멋진 선물이나 식사를 연인에게 기대해도 좋겠지만, 기념일이 너무 많으면 경제적으로 부담이 되고, 너무 높은 기대는 관계를 악화시킬 수 있다는 점을 명심하자. 어떤 날을 기념해야 하는 이유는 그

날이 특별해서가 아니라, 사랑하는 이가 중요하게 생각하는 날이라서이다. 또 축하하고 선물 주는 이가 한쪽으로만 치우치지 않도록 해야 한다.

덧붙여 서프라이즈 이벤트도 적절하게 하는 것이 좋다.

자신의 연인이 너무 창의적이라서 그의 잦은 이벤트가 마치 '폭력'처럼 느껴질 정도라고 말하는 여자를 보았다. 갑자기 꽃다발을 보내고(꽃다발을 받는 것은 낭만적인 일이지만 시도 때도 없이 그녀가 있는 곳으로 배달시켜 당황하게 하는 경우가 있고), 그녀의 취향이나 일정은 고려하지 않은 영화표를 예매하고 여행 계획을 짰다. 그녀는 그가 눈치채지 못하게 자신의 선약을 자주 바꾸어야 했는데, 언젠가부터는 그가 자기 기분에만 너무 집중하는 게 아닌가 하는 의심이 들기 시작했다고 고백했다. 서프라이즈도 어쩌다 한번이어야 놀라움과 기쁨이 있지, 자주 남발하면 상대를 배려하지 않는 '일방적인 폭력(!)'일 수 있다는 것을 염두에 두면 좋을 것이다. 또 반대로 기념일마다 매번 이벤트를 요구하고 기대하는 것도 상대를 지치게 하는 일이다.

서프라이즈 이벤트는 어쩌다 만나는 불꽃놀이 같아야 더욱 그 여운과 감동이 오래간다는 게 진리!

전화, 이메일, 문자 메시지에
답 안 하는 사람

전화나 이메일, 문자에 답하지 않거나 너무 늦게 답하는 사람도 좀 고려해 볼 만 하다.

보통 누군가의 전화를 못 받았으면 곧 되짚어서 하는 것이 예의이다. 사랑하는 사람의 전화는 두말할 것도 없다. 그런데 여러 번 전화해도 받지 않고 자기가 필요할 때나 통화가 되는 사람, 그러면서 지난번 무시한 전화에 대해 사과도 안 하는 사람은 정말 고려 대상이다. 이메일이나 문자를 보내도 답장이 없거나 심지어 며칠이 지나야 열어 보는 사람 역시 진짜 나를 중요하게 생각하는지 심각하게 생각해 볼 필요가 있다. 우스갯소리지만 남자들은 상대가 마음에 들면 전쟁 나가기 전이라 해도 어떻게든지 연락한다는 말이 있다(여자라고 다를까만).

나 역시 사회생활을 오래 하다 보니 성공한 사람들에게는 공통점이 있다는 것을 알게 되었는데 바로 회신이 빠르다는 것이다. 전화도 문자도 이메일도 그렇다. 긴 답장은 나중에 하더라도 일단 받았다고 접수 신고는 꼭 한다. 배려하는 마음으로 상대에게 어떻게든 도움을 주려는 태도로 살았기에 사회적으로 신뢰받는 사람이 되었을 것이다. 그래서 나도 되도록 빨리 답하려고 노력하고 있다.

하지만 다른 한편으로 자신이 상대에게 문자와 전화를 너무 자주 하는 것은 아닌지 생각해 봤으면 좋겠다. 언제 일어났는지, 지금 뭘 먹고 있는지, 누구를 만나는지 하루에도 몇 번씩 사진 찍어 보내고 보고받길 원한다면 관계가 힘들어질 수 있다. 상대가 바쁘거나 피치 못할 사정이 있을 수도 있기 때문이다.

사랑하는 사이일수록 '자유'가 필요하다. 관계의 거리가 좁아질수록 '홀로 있음'에 대한 기대가 높아진다. '따로 또 같이'가 잘되면 사랑 전선이 더 튼튼해지는 이유이다. 각자 자신의 생활에 충실하다가 연인과 함께 있는 시간에는 뜨겁게 붙잡고 사랑하자.

술이나 섹스, 마약 등에 중독된 사람

마약이나 알코올, 도박뿐 아니라 사랑, 섹스에 중독된 사람이라면 정말 심각하게 고려해야 한다. 최근 여러 가지 통로로 마약에 중독된 사람이 많아지고 있다니 걱정이다. 너무나 당연한 이야기지만 필로폰, 헤로인, 대마초 등 마약류는 절대로 하지 말아야 한다. 요즘은 자의로 중독되는 사람보다 한번의 호기심으로, 주변 사람의 권유로, 혹은 나는 모르게 중독에 빠지는 경우가 많다.

단 한 번 호기심으로 시도했는데 그 한 번이 평생의 중독으로 이어질 만큼 강력한 향정신성 약물이어서 마약이다. 마약만큼은 아니어도 중독에서 벗어나기가 힘든 알코올, 도박, 외도 중독도 마찬가지이다. 중독이란 6개월 이상 이러한 물질이나 감정에 의존이 지속되고, 이 행동으로 일상생활에 지장을 받는 것을 말한다. 사랑과 섹스 중독도 쉽지 않다. 특히 섹스 중독은 다른 중독보다 치료가 어렵다. 그 이유는 단지 물질에만 의존하는 것이 아니라, 사람과의 관계에서 얻어지는 육체적·심리적 위안이 무엇보다 강렬하고 크기 때문이다. 섹스 중독의 치료법은 '종교에 귀의하는 것'만이 유일하다고 이야기될 만큼 치료가 어렵다.

무엇보다 중독의 중심엔 고립과 외로움이 있으며, 전문가의 도움 없이는 벗어나기가 어렵다. 그러므로 나의 헌신적인 사랑으로 그를 중독에서 벗어나게 하겠다는 마음은 갸륵하지만 너무 어려운 일임을 알아야 한다.

소유욕이 너무 강한 사람

"자기는 내 거지?", "난 네 거야"란 소리는 처음에는 '사랑의 확인'처럼 느껴져 듣기 좋겠지만, 이런 확인이 계속되면 두려운 마음이 들기 쉽다.

사랑하는 사람이라 하더라도 어떻게 소유가 되겠는가? 특히 자유 의지를 가진 사람을 말이다. 처음엔 낭만적인 느낌이 들어 신나 하지만 계속될수록 상대의 소유욕은 부담스러움으로 변신한다. 사랑은 상대를 '소유함' 혹은 '귀속됨'이 아니라 '존재'를 인정하고 존중하는 것에서 시작된다. 이런 사람은 혹 헤어지더라도 포기하지 못하고, 스토킹으로 이어질 확률이 높다.

자기 부모를 이상화하고 있는 사람

말끝마다 '우리 엄마는', '우리 아빠는' 하는 사람도 고려해 보자.

부모님을 존경하는 것은 좋지만, 모든 가치의 기준이 된다면 피곤해서 어떻게 함께 가겠는가? 이런 사람과 함께한다면 작은 것 하나라도 부모의 허락과 동의를 구해야 할 것이 분명하다. 나와 상대가 성인으로서 원가족으로부터 독립해 얼마나 자율적으로 인생을 살아가는지는 정말 중요하다. 또 제대로 된 자립은 스스로 경제적으로 심리적으로 책임질 수 있어야 비로소 가능하다. 두 사람은 어른으로 만나고 사랑하며 인생을 개척해 가야 할 주인공들이기 때문이다.

돈에 연연하는 사람

"제 남자친구는 꽤 알뜰합니다. 그건 분명히 장점이라고 생각해요. 그런데 속상한 건 데이트할 때마다 제가 돈을 다 쓰고 있다는 거예요. 우리는 장거리 연애를 해서 주말에는 남자친구가 제가 사는 곳으로 와요. 그래서 밥도 제 자취방에서 다 해 먹습니다. 물론 시장 보는 것도 다 제가 내요. 남자친구는 최근 적금을 시작해서 그렇다고 하는데 그럼 저는 뭔가요? 저도 요즘 지갑을 열 때마다 자꾸 계산하게 돼요. 그러다 보니 우리가 계속 만날 수 있을지 자신이 없어져요."

한 여학생에게 이런 고민 상담을 받았다.

사랑하는 사이에서 누가 돈을 더 많이 쓰는가를 따지기는 너무 치사한 것 같아 말을 못 하고 있는데 매번 혼자 데이트 비용을 다 내야 하니 화가 나기 시작한다는 거다. 그렇다. 사랑에서도 '돈'은 꽤 중요하다. 자본주의 사회에서는 더욱 그렇다. 행복도 따지고 보면 어느 정도 경제적 보장이 되어야 가능하지 않은가?

실제로 커플들이 깨지는 주된 이유 중에 '돈'은 항상 높은 순위에 들어 있다. 그런데 돈은 흥미롭게도 마음의 흐름을 반영한다. 마음이 가는 대로 돈도 흐르는 것이다. 사랑하면 뭔가 사주고 싶고 더 해주고 싶다. 아무래도 좀 더 여유있는 사람과 주는 것에 후한 사람이 돈을 더 쓰게 되겠지만, 사랑을 잘 유지하려면 어느 한쪽으로 부담이 치우쳐선 안 된다. 철학자이자 작가인 칼릴 지브란의 〈결혼에 대하여〉라는 시를 보면 "서로 사랑하라… 서로의 잔을 채워 주되, 한쪽의 포도주만을 마시지 말라"는 대목이 있다. 사랑 안에서도 한 사람만의 희생이 있어서는 안 된다는 것이다.

데이트 비용은 합리적으로 하는 것을 권한다. 꼭 칼로 나누듯이 '엄격한 반반 부담'보다는 남자가 밥을 샀으면 술은 여자가 산다든지, 남자가 영화를 예매했다면 여자가 밥을 산다든지 하는 식으로 말이다. 수입의 비율로 적절히 나누어 부담하는 것이 좋겠다.

내 돈만 소중하다고 하는 사람은 사랑 앞에서도 그럴 것이다. 돈을 귀하게 생각하고 알뜰하게 사용하는 것은 좋지만, 돈에 연연해서 사랑보다 앞세워서는 곤란한 일이다. 또 함께 살게 되었을 때 각자가 돈에 대해 어떻게 생각하고 관리하고 사용하는지, 즉 돈에 대한 가치관에 따라 관계의 질이 결정되기도 한다.

폭력·폭언하는 사람

"얼마 전 제 친구가 남자친구에게 뺨을 맞았다고 해요. 이번이 처음도 아닌 것 같아요. 제가 데이트 폭력이라고 했더니 친구는 '아니야,

나를 걱정하다가 너무 화가 나서 그랬어, 나한테 관심이 많으니 그럴 거야'라고 합니다. 어떻게 말해 줘야 할까요?"

"여자친구와 싸웠는데, 정말 무섭게 욕하고 저를 때렸습니다. 얼마나 세게 옷을 당겼는지 셔츠 단추가 다 뜯어질 정도였어요. 싸울 때마다 폭력적인 행동이 점점 심해지는데 그러고 나서는 눈물을 뚝뚝 흘리면서 사과해요. 여자친구를 사랑하지만 어떻게 해야 할지 모르겠어요."

요즘 데이트 폭력이나 폭언에 대한 우려가 높아지고 있다. 청소년기에는 반항의 몸짓으로 욕을 쉽게 사용했다 하더라도 어른이 된 이상 우리는 말과 행동에 책임을 져야 한다. 연인에게 물리적이거나 언어적인 폭력을 행사하는 사람은 상대를 만만히 보고 자신의 마음대로 할 수 있다고 생각하거나, 자신의 화를 못 참기 때문이다. 또한 욕이나 폭력은 표출할수록 점점 강도가 심해지기 때문에 이런 사람은 되도록 빨리 피해야 한다.

이 외에도 사람을 알아보는 여러 가지 방법이 있다. 친구들과 술을 마시면 어떤 모습을 보이는지도 살피는 게 좋다. 술에 취하면 자꾸 시비를 걸고 싸우는 사람도 있기 때문이다. 산에도 같이 가 본다. 단둘보다는 여러 사람하고 함께 가야 그의 평상시 모습을 볼 수 있을 것이다. 혼자만 성큼성큼 올라가는 사람인지, 뒤처지는 사람들을 챙기며 가는 사람인지 보라. 돈 내는 게임을 하는 방식 또한 그 사람을 알아보기에 유용하다. 게임을 유쾌하고 공정하게 하는 사람인지, 돈을 잃으면 막 화를 내거나 시비를 거는 사람인지, 속이는 사람인지, 판을 뒤엎는 사람인지도 살핀다.

일본의 다정하고 섬세한 작가인 요네하라 마리는 그의 책《미식 견문록》에서 '밥을 함께 먹어 보는 것'을 상대를 파악하는 주요한 방법이라고 소개한 바 있다. 편식이 심하지 않은지, 밥 먹는 습관, 먹는 속도, 음식을 입에 넣기까지의 일련의 행동들, 씹는 법들을 티 안 나게 꼼꼼히 보라는 것이다. 뭔가 익숙하지 않은 음식을 먹을 때는 당연히 용기가 필요하다. 즉 그 사람이 가진 호기심과 경계심 사이의 균형감이 드러난다. 처음 먹는 음식에 심한 거부감을 느끼지 않고 시도해 볼 수 있는 사람이라면 미지의 것에도 어렵지 않게 마음을 열 수 있을 것이다.

결국 일상에서 그를 잘 지켜보면 어떤 사람인지 보일 것이다. 사람을 보는 안목을 길러서 '나에게 좋은 사람'을 만나기를 바란다. 나와 잘 맞고, 잘 보이려 애쓸 필요 없이 있는 그대로인 나를 좋아하고 배려해 주며, 내가 좋아할 수 있는 사람이 나에게 '좋은 사람'이다. ✍

청춘은 사랑의 계절, 구애하라

요즘 참으로 안타까운 일이 사람 만나기가 쉽지 않다는 것이다. 코로나 팬데믹 현상으로 물리적 거리두기를 하면서 더욱 그렇게 되었지만, 모르는 타인을 편하게 만나기가 점점 더 어려워지고 있다.

내가 청춘이었을 때는 연인을 우연히 줍는(?) 경우가 참 많았다. 길에서 버스에서 누군가 특별한 눈빛을 '반짝' 던지고 따라오거나, "차 한잔하자"는 제안을 하면서 만남이 시작되는 경우가 꽤 있었다. 남학생이 강의실 밖에서 여학생을 기다리다가 데이트를 청하는 일도 많았다. 이런 게 다 낭만이었다. 그때도 낯선 이에게 말을 거는 것은 용기가 필요한 일이었지만, 낯선 사람과 눈을 맞추고 대화를 시작하지 않으면 어떻게 데이트를, 연애를, 그리고 사랑을 하겠는가? 아니, 꼭 거창한 만남이 아니더라도 낯선 사람과 이야기하는 것을 너무 두려워하지 않았으면 한다. 생각보다 많은 이가 선하고 유쾌하며, 새로운 사람과 이야기하고 싶어 하니까.

어디서 만날까?

최근 만난 30대 초반의 방송 감독(남자)이 "연애를 하고 싶지만 어디서 사람을 만나야 할지 모르겠다"고 고민을 털어놓았다. 불규칙한 일상을 보내는 터라 이성을 만날 엄두도 안 난다면서. 나는 "젊은 여자들이 모이는 곳으로 가보라"고 대답했다. 도서관, 헬스클럽, 혹은 와인 동아리 같은 곳 말이다. 누군가를 만나고 싶다면 그 누군가들이 있을 만한 장소로 가는 게 당연하지 않은가? 연애는 하고 싶은데 휴일에 방에 틀어박혀 유튜브 보고, 혼자 책 읽고, 운동도 혼자 한다면 언제 어디서 새 인연을 만날 것인가? 그야말로 감나무 밑에서 감 떨어지길 기다리는 것보다 더 소극적인 태도 아닌가?

요즘은 소개팅이 대세인 것 같지만 우연히 만나는 경우도 꽤 많다. 학교에서 자주 마주치거나 학교 식당에서 합석하게 될 수도 있고, 또 도서관의 옆자리에서, 헌팅 포차에서 눈에 띄는 사람을 만날 수도 있으며, 혹은 '틴더' 같은 온라인 데이팅 앱을 통해 데이트 상대를 만나기도 한다. 아르바이트를 하며 만나기도 하고 클라이밍 동호회, 달리기 번개모임, 독서 모임 등 같은 취미를 가진 이들이 소모임을 통해서 새로운 인연과 마주치기도 한다.

연애 상대를 찾으러 취향도 아닌 모임에 억지로 나가거나 어떤 자리에서든 이성에만 관심을 둘 필요는 없겠지만, 새로운 인연의 가능성을 항시 열어두는 마음가짐은 중요하다. 친구든 연인이든 새로운 사람을 만나고 싶고, 호감 가는 상대에게 용기 있게 말을 건네보겠다는 마음이 있어야 인연도 보이기 때문이다.

새로운 사람을 열린 마음으로 맞이하는 것은 좋지만 주의해야 할 것도 분명 있다. 오프라인 만남인 경우엔 상대를 볼 수 있고 목소리나 표정, 태도 등의 확실한 정보를 얻을 수 있지만 온라인 만남인 경우는 좀 더 조심하는 게 좋다. 아무래도 온라인 만남은 익명성이 더 강하고, 자신이 아닌 사진이나 프로필을 사용하는 경우가 많기 때문이다. 최근 데이팅 앱을 통해 만나서 결혼하는 커플도 증가했지만, 데이팅 앱을 사용하는 사람 중에는 깊은 관계보다 하룻밤의 가벼운 만남을 지향하는 이들도 많기 때문에 만나 보기 전에 너무 내 정보를 많이 알려주는 것은 위험할 수 있으니 주의하는 게 좋다.

어떻게 말을 걸까?

만약 관심 가는 상대가 있고 몇 번 마주친 적이 있다면 "우리 몇 번 마주치지 않았나요?", "혼자 공원 벤치에 앉아 있는 걸 여러 번 봤어요" 등의 말을 건네자. 그리고 상대가 대화에 기분 좋게 응한다면 자기 이름과 하는 일, 사는 동네, 연락처 등을 교환할 수도 있을 것이다. 만약 상대의 반응이 시원치 않다면 그녀나 그는 당신에게 관심이 없는 것일 테니 정중히 작별 인사를 하는 게 좋다. 상대가 나를 거절하는 이유는 나와 같은 스타일이 취향이 아니거나, 이미 연인이 있거나 등 다양할 것이다.

또는 내가 너무 머뭇거리며 말을 하거나 상대의 말은 듣지 않고 내 얘기만 늘어놓는 것도 이유일 수 있다. 나를 소개하면서 상대와 관계를 시작해야 하지만 너무 빨리, 너무 많이 자신을 드러내는 것보다는 상대의 자기 개방 속도에 맞추는 것이 좋다.

남자든 여자든 먼저 인사하고 말 걸기는 분명 용기가 필요한 일이다. 하지만 상대에게 호감을 표시하고 관계를 시작하는 데 '먼저 말 걸기'가 가장 효과적인 방법임은 분명하다. 중요한 것은 스스로가 나를 믿을 수 있어야 한다는 것이다. 나는 선의를 가진 사람이고, 상대에게 호감을 느껴서 먼저 말을 걸었더라도 상대가 거절하면 그 거절을 정중히 받아들이는 사람이라는 확신과 그에 맞는 태도 말이다. 누군가 나를 거절하더라도 그것은 나라는 존재가 모자라서가 아니라 그가 원하는 사람이 아니기 때문이다. 거절에는 다양한 이유가 있을 것이니 화를 내거나 주눅 들고 언짢을 필요는 없다. 대시와 스토킹의 차이는 상대의 거절을 받아들이는 태도와 행동에 달렸다. 물론 좀 무안하고 아쉽기는 하겠지만, 호감 가는 사람을 만날 기회는 또 올 것이다. 거절당했더라도 나는 일단 마음 가는 상대에게 용기를 내는 사람이라는 데 긍정점수를 주면 좋겠다.

호감이 느껴지는 낯선 사람을 만나면 먼저 말을 걸어 보자. 매너 좋은 태도로 다가간다면 인연이 될 가능성은 더 높아진다. 낯선 이에게 말을 걸고, 마음을 두드리고, 기다리는 일은 사랑을 끌어내는 전주곡이다.

연애는 덧셈이다

청년기의 남녀가 서로를 끌어당기는 에너지는 인생 그 어느 시기보다 강력하다. '청춘'은 서로를 더 알아가기를 원하고, 나아가 사랑하기를 원하고, 평생을 함께 한 팀으로 살아갈 '짝'을 찾고자 하는 시기라 해도 과언이 아니다. 물론 누군가와 인연을 이루는 데 시기가 따로 있을 리 없지만 그럼에도 좀 더 이성을 향해 질주하게 되는 시기가 청년기이다. 그런데 최근 청년들은 이 '사랑의 계절'의 막을 열어젖히기보다 취업을 위한 스펙 쌓기, 아르바이트로 용돈 마련하기, 시험 준비 등을 우선순위로 올려 두고, 정작 연애나 사랑에 대한 시도는 이 모든 준비가 끝난 다음 천천히 하겠다고 답하는 이들이 많아서 안타깝다. 구애가 사라진 시대가 된 것이다.

누군가와 데이트하고 사랑을 나누는 일, 확실하게 나의 우군이 되어 줄 인연을 찾고 만나는 일을 현재로선 하기 어려우니 그럴 시간이 있다면 취업 준비를 위해 더 노력하겠다고 대답한다. 왜, 어떤 이유로 데이트, 연애, 사랑이 미래 준비에서 다 뺄셈일까?

마음이 가는 사람을 만나고, 함께 이야기하고, 놀고, 사랑을 나누는 일들은 사실 덧셈이다. 연인은 무슨 일이든 다 극복하고 겪어낼 수 있도록 내게 힘을 주는 존재다. 실제로 많은 이가 취업 준비로 학원에 다니거나 도서관에 박혀 공부할 때 옆자리 연인은 응원이었고, 학원을 마치고 연인과 약속한 곳으로 달려가면서 새 기운을 얻는다고 말한다.

사랑이란 그런 것이다. 말할 수 없이 불안하고 해야 할 일이 너무 많아도 연인을 생각하면 힘이 나는 것, 그 존재만으로 실패에서 다시 일어설 수 있는 것, 모두 연인의 응원과 격려의 힘이다.

인생에서 아무리 힘들어도 같이 안고 가야 하는 것들이 있다. 뒤로 제쳐 놓고 가면 다시는 얻지 못할 것, 영원히 잃게 되는 것들이 있다. 그중에 연애와 사랑이 가장 그렇다.

안전한 만남에 필요한
힘 조절

사실 구애가 사라진 시대에 한몫한 것이 '잘못된 만남', '위험한 만남'을 다룬 언론 뉴스다. 최근에 남녀 간에 만남부터 헤어짐까지 안전을 우려해야 하는 상황이 왕왕 있다 보니 남녀 모두 연애를 소극적으로 대하게 된 것이다. 여자들은 이성관계를 더 조심하게 되고, 남자들은 자신이 위험한 상대로 여겨질까 봐 몸을 사리게 됐다.

선량한 남자들로서는 편견에 휘말리는 게 억울하겠지만, 실제로 만남과 헤어짐을 우격다짐으로 하는 남자들이 많다 보니 여자들의 조심스러움을 원망만 할 건 아니다. 진정 여자들이 원하는 남자는 자신의 힘을 약자에게 사용하지 않고, 약자를 배려하고 존중하며 돌볼 줄 아는 관용을 가진 사람이다. 현실에서 이런 훌륭하고 선량한 남자가 '힘 조절과 감정 조절'을 못하는 남자보다 훨씬 많지만, 그들은 따로 자신을 드러내지 않는다. 우리 사회에서 보통의, 많은 긍정적이고 선량한 남자들이 자신을 드러내고 목소리도 냈으면 좋겠다. 그들이 약자 편에서 목소리를 낸다면, 여자들이 보다 적극적으로 연애의 장에 나설 것이 자명하다. 🖋

남녀 모두에게 통하는
'반함 포인트'

상대에게 매혹되는 지점은 사람의 수만큼 정말 다양하다. 하지만 공통점도 있다. 대체로 우리는 아름답고 멋진 외모, 좋은 목소리, 냄새, 경제적 능력, 성격 그리고 높은 소통 능력에 꽂힌다.

아름다운 외모

우리가 생각하는 아름다운 얼굴은 보통 이목구비의 균형이 잘 잡힌 얼굴이다. 물론 눈의 크기, 모양, 색깔, 코의 높이, 입술의 색과 두께 등의 세세한 조건들을 안 보는 건 아니지만 '아름답다'는 평가에는 '얼굴 전체의 균형이 맞는가'에 더 높은 점수를 준다. 외모의 선입견이 아직 만들어지지 않았을 아기조차 아름다운 외모를 가진 사람을 더 자주 바라본다고 하니 사람이 아름다운 외모에 대해 갖는 기준은 본능이라 하겠다. 아름다운 얼굴은 객관적으로 좌우대칭인 얼굴이며, 남자와 여자의 얼굴이 섞인 듯 중성적인 얼굴일수록 사람들은 더 아름답다고 생각한다. 또 자기와 비슷한 외모에 더 끌리는 경향이 있다. 그래서 연인들은 시간이 지나며 닮아가기도 하지만, 애초에 자신과 닮은 사람을 선택하는 경우가 많다는 것이다.

진화심리학에선 재미있는 실험을 많이 하는데, 단기적 만남에서는 남녀 모두 '외모'를, 장기적 관계를 생각하는 이들은 '성격'을 더 많이 본다고 한다. 또 우리나라 여자들은 유난히 남자의 키를 많이 본다. 한국뿐 아니라 세계의 여자들은 대체로 키 큰 남자를 좋아하는데, 그 이유는 두 발로 걷는 인간이 가장 비교하기 좋은 기준이어서 그렇다고도 한다. 키 큰 남자가 여자를 보호하기 좋은 어깨와 긴 팔을 가지고 있어서라는 진화심리학적 해석도 있다. 흥미로운 것은 사랑에 빠졌을 때는 상대의 외모를 실제보다 더 높이 평가한다는 것이다. 유난히 외모를 따지는 건 남자들의 기준이라고 하지만 사실 똑같은 조건이라면 여자들도 상대의 외모를 중요하게 생각한다.

최근 일본에서 '젊은 여자들이 상대를 결정할 때 보는 조건'들에 대해 조사했더니 '외모'가 1위이고, 능력이 두 번째였다고 한다. 오랫동안 '능력'이 1위였는데 최근 조사에서 바뀌었다. 그런데 이렇게 결과가 바뀐 것은 일본 여자들이 사회활동을 많이 하게 되면서 경제적 능력을 갖추게 된 탓이라고 해석한다. 이를 보면 외모를 우선순위로 하게 된 것은 경제적 자립에서 비롯된 문제라는 생각도 든다.

이와 비교하여 우리나라 남녀는 '성격'을 가장 중요하게 생각한다고 답변했다니 가장 중요한 건 외모도 능력도 아니고, 상대의 '성격', '삶의 태도'라는 걸 아는 현명한 대답이겠다.

좋은 목소리

사랑 고백에 멋진 '세레나데'만큼 효과적인 게 있을까? 노래를 잘하는 남자는 매력 있게 평가된다. 암컷에게 구애 수단으로 노래하는건 새나 고래도 마찬가지라고 한다. 또 일찍 일어나 노래하는 수컷은 암컷에게 선택될 가능성이 크다고 하니 나의 새벽잠을 방해했다고 사랑에 열일하는 창밖의 새를 미워하지 말아야겠다.

대체로 여자들이 좋아하는 남자의 목소리는 '굵고 부드러운 저음의 목소리'이다. 미국의 심리학자 앨버트 메라비언Albert Mehrabian의 연구에 따르면 메시지를 전달하는 요소 중에 가장 영향력이 큰 것은 목소리(38%)이며, 그다음이 표정(35%), 태도 순이라고 한다. 이 말은 상대와 소통할 때 좋은 목소리를 가진 사람(발음도 똑똑해야겠지만)이 호감과 신뢰감을 얻기 쉽다는 것이다. 또 다른 연구에서는 "목소리 톤이 낮을수록 이성에게 인기가 좋다"고 한다. 목소리 톤이 낮으면 더 따뜻하고 성적으로 매력 있으며, 정직하고, 사회적 지위가 높은 사람이라고 생각한다니 재미있다.

남자뿐 아니라 여자의 경우도 고음의 소프라노가 젊고 아름다운 여자라는 인상을 주어서 오페라에서도 주로 여주인공을 소프라노가 맡는 경우가 많다. 또 좀 더 안정적이고 성숙한 여자 역할은 알토가 맡는다. 이 또한 목소리가 주는 정보에 기대는 것이다.

목소리는 그 사람의 건강을 반영한다. 나이가 들수록, 건강이 나쁠수록 고음을 내기 어렵고 성량도 작아지며 목소리가 불안정해진다. 폐의 호흡 기능과 직결되어 있기 때문에 그렇다. 목소리를 건강하게 간직하려면 물을 많이 마시고, 치아 관리를 잘해야 하며, 매운 음식을 자주 먹지 말고, 소리 지르거나 담배를 피우지 않는 등의 노력이 필요하다. 특히 샤워하며 노래 부르기는 목소리 관리에 도움이 된다고 하니 시도해 보시길!

아주 중요한 '냄새'

연인의 냄새, 그리고 '땀 냄새'조차 좋다는 건 서로가 잘 맞는 짝이라는 증거이기도 하다. 과학적으로는 생식에서 유전적 이점을 갖게 하는, 자신과 다른 면역체계를 가진 개체의 냄새를 상대적으로 좋게 여긴다고 한다. 이는 반대의 면역체계를 가진 두 사람이 만나면 면역력이 강한 아이를 낳을 수 있기 때문이라는 근거가 따라온다. 냄새는 자신도 모르게 끌리는 것이라 더 본능에 가깝다.

실제로 여자들에게 방금 운동을 끝낸 남자들의 티셔츠 냄새를 맡은 다음 하나를 고르게 했더니 다수의 여자가 유전학적으로 꽤 훌륭해 보이는 남자의 티셔츠를 골랐다는 연구 결과가 있다. 특히 가임기의 여자는 강인해 보이는(테스토스테론 분비가 활발한) 남자의 셔츠를 고르는 경향이 높았다고 한다. 마찬가지로 남자들도 여자의 티셔츠 냄새를 맡도록 하자 배란기 여자의 것을 골랐다고 하니 놀랍다.

인간이 아주 오래전에 가졌던 후각 능력 가운데 하나로 '페로몬'을 알아차리는 능력이 있었다. '페로몬'은 주로 동물이 사용하는 신호전달물질인데, 성적 매혹에도 작용한다고 알려져 있다. 꿀벌이나 개미 같은 곤충들 역시 이 페로몬으로 영역표시를 하고, 먹이를 찾기도 하고, 유혹이나 공격 행동을 하기도 한다. 우리 인간은 직립 보행을 하면서 땅과 멀어져 페로몬을 알아차리는 능력을 거의 잃어버렸다고 하지만 여전히 상대에게서 특별한 냄새를 종종 맡는다.

혹자는 "냄새야말로 숨겨지지 않는 감정"이라고도 했는데 우리는 놀랍게도 어떤 특정인의 '좋은' 냄새를 구별해 낸다. 예민한 사람은 상대의 기분을 냄새로 읽어내기도 하는데, 그것은 사람이 흥분하거나 기분이 너무 좋거나 나쁠 때 뿜어내는 냄새가 다르기 때문이다. 아마도 감정에 반응하여 호르몬 등에 영향을 받은 독특한 땀 냄새, 몸의 냄새일 테지만.

특히 사랑에 빠진 이들은 상대에게서 향긋하거나, 몸을 달아오르게 하는 냄새를 더 잘 맡는다. 어떤 이는 연인이 지금 흥분했는지, 화가 났는지, 기분이 나쁜지를 냄새로 알아차릴 수도 있다고 하니 '냄새'야 말로 과히 감출 수 없는 감정의 증거인가 보다.

경제적인 능력

사람에게 느끼는 매력 요소 중에 경제적 능력이 들어가는 건 어쩌면 너무나 당연한 것이라 할 수 있다. 자본주의 사회에 사는 우리가 생존을 위한 경제적인 능력을 어떻게 무시할 수 있겠는가?

특히 장기적 관계의 상대를 선택할 때는 경제적 자질을 더욱 중요시한다. 여기서 경제적 능력은 '돈을 잘 벌 것 같은', '안정성', '직업과 관련된 지위', '소득 잠재력' 같은 자질이다. 특히 이 경제적 능력의 유무는 상대적으로 '을'로 살아 온 역사가 긴 여자들이 상대에게 느끼는 호감도에 더욱 영향을 끼치는 걸로 나타났다. 하지만 성평등이 좀 더 이루어져서 남녀의 임금 격차가 줄어들고 입사나 승진이 지금보다 공정하게 된다면, 그리하여 경제적 능력을 갖는 데 평등해진다면 남녀가 더 공평하게 부담을 나눌 것이라 기대한다.

진화심리학적으로 농업혁명기 이후 여자가 남자에게 경제권을 빼앗기면서 남자에게 많이 의존하게 되었다고 해석하는데, 그것이 성차별의 단초를 제공했다고 생각한다. 어쨌든 우리 사회에서 생존은 경제적인 능력과 직결된다. 과거에는 여자들이 교육 기회가 적었고 사회활동이 빈약해, 남자에게 의존하는 시스템으로 굳어져 온 게 사실이다. 우리나라도 여자들이 고등교육의 혜택을 받은 것은 해방 후의 일이다. 이제는 교육받은 여자들이 많고 이에 따라 경제 활동을 활발히 하는 이들도 많아졌다. 앞으로는 여자들의 경제적 능력이나 조건이 더 좋아질 것으로 기대한다. 그렇게 된다면 경제적 능력이 파트너 선택에 우선순위로 꼽히지는 않을 것 같다. 위의 일본의 예에서도 나타나듯이 말이다.

성격

성격은 한 사람의 문화, 태도, 가치, 행동을 대변한다. 성격은 단기적인 만남으로는 잘 파악할 수가 없다. 사람이란 존재가 자주 변하고 끊임없이 달라지기 때문이다. 까다로운 성격보다는 원만한 성격을 가진 사람이 당연히 관계를 유지하는 데 편안한데 이 '편안함'은 참 중요하다. 또 연애 경험이 없을수록 '독특한', '유별난' 사람을 선택하는 경향이 있다.

나와 성격이 반대인 사람에게 매력을 느끼는 이도 많다. 내가 우유부단하고, 거절을 못 하며, 타인의 의견을 잘 따르는데 상대가 이성적이며 단호한 성격을 가졌다면 더 멋있다고 느끼는 것이다. 반대로 자신이 좀 냉정하고 감정표현을 다정하게 못 하는 성격이면 다정하고 부드러운 성격의 상대에 꽂히는 경향이 있다. 아마도 이는 자신의 부족한 부분을 채워줄 수 있는 상대를 고르고자 하기 때문일 것이다. 또 나와 다른 성격을 가진 사람에게 신비감을 느끼고 매력 있다고 생각하는 탓일 것이다.

남자와 여자는 모두 상대를 선택할 때 '신뢰할 수 있는 성품'과 '정서적인 안정성'에 높은 점수를 준다. 표현을 잘하고 개방적인 사고를 가지며, 친근감과 사교성, 따뜻함과 친절함, 정직과 신뢰감, 지성, 유머 감각을 가진 사람이 환영받는다. 편견이 심하지 않고, 매사에 긍정적이며 밝게 자주 웃는 사람, 남도 웃게 만드는 유머까지 겸비하고 있다면 최고의 상대가 아닐 수 없다.

개인의 성격은 지구상의 사람 수만큼 다양하지만 그럼에도 너무 예측 불가능할 정도로 독특하다면 관계가 안정적으로 유지되기 어럽다. 사람에 따라 혼자 있는 시간이 많이 필요한 이도 있고, 사람들과 어울려야 힘을 얻는 이도 있다. 하지만 성격이 달라서 문제라기보다는 얼마나 서로 협상을 잘하고 원만한 관계를 유지할 수 있느냐에 따라 관계의 질이 달라진다. 각기 다른 성격이라도 서로를 신뢰하는 가운데 협상하는 능력이 있다면 관계 유지뿐 아니라 서로의 강점이 더해져 시너지를 내면서 더없이 잘 맞는 연인이 될 것이다.

사회적 소통 능력

요즘 사람들이 외모나 다른 조건보다 중요하게 생각하는 것이 사회적인 소통, 즉 대인관계를 잘 맺는 사람인가 하는 것이다. 타인을 대하고 배려하는 대인관계 능력, 사회성이 높은 사람들은 더 호감의 대상이다. 사회성이 높으려면 의사소통 기술이 좋아야 하는데 언어적인 소통뿐 아니라 눈을 잘 마주치고, 잘 웃는 등 긍정적인 상호작용을 하는 사람들이 점수를 높게 받는다. 또 타인에게 적극적으로 관심을 보이고, 편안하게 대화를 이끌어 가고, 자기 노출을 안정적으로 잘하는 사람이 매력적이라 평가된다.

연인에게 기대하는 스무 가지 바람직한 가치

	남자가 중요하게 생각하는 가치	여자가 중요하게 생각하는 가치
1	믿을 만한	따뜻한
2	따뜻한	믿을 만한
3	공정한	공정한
4	지적인	지적인
5	아는 것이 많은	아는 것이 많은
6	양심적인	상대를 믿는
7	상대를 믿는	든든한
8	성실한	성실한
9	든든한	감정적으로 안정적인
10	편안한	편안한
11	감정적으로 안정적인	통찰력 있는
12	통찰력 있는	관대한
13	침착한	양심적인
14	활기찬	활기찬
15	현실적인	너그러운
16	호기심 많은	사교적인
17	사교적인	호기심 많은
18	창의적인	정리를 잘하는
19	정리를 잘하는	유연한
20	여유있는	여유있는

《사랑에 관한 오해》 중에서,
(개리 르완도스키 지음, 이지민 옮김, 알에이치코리아(RHK), 2022년)

나는 왜 그 사람에게
꽂히는 걸까?

매력적인 인류학자 헬렌 피셔Helen Fisher는 '어떤 사람에게 꽂히는 이유'를 여섯 가지로 설명했다. 나와 닮은 사람, 신비감, 가까운 거리 (자주 마주치는 사람), 러브 맵(Love Map), 로미오와 줄리엣 효과(장애), 그리고 숨길 수 없는 냄새가 그것이다.

공통점, 신비감, 가까운 거리

아무래도 나와 가까운 곳에 사는, 나와 공통점이 많은 사람에게 꽂힐 가능성이 크다. 그리고 그에게 뭔가 더 알고 싶게 만드는 신비한 면이 있다면 더욱 그렇다.

학생들에게 데이트 과제를 내주면 대부분 상대와 빨리 가까워질 수 있던 요인이 자신과 좋아하는 음악이 같거나, 산책이나 여행 등 취미가 같고 가치관이 비슷했기 때문이라고 말하곤 한다. 또 호기심이 생길 때도 그렇다. 여기 한 젊은 여자의 고백을 들어 보자.

"그날 갑자기 소나기가 왔어요. 비가 그치기를 기다리는 학생들이 강의실에 동그랗게 앉아 있었죠. 그때 한 남학생이 기타를 치기 시작했는데 저도 무척 좋아하는 노래였어요. 연주를 들으면서 왠지 더 알고 싶다는 마음이 들었어요. 사랑은 그렇게 시작됐지요."

일단 호감이 생기면 상대에 대해 더욱 알고 싶다. 그래서 누군가는 '알면 사랑한다'고 하지만 사랑하면 더욱 알고 싶어진다. 그가 어디에 사는지, 어떤 것을 좋아하는지, 싫어하는지, 무서워하는지 등 많은 것이 궁금하고 알고 싶어지는 것이다.

러브 맵(Love Map)

어린 시절부터 뇌에 새겨진 좋은 사람, 끌리는 사람의 특징을 말한다. 우리말로 하자면 무의식이 만든 '이상형 지도'라고 할 수 있다. 웃는 모습이 예쁜 사람이 왠지 좋다든지, 손가락이 길어 반했다든지, 머리를 단정히 묶은 모습에 나도 모르게 끌렸다든지 하는 것들 말이다. 사람마다 매력을 느끼는 자기만의 기준을 갖고 있는데 부모가 그 기준이 되기도 한다. 결혼식장에서 신랑 얼굴에서 신부 아버지의 얼굴이 보이고, 신부의 생김새나 분위기가 신랑 어머니와 꼭 닮아서 놀라곤 하는 이유가 이것이다.

로미오와 줄리엣 효과

사랑에 어떤 장애가 있을 때(로미오와 줄리엣처럼 부모의 완강한 반대가 있거나 이루기 어려운 사랑일 때) 사랑은 더 뜨겁고 강해진다. 실제로 장애가 있는 경우 권태기도 없이 오래 타오를 때가 많다. 사랑이 무엇보다 '자기 확신'에서 비롯되고 그것을 확인하는 작업이어서일까?

숨길 수 없는 냄새

사랑이 시작될 때, 혹은 사랑을 하고 있을 때 자신의 연인에게 특별하게 좋은 냄새를 맡는다. 헬렌 피셔 박사는 후각이야말로 숨길 수 없는 감정의 냄새라고 하는데, 실제로 사랑하는 사람의 체취를 좋아하는 경우가 많다.

타이밍

그리고 시기, 즉 타이밍이다. 사랑이 시작되려면 둘 중에 적어도 한 사람은 사랑할 준비가 되어 있어야 한다. 연인과 헤어졌거나, 혼자 잘 지냈지만 이젠 누군가를 만날 마음이 생기는 등 사랑할 환경이 마련되어야 한다는 것이다. 사랑은 둘이 동시에 번갯불에 맞는 것처럼 똑같이 반해서 시작하는 경우는 거의 없다. 대체로 한 사람이 먼저 시작해서 다른 이를 향해 불을 때기 시작하면 불이 옮겨붙는다.

그 외에 자기가 갖고 싶은 성격이나 능력 같은 특성을 가진 사람에게 더 강렬하게 끌린다.

붕 뜨는 느낌, 사랑의 시작일까?

"학회가 끝나고 호텔 바에서 우연히 옆에 앉은 그녀와 이야기를 시작했을 때, 우리는 누구랄 것도 없이 서로 맞장구를 치면서 대화를 이어 나갔어요. 마치 대답을 알고 있는 것처럼 말이 잘 통했지요. 주변에 사람들이 다 없어졌을 때야 우리만 남았다는 걸 알았는데 거의 새벽이었어요. 시간이 어떻게 그렇게 순식간에 흘렀을까요? 그녀와 헤어져서 내 방에 돌아왔을 때 마치 몸이 '붕' 뜬 것처럼 기분이 황홀했어요. 그날부터 온통 그녀 생각뿐이었죠."

어떤 사람이 내 마음에 들어 온 그날부터 뇌와 몸은 각성되기 시작한다. 실제로 사랑이 시작될 때, 그것이 사랑이라는 걸 미처 깨닫지 못한 시기에도 몸과 마음이 붕붕 뜨는 느낌을 받는다. 마치 약에 취한 것처럼 몇 시간이나 집중해서 즐겁게 이야기할 수 있고, 밤이 새도록 사랑을 나눌 수도 있다.

자나 깨나 그를 생각하고, 목소리를 듣고 싶으며 만나고 싶다. 첫 키스가 있었던 데이트 후에는 입맞춤의 장면을 끊임없이 떠올린다.

그와 보낸 시간을 초 단위로 반추할 수 있을 정도로 기억력도 좋아진다. 온통 '그'라는 존재에 마취된 것처럼 상대를 중심으로 자신의 우주가 재편된다. 그리고 상대가 좋아하는 것을 나도 좋아한다고 말한다. 초콜릿을 좋아하지 않던 남자가 초콜릿을 좋아하는 여자를 만난 후 초콜릿을 주문하는 것처럼 모든 세상이 '특별한' 그를 중심으로 돌기 시작한다. 그가 좋아하는 방식대로 옷을 입고, 음식을 주문하고, 책을 읽는다. 감정적으로 그를 이상화하고 강력한 성적 끌림을 느끼고, 상대의 행복을 위해서라면 자신은 뒤로한 채 온 마음을 바칠 수 있다. 가족, 친구, 공부, 운동, 직업 같은 중요한 것들조차 우선순위에서 밀려난다. 그의 연락이 없으면 전화기가 고장 났나 의심하고 휴대폰을 끝도 없이 확인한다. 수시로 그의 SNS에 들어가 본다.

사랑은 우리의 눈을 어둡게 한다

누군가에게 빠진다는 것은 "객관화가 어려워졌다"는 말과 다르지 않다. 그러다 보면 자기도 모르게 상대를 정말 그 사람이 아닌, 나의 '기대'와 '상상 속의 인물'로 만들기도 한다. 매혹되고 나면 상대를 이상형과 같게 만드는 동일시 작업을 하게 되는데, 이것이 도를 넘으면 상대의 몸만 빌려 다른 사람을 만들고 '상상 속의 그대'를 사랑하게 될 수도 있다. 낭만적 상상력이 넘치는 젊은 여자들이 많이 하는 실수이다.

　오랜 연인과 헤어지고 상처에 잠겨 있던 여자가 새로운 사랑을 만났다. 그녀는 그의 모든 것이 멋져 보였다. 사랑에 빠진 그녀는 그에게 매일 밤, 낮에 만난 감정을 편지에 적어 보냈다. 밤에 쓰는 연애편지에는 감정이 과장되고 미화되어 담겼고 편지를 쓰며 그녀는 그에게 더욱 빠져들었다. 남자의 답장은 "나도 당신 편지 속 그를 좋아합니다"였다. 그 역시 분명 자신이 대단히 미화된다고 생각했지만, 그녀가 정신이 돌아와 진짜 자신을 알아보기보다는 그 편지 속 이상적인 남자로 보이고 싶었다. 그녀가 그가 '상상 속의 멋진 남자'가 아니라는 걸 알아차리는 데 그리 오랜 시간이 걸리진 않았지만 그때는 이미 관계가 깊어진 후였다.

　열정은 사람을 맹목적으로 만든다. 연애 초기, 약간 이성이 헐거워진 상태에서 상대에게 빠지는 이런 '열정'의 단계가 없다면 사랑을 경험할 기회가 훨씬 적을지도 모르겠다. 사실 사랑의 시작은 이렇게 이성의 눈을 감은 채 열정의 바다에 풍덩 빠져버리는 것이다. ✍

뜨거운
사랑과
안전한 이별,
관계 수업

시작하는 연인들이
싸우는 이유

연애가 진행되면서 처음에는 비슷한 점에 꽂혔던 연인이라도 점차 다른 점을 발견하고 당황하게 된다. 긍정적인 커플은 장점도 단점도 자연스럽게 인정하고 받아들이며 협상을 통해 관계를 발전시켜 가지만, 상대의 결점이나 관계를 유지하는 데 문제가 될 만한 행동이 눈에 띄면서 갈등이 시작되는 커플도 있다. 이때 갈등을 어떻게 해결해 나가는지가 이 커플이 우정과 신뢰를 가지고 깊고 길게 사랑을 나눌지, 아니면 관계를 끝내게 될지 결정되기도 한다.

　어쩌면 싸우기 시작했다는 것은 드디어 서로에게 어느 정도 안심하게 되었다는 뜻과 같다. 그래서 자신의 결점이나 생각을 겁 없이 드러낼 수 있다는 것이고, 상대를 볼 때 감정보다 이성이 작동하기 시작했다는 표시이기도 하다. 당연히 이런 갈등을 잘 넘겨야 더욱 결속된 연인이 될 수 있다.

처음에는 뭔가에 홀린 듯 관계를 유지하기 위해 상대에게 잘해 주고 맞춰주려 노력하지만, 어느 정도 사랑에 익숙해지면 자신을 숨기기가 어려워진다. 또 사랑하는 감정을 확인하기 위한 행동들이 사소한 다툼으로 번져서 감정이 상하는 일이 잦아진다. 그런 일들을 통해 사랑과 믿음이 더 단단해지길 원하지만 그렇게 흘러가지 않을 때도 많다. 그 어떤 경험과 마찬가지로 사랑도 습관이 된다.

데이트 비용

연애하면서 가장 많이 부딪히는 것이 바로 '데이트 비용'이다. 마음 흐르는 곳으로 돈도 흐른다지만 매번 나만 더 많이 부담하는 것 같을 때, 상대가 그것을 고마워하지 않고 당연하게 생각할 때 갈등이 생긴다. 어떤 여자는 상대가 자신을 위해 돈을 잘 쓰는 것은 좋지만, 남자친구가 치르는 비용만큼 자신도 뭔가 해야 할 것 같아 아주 부담스럽다고 했다. 또 상대가 처음에는 돈을 같이 내더니 언제부터인가 자신에게만 부담을 시킨다면서 나를 바보로 보는 것 같아 기분이 나빠진다고 말하는 이도 있다. 그렇다고 매번 칼같이 동전까지 나누는 더치페이는 너무 정 없는 것 같다. 자, 이 데이트 비용은 어떻게 나누면 좋을까?

대체로 수입에 비례하면 어떨까? 많이 버는 사람이 좀 더 부담하는 것이다. 하지만 그것이 의무여서는 안 된다. 상대가 밥을 사면 나는 술이나 차를 사고, 상대가 영화를 보여주었으면 나는 밥을 사는 등 '대체로 함께하고 있다'는 생각이 들도록 현명하게 나누기를 권한다. 어떤 관계도 치르는 값과 보상이 비슷하면 문제가 없다.

상대보다 늘 더 많은 것을 주는 관계에 있거나, 관계에서 얻는 것보다 많이 투자하고 있다는 느낌이 들면 당연히 불만이 생기고 보상도 원하게 된다. 관계에서 형평성은 몹시 중요하다. 많이 받는 사람보다 많이 주는 사람이 더 형평성에 민감할 수밖에 없다.

평등은 중요하다. 평등한 관계에 있는 연인들은 불평등한 관계에 있는 연인들보다 행복하고 관계에 만족한다.

연락과 만남 횟수

연락과 만남 횟수에 대한 기대가 다를 때도 갈등은 생길 수 있다. 이른바 'less'를 느끼는 사람이 더 불만스럽고 부정적인 감정이 쌓여간다. 하지만 각자의 사적 생활이 어려울 정도로 자주 연락하고 만나는 것도 부담스러운 일이다.

연인이라면 일주일에 몇 번을 만나는 게 좋을까? 각자의 사정에 맞춰 조절하는 게 좋지만, 일주일에 한 번 정도는 꼭 만나려고 노력하는 모습을 보여주는 것이 좋을 것 같다.

언젠가 한 방송의 토크쇼에 나간 적이 있는데 출연자들은 다 외국 청년들이었다. 그때 '한국인과의 연애'에 대한 이야기가 나왔는데 사랑에 진심인 나라 프랑스에서 온 젊은 여자조차도 한국인의 열정적인 데이트 횟수에 고개를 저었다. 그녀에 의하면 프랑스에서는 연애를 하더라도 각자 자신의 생활에 충실하다가 일주일에 한 번쯤 만나 뜨겁게 회포를 푼다고 했다. 나머지 날은 간단히 전화 통화 정도만 하면서 자기 생활을 독립적으로 영위하는데, 한국의 연애는 너무 자주 만나고 연인끼리 같이 시간을 공유해야 한다는 생각이 많아서 자기 시간을 가지는 게 무척 힘들었다고 했다. 또 문자도 자주 보내야 하는데, 되도록 빨리 답을 하지만 바쁠 때는 읽고 말기도 하는데 그것이 다툼을 부를 때가 많았다고 했다. 특히 카톡 대화에서 1의 압박이 너무 심하다며 그렇게까지 매 순간 뭐 하는지, 뭘 먹었는지를 공유해야 하는 게 너무 부담스럽다는 것이다.

그녀의 이야기에 외국인 출연자들은 다 공감을 표시했는데 너무 자주 상대의 일상을 체크하고 함께하는 것만이 사랑은 아니다. 오히려 사랑이 건강하게 자라려면 시간과 공간에 적절한 거리두기가 있어야 한다.

사랑하기 때문에 상대의 사적 영역을 마음대로 침범하고, 일상을 관리하는 것은 사실은 사랑을 죽이는 지름길이 될 수 있다. 친구를 만난다는데 자리를 옮길 때마다 전화를 요구하고, 모임 중에도 내 전화를 받지 않는다고 화를 내는 것은 사랑이라기보다 불안 혹은 소유욕의 반증일지도 모른다.

화초들도 너무 가까이 심으면 결국 죽는 경우가 많지 않은가? 상대와 적절한 거리를 유지하면서 공부도 하고, 친구도 만나고, 나 중심의 일상을 잘 영위하며 알뜰히 시간을 보내다가 만나면 뜨겁게 사랑하는 것이 건강한 관계이다.

남자 사람 친구, 여자 사람 친구

많은 연인이 싸우는 이유 중 하나가 남사친, 여사친과의 관계이다.

실제 한 남학생은 여자친구와 헤어진 이유가 '자신이 여사친에게 너무 친절해서'였다고 한다. 여자친구와 있을 때도 여사친에게 뭔가 도움을 요청하는 전화를 받으면 흑기사처럼 달려가는 자신을 여자친구가 못 견뎌 했다는 것이다. 하지만 자신이 사랑하는 것은 여자친구일 뿐이고, 여사친은 그야말로 여자 사람 친구였다고 억울해하는 그 남학생에게 나는 '성적 배타성'에 대한 이야기를 해 주었다.

연인 사이라면 남들과는 다른 뭔가 둘만이 나누는 행동이 있어야 한다. 남자든 여자든 제일 힘든 것이 모든 사람에게 너무나 친절하고 다정한 연인이다. 나만 상대에게 기대할 수 있고 누릴 수 있는 것이 있어야, 두 사람은 더욱 단단한 결속을 확인할 수 있음을 잊지 말아야 한다. 사랑하는 관계에서 '쿨함'은 없다.

특히 남자인 경우 이성 친구와 단둘이, 아니 여럿이서라도 늦게까지 술을 마시는 것은 피하는 것이 좋다. 믿고 싶지 않지만 남자들은 술을 마시면 시간이 갈수록 상대가 예뻐 보인다는 연구 결과가 적지 않기 때문이다. 이럴 때 가장 설득력이 있는 이야기는 '역지사지'일 것이다. 우정을 모두 끊으라는 것은 아니지만, 적어도 상대의 입장이 되어 보는 것, 상대가 싫어하는 행동은 하지 않는 것, 그것이 나의 소중한 이에게 지켜야 할 사랑의 기본이다. ✎

관계를 깊어지게 하는
'싸움'의 기술

"제 남자친구는 싸우고 나면 제가 먼저 말을 걸기까진 말을 안 해요. 전 이렇게 불편한 상황을 견디기 힘들어서 제 잘못이 아닐 때도 먼저 사과하거나 화해하자고 해요. 싸움의 이유를 서로 알아야 다신 그 문제로 안 싸울 텐데, 매번 그렇게 어정쩡하게 넘어가곤 하죠. 요즘 은 진짜 자주 싸워서 우리 관계가 걱정돼요."

"제 여자친구는 싸울 때 정말 무서워요. 우린 사랑하는 사이인데 도 싸울 때는 욕도 하고, 자기가 하고 싶은 말을 다 퍼부어요. 그러고 는 저보고 답답하다고 하고요. 자기는 뒤끝 없는 성격이라 하는데… 참 어이없어요."

다툼이 관계를 늘 파국으로 끌고 가는 것은 아니다. 다툼을 통해 서 우리는 서로를 이해하게 되고, 각자 문제를 해결하는 방식을 알게 된다. 갈등을 피하면 관계를 개선할 기회도 놓치게 된다. 지금 당장 대화하지 않으면 앞으로의 관계가 점점 나빠지기 마련이다. 다투되 잘 싸우고 문제가 해결되는 경험이 쌓이면 둘의 관계는 더욱 단단해진다. 어쩌면 다툼을 피하지 않는 커플은 그만큼 관계에 자신이 있다는 뜻이기도 하다. 해결을 위한 노력도 한다는 전제하에.

사랑하는 이들의 관계에서 중요한 것은 갈등이 생겼다는 것이 아니라 그것을 어떻게 관리하고 풀어나가느냐는 것이다. 대안을 제시하고 문제를 해결하려는 방법을 모색하는 것, 내 입장을 분명히 밝히면서 원만히 대화하는 기술이 필요하다. 또 타협으로 의견 차이를 해소하려고 노력하는 것이 연인 사이에는 꼭 필요하다.

그 '일'만을 가지고 싸우자

무엇보다 싸울 때는 반드시 다툼의 원인이 된 '그 일'만을 다루려고 노력해야 한다. 대화도 그렇지만 다투다 보면 싸움의 목표를 잊고 상대를 이기려는 마음이 생기기 때문이다.

"너는 항상 그게 문제야." "기억나? 전에도 네가 이렇게 해서 우리가 싸웠지." 이런 식으로 과거의 이야기를 가져오고, 말의 맥락을 이해하려고 하기보다 말꼬리를 잡게 되면 서로의 감정이 격해지게 된다. 문제를 해결하는 것은 뒷전이고 서로를 비난하는 데 온 힘을 쓰게 된다. 그래서 다툼을 어떻게 끝냈다 하더라도 마음에 응어리가 남고 억울하고 상대가 미워진다. 이런 다툼을 계속하다 보면 관계는 악화될 수밖에 없다.

오늘의 문제가 어제의 일과 연결되어 있을 때도 분명 있다. 하지만 아닐 때도 많다. 비난과 이기려는 마음이 앞선다면 과거의 문제와 오늘의 문제를 모두 해결하지 못하고 만다. 지금의 그 '일'을 집중해서 다스리고 치유의 힘을 키운 다음, 과거의 문제도 차츰 해결하는 것이 좋다.

'나', '녀' 말고 '우리' 안에서 싸우자

커플이 싸우는 목표는 상대를 이기려는 것이 아니라 우리의 관계를 더 좋게 하기 위해서다. 서로 더 이해하고 사랑하기 위해 싸운다는 걸 잊지 않도록 한다. 또 싸울 때 '너와 나'라는 표현을 쓰기보다 '우리'라는 표현을 사용하는 커플이 갈등을 더 쉽게 해결하고 관계가 단단해진다는 연구 결과들이 많다. 이것은 결국 그 연인들이 '이기려고 싸우는 것이 아니라, 우리의 관계를 더 좋게 하기 위해 싸운다'는 목표를 잊지 않기 때문이라고 생각된다.

또 이죽거리거나, 빈정거리며 상대를 자극하거나, 비난을 통해 통제력을 얻으려고 하는 것, 상대로 하여금 죄책감을 느끼도록 하는 것, 주제를 바꾸거나 피하고 농담으로 주제를 흐리는 것 등은 하지 말자. 상대를 고통스럽게 만들고 불만을 쌓이게 할 뿐이다.

힘들면 휴전하자

싸울 때 감정이 올라오겠지만 되도록 상대의 이야기를 잘 듣는다. 왜 이런 이야기를 하는 건지 상대의 입장에서 들으려 애써보는 것이다. 만약 너무 화가 나 있어서 제대로 들리지 않고 그럴 마음이 안 생긴다면 잠시 '휴전'을 요구하고 서로 다른 공간에서 감정을 가라앉힌다. 한 사람이 잠깐 나가도 좋지만, 30분 안에 다시 돌아와야 한다. 심호흡하고, 잠시 밖에 나갔다만 와도 감정은 많이 가라앉는다. 찬물로 손목까지 공들여 손을 씻는 것도 좋은 방법이다. 그러고 다시 차분하게 이야기하는 것이다.

아무리 사랑하는 사람들이라 하더라도 심하게 다툴 때는 심장이 빠르게 뛰고, 잘 듣지 못한다. 이 때문에 상황을 인식하고 받아들이는 능력, 침착해지는 능력, 이성적이고 합리적이며 창조적으로 문제를 해결하는 능력에 문제가 생긴다. 그래서 너무 화가 나면 일단 안정을 취한 후에 마주하는 것이 좋다.

다툼의 원칙을 만들자

싸울 때는 상대를 비난하고 조롱하거나 욕을 하지 않도록 한다. 사랑하는 사이기 때문에 더욱 상대의 말에 상처받는다. 상대는 다시 안 볼 사람이 아니라 내가 좋아하는 사람이란 걸 잊지 않아야 할 것이다. 또 '나는 뒤끝이 없다'는 사람일수록 자기 입장만 주장하고 마음에 담아놓는 것 없이 다 퍼부어대서 상대에게 깊은 상처를 입히는 경우가 많으니 조심해야 한다.

평소에 '싸울 때 막말하지 않기', '존댓말로 싸우기', '문제가 생기면 피하지 않고 꼭 대화로 해결하기', '감정이 올라오면 휴전 요청하기' 같은 몇 가지 다툼의 원칙을 만들어 놓는 것은 어떨까? 싸우되 잘 싸우자. 문제를 제시하되 꼭 그 문제를 잘 해결하자. 사랑하기 위해 만났고 더 행복해지기 위해 함께한다는 것을 잊지 않을 일이다.

나의 해결 방식을 돌아보자

우리는 대체로 자신의 원가족에게서 배운 대로 문제를 해결한다. 생각해 보면 내 부모님이 싸웠던 방식 대로 자신도 하고 있다는 걸 알게 된다. 어떻게든지 대화로 문제를 해결하는 가정에서 자란 사람은 대화로 문제를 해결하는 데 훨씬 능숙하다. 그런데 대화보다는 소리를 지르며 상대를 비난하고 폭력적인 방식으로 문제를 해결하던 가정에서 자란 사람은 똑같이 하기 쉽다. 또 갈등이 생기면 묵묵히 참거나, 나가 버리는 것으로 다툼을 회피하는 가정에서 자란 사람 역시 대화로 문제를 해결하는 게 쉽지 않다.

내가 연인과 싸울 때 우리의 모습을 들여다보자. 나는 어떻게 문제를 해결하는 사람일까? 또 그는 어떻게 문제를 다루는 사람일까? 여기서 나나 그가 소통에 익숙하지 못한 모습을 발견할 수 있다. 그래서 실망할 수도 있다. 하지만 좌절할 필요는 없다. 사람은 배우고 성장하는 존재니까. 나와 그가 대화하려 시도하고 원만한 합의를 연습해 나간다면 차츰차츰 더 익숙하게 대화로 문제를 해결하게 된다.

몇십 년을 다른 문화에서 살아온 두 사람이 만나 사랑하게 되면 부딪힐 일이 수없이 많다. 사물이나 사건을 바라보는 시각이 다르고, 해결하는 방법이 다르니 마찰은 어쩔 수 없다. 중요한 것은 서로 이해해보고자 하는 의지다.

 혹자는 "싸우면서 사랑이 깊어지고 정도 생긴다"고 하지만 실상
은 그렇지 않다. 칼보다 무서운 것이 혀끝이라고 했다. 사랑하는 사
람이기 때문에 더욱 말을 조심하고 상처받지 않도록 배려해야 할 것
이다. 생각해 보면 나와 먼, 혹은 관심 없는 사람이 내게 뭐라 하는 건
별로 상처가 되지 않는다. 오히려 깊은 내상을 입는 건 가까운 사람
의 비난이다. 나를 잘 알고 사랑하고 이해한다고 생각했던, 나와 같
은 편이라고 생각했던 사람의 비난은 날카롭게 마음을 벤다.
 사랑하는 이들의 관계에서 중요한 것은 갈등이 생겼다는 것이 아
니라 그것을 어떻게 관리하고 풀어가느냐이다. 대안을 제시하고 문
제 해결 방법을 모색하려는 시도, 내 입장을 분명히 밝히면서 주제
유지를 위해 원만하게 대화를 유도하는 기술이 필요하다. 또한 상대
와 타협하며 차이를 해소하려는 자세는 연인 사이에서 더없이 중요
하다. ☕

더 단단한 사이로 성장시키는 '관계'의 기술

나와 그에게 자유를 허락하기

수업 중에 학생들에게 꼭 던지는 질문이 있다.

"어느 날 내 마음이 변했다. 사랑이 시들어 버리고 더 관계를 지속하는 것은 상대를 기만하는 것이라 생각될 때 어떻게 헤어질 것인가? 게다가 상대는 나를 계속 사랑하고 있다면? 그런 상황에서 상대가 내 마음이 변한 건 모르게 하면서 그가 먼저 헤어지자고 말하게 하려면 어떤 방법이 있을까?"

이른바 '사랑을 잃는 방법'에 대한 질문이다. 잠시 고개를 갸웃거리던 학생들은 다양한 대답을 해온다.

"잠수를 타요."

"싫어하는 행동을 해요."

"지저분하게 하고 다녀요."

"약속을 어겨요."

그런데 사랑에는 인력이 있어서, 한쪽에라도 사랑이 살아있는 동안에는 일정한 거리를 유지하려 한다. 싫어하는 행동을 해도 상대가 쫓아 온다. 그러니 상대의 미움을 사 이별하려는 것은 답이 아니다. 상대의 마음만 만신창이가 될 뿐이다.

더욱이 잠수를 타는 것은 사랑했던 사람으로서 결코 해서는 안 되는 일이다. 상대는 당신의 안전을 걱정하며 찾아 헤맬 것이다. 너무 몰인정한 행동 아닌가?

오히려 더 자주 전화하고, 만나자고 조르고, 기다리고, 관심을 가진 척 사사건건 간섭한다면 어떨까? 상대가 답답함을 느끼도록 구속하는 것이다. 쉴 새 없이 전화해서 "거기가 어디냐?", "누구를 만나느냐"고 묻고 따라다니는 것이다. 처음에는 당신의 관심에 신나 했던 상대는 점점 숨 막혀 하고 결국 벗어나고 싶어 할 것이다. 그렇다. 사랑을 잃는 가장 확실한 방법은 바로 '집착'이다.

내가 수업에서 학생들에게 이런 질문을 하는 이유는 정말 '사랑을 잃는 방법'을 가르쳐 주려는 게 아니다. 그럴 리가 있나? 그렇게 '집착'하면 관계가 깨진다고, 결국 사랑을 잃는다고 알려 주기 위해서다. 사람은 원래 자유를 추구하는 존재이다. 그래서 누군가가 나를 옭매고 숨도 못 쉬게 가두기 시작하면 나도 모르게 벗어나려고 발버둥 치게 된다. 그것이 아무리 사랑하는 사람이라 해도, 나의 자유를 빼앗고 좁은 곳에 가둔 것처럼 느껴지면 탈출하려 한다. 그래서 내게도 상대에게도 좋은 사랑을 하려면 일정한 거리를 유지해야 한다. 각자의 자리에서 상대에게 닿는 다리를 놓고 자주 소통해야 한다. 또 그래야 사랑이 끝났을 때도 돌아올 '나'라는 존재가 남는다. 이메일과 휴대폰의 패스워드를 공유하는 것 또한 관계 유지를 위해서는 위험한 방법이다. 성숙한 사랑은 타인으로부터 고립감과 분리감을 극복하고 둘이 하나가 되는 통합감을 주면서도, 그 안에서 각자 자신의 고유한 특성(개성과 자유)을 유지할 수 있어야 한다. 상대에게 자유를 주고 함께 있을 때 집중하고 사랑하라.

상대의 행복에 투자하기

누군가를 사랑하게 되면 그 사람이 뭘 필요로 하고 뭘 먹고 싶어 하는지, 좋아하는 게 어떤 건지에 예민해진다. 그가 행복해한다면 나는 시간도 돈도 마음도 기꺼이 투자할 수 있다. 동시에 그에게 해가 되는 것이라면 절대로 하지 않는다. 반대로 사랑한다면서도 상대에게 아무것도 주고 싶지 않다면 그것은 사랑이 아니다. 주기는 주지만 인색하게 자꾸 계산하게 된다면 두 사람의 관계를 돌아볼 것을 권한다.

맛있는 음식을 먹을 때, 아름다운 광경을 볼 때, 정말 행복한 시간에 사랑하는 사람이 떠오르지 않는다면 '우리의 사랑은 안녕한가' 돌아볼 필요가 있다. 상대가 행복해지기 위한 시간, 공부, 일과 만남을 위해 기꺼이 내 것을 내어줄 수 있다면 나는 그를 많이 사랑하는 게 분명하다.

있는 그대로를 사랑하고 사랑받기

영화의 사랑 고백 장면에서 자주 나오는 대사가 있다.

당신이 예뻐서만도 아니고, 똑똑해서도 아니고, 날씬해서도 아니고, 오직 '당신이 당신이라는 이유만으로' 사랑한다는 말. 이 말만큼 낭만적이고 설레는 것이 있을까? 이런 고백은 사람을 무장 해제시킨다. 뭔가 잘 보이려고 애쓰지 않아도 그냥 나라는 것 때문에 사랑한다지 않는가?

나를 더욱 좋은 사람으로, 자신 있는 사람으로 키워주는 사랑은 나의 존재를 있는 그대로 받아들이고, 나의 '있음'만으로 감사하는 그런 사랑이다. 마찬가지로 상대가 이 세상에서 나와 함께 숨 쉬는 것만으로도 행복할 수 있다면, 그가 태어나 준 것만으로도 감사할 수 있다면, 그런 사랑은 얼마나 감격스러운가? 상대의 존재가 나에게 이로운지, 도움이 되는지가 아니라 그의 모습 그대로 사랑스럽고 존중할 수 있다면 그것이야말로 찐 사랑일 것이다.

나 자신을 유지하고 경쟁력 지키기

사랑에 빠지면 자신의 모든 것을 다 주는 사람이 있다. 밥도 매번 사주고, 옷도 사주고, 심지어 용돈도 준다. 자신의 미래를 준비하기 위해 등록한 학원도 상대가 언짢아하면 포기한다. 나의 시간이나 약속보다 그가 우선이라서 항상 자신의 약속을 미루는 탓에 주변의 신뢰를 다 잃어버리기도 한다. 언제라도 그가 원할 때 그 자리에 있어야 하므로 일상을 다 그에게 맞춘다. 사랑이라는 이름으로 자신을 다 갈아 넣어 버리는 거다. 그렇게 점점 자기는 왜소해지고 사라져 간다.

지금도 여전히 TV 드라마에는 '자신을 희생하며 뒷바라지했는데 애인이 더 나은 환경의 사람에게 빠져서 배신당하고 결국 처절히 복수하는' 이야기가 인기다. 사랑한다며 상대의 것을 다 취한 이도 문제지만, 자신의 모든 것을 바친 이가 사실 더 문제다. 그런 사람은 대개 사랑받는 것에 익숙하지 않은 경우가 많다. 자신은 그런 사랑을 받을 자격(?)이 없는 보잘것없는 사람이므로 나의 복지는 항상 뒷전이다. 생각해 보면 자존감이 낮은 자신에게 가장 잔인하고 함부로 대하는 사람은 누구도 아닌 바로 나다. 또 진정한 사랑이라면 상대의 것을 다 빼앗아선 안 된다. 좋은 사랑은 상대가 더 성장하도록, 더 행복하도록 기꺼이 헌신하는 자세가 필요하지만 그것은 주고받는 것이어야 한다. 일방적으로 주기만 하는 관계는 아부이지 대등한 사랑이 아니다.

또 관계가 건강하려면 적당한 밀당도 필요하다는 생각이 든다.

사람은 언제나 자기 자신이 우선이라 내게 너무 잘해 주면 기준이 점점 높아진다. 그래서 친절과 배려가 계속되면 그것이 일상의 기준이 되기 쉽다. 나를 우선하고 내게 많은 것을 내어주는 사람에게 항상 같은 마음으로 감사하기가 참 쉽지 않다는 것이다. "호의가 계속되면 권리인 줄 안다"는 말은 그런 관계를 경계하라는 뜻이다. 성숙한 사랑은 어쩌면 관계로 향하는 눈을 잘 뜨고 있는 사랑이다. 상대가 나를 위해 베푸는 친절에 자주, 그리고 진심으로 감사하는 마음을 잊지 않는 것 말이다.

무엇보다 사랑을 잘 유지하려면 나 역시 경쟁력이 있어야 한다. 그래서 상대로 하여금 당신을 바라보게 하는 매력을 잃지 말아야 한다. 그러려면 그에게만 쏟아부을 것이 아니라 나도 계속 변하고 발전해야 한다. 대체로 '따로 또 같이'가 잘 되는 사람이 자신을 업그레이드할 시간을 낼 수 있다. 상대의 행복을 위해 기꺼이 헌신하지만 나를 위한 투자 역시 아끼지 말라는 것이다. '당신이 어딜 가도 나 같은 사람을 못 만날 것'이라는 자신감이야말로 사랑을 지키는 데 가장 필요한 요소이다. 자신을 헐값으로 매기고, 모든 것을 양보하는 사람이 사랑은 지킬 수 있겠는가? 사랑이란 관계에도 힘의 균형은 필요하다.

안기고 싶고 만지고 싶은지 돌아보기

사랑하는데 안고 싶지 않다면, 사랑한다면서 키스도 안 한다면, 그것이 사랑일까?

사랑한다면 상대에게 성적 욕구를 느껴야 하고, 육체적인 접촉을 하고, 허락하고, 붙들고, 붙들리고 싶어야 한다. 사랑과 섹스의 거리는 그리 멀지 않다.

손을 잡히면, 키스하면, 섹스하면 꼭 결혼해야 하는 옛날이 있었다. 그리고 사랑하지만 '혼전순결'을 지키기 위해서 섹스만은 극구 거절하던 시절도 있었다. 그런데 분명한 건 혼전 섹스를 금지하던 그때에도 누군가를 사랑하면 만지고 싶었다는 것이다. 입을 맞추고 싶고, 그의 몸 깊은 곳을 향한 추구로 안달이 난다. 상대를 원하는 성적 욕망은 사랑하는 관계에서 필수 요소이다. 사랑에는 정신뿐 아니라 몸도 함께 간다.

'혼전순결'에 대한 주제로 토론을 하다 보면 갈등하는 커플들이 여전히 많다. 요즘은 예전보다 확실히 섹스가 쉬워지긴 했지만 여전히 혼전순결을 고민하는 커플이 존재한다. 또 오래 사랑한 커플이 이제 더는 서로에게 성욕이 생기지 않는다고 고민하기도 한다.

우리에게는 육체도 있고 마음도 있다. 육체에는 마음과 정신이 깃들어 있다. 이것을 어찌 분리할 수 있을까? 나는 '깃들어 있다'는 말을 좋아하는데, 이것은 서로에게 스며들 듯한, 분리하기 어려운 관계를 의미하기 때문이다. 우리의 몸과 마음이 그렇고, 사랑과 섹스가 그런 관계라고 생각한다. 육체가 멀어지면 마음이 멀어지고, 사랑이 사라지면 섹스도 사라진다. 나의 욕망을 돌아보고 상대의 욕망을 읽어보라. 그리고 우리가 잃어버린 것은 없는지 가끔 성찰해 볼 필요가 있다.

연인은 특별하게 대하기

연인 사이에는 둘만의 특별한 친밀감과 소속감이 필요하다. 소속감이란 사랑하는 상대를 내 삶의 중심에 둔다는 의미다. 연인은 나의 가장 친한 친구면서 나의 영혼을 이해하는 사람이다. 그래서 서로를 특별하게 대해야 한다. 관계가 멀어지게 될 수 있는 일이라면 피하는 것도 당연하다.

어떤 일이라도 사랑하는 사람을 뒷전에 두지 않는다. 젊은 커플들이 자주 싸우는 이유를 들어 보면 한 사람이 연인 말고 다른 친구에게 너무 많은 시간을 쓰거나 친절하기 때문인 경우가 꽤 있다.

"걔는 친구들이 부르기만 하면 달려가요. 저는 그게 정말 싫어요. 친구들이랑 노는 게 그렇게 좋다면 왜 저까지 만나는 거죠?"

각자의 인간관계는 유지해야 하지만 경계는 있어야 한다. 연인이 마음 상할 만큼 다른 이들을 우선순위에 둔다면, 또 다른 이성에게도 공평하게 친절하다면 내 사랑하는 사람은 소외감을 느낄 것이 뻔하다.

성적 배타성 갖기

특별하게 친밀함을 표현하는 일, 성 행동, 헌신은 사랑하는 사람에게만 향해야 한다. 키스나 애무, 깊은 포옹, 혹은 심각한 고민을 털어놓는 일은 사랑하는 사람에게만 할 일이다. 그것이 바로 성적 배타성이다. 남하고는 하지 않는 것, 상대하고만 하는 특별한 것, 그것을 공유하고 있기에 두 사람은 연인인 것이다.

무엇보다 그를 이해하기

사랑은 나의 파트너가 어떤 사람인지, 어떤 삶을 살아왔는지, 가치관은 무엇인지, 자주 상처받는 지점은 어디인지를 알려고 노력하며 이해하고 돌보려는 마음이다.

나는 결혼을 준비하는 커플 교육에서 자주 서로 손을 잡고 상처를 털어놓아 보라고 주문한다. 살면서 자신이 자주 걸려 넘어지는 부분은 무엇인지, 언제 가장 외롭고 힘들었는지를 서로 말하고 들어주고 공감하는 것은 관계를 오래 유지하려는 커플들에게 매우 필요한 덕목이다. 나의 약점과 상처를 알려주는 것은 깊은 신뢰 없이는 정말 어렵다. 하지만 사랑하는 사람의 약점과 상처를 아는 것은 그를 보호하고 깊이 이해하는 데 도움이 된다.

이렇게 몇 가지로 정리해 보았지만, 한 사람을 사랑하고 그 마음을 길게 유지하는 것은 결코 쉽지 않다. 몇십 년이나 커플 상담을 하지만 성숙한 사랑까지 가는, 그야말로 간절한 사랑을 하는 커플을 많이 보지 못했다. 어쩌면 그런 사랑을 할 수 있는 능력은 타고나야 하는 것처럼 느껴진다. 대개 권태기라면서 몇 달, 몇 년 만에 끝내거나, 함께 있지만 둘이 있는 게 습관처럼 되어 버려서인지 상대에게 더 깊이 다가가기를 그만둔 커플이 훨씬 많다. 무작정 그가 하는 일이라면 저절로 이해되고 사랑하게 되는, 쉽고 운명적인 사랑이 있다면 얼마나 좋을까?

하지만 우리는 몇십 년을 남으로, 서로 모르며 살아왔던 사람들이다. 사람은 모두 각각 하나의 작지만 복잡한 우주이다. 같은 시공간에 있는 것 같지만 실제로는 각각의 세계, 다른 물방울 안에 있는 것과 같다. 모두 상대에게 $1/n$ 같은 존재지만 사랑하는 순간 둘은 서로에게 절대적인 존재가 된다. 마치 당신이 그런 것처럼 그도 그렇다. 이것을 인정하고 존중하며 도우려 할 때, 더욱 지혜롭고 뜨겁게 그리고 안전하게 사랑할 수 있다. ✍

자연스럽게, 솔직하게,
'So What?'이라는 태도

〈유 퀴즈 온 더 블록〉이라는 TV 프로그램에 나갔을 때다. MC 조세호 씨가 말했다. 사람을 소개받으면 소개해 준 사람이 무안하지 않도록 '멋진 사람'으로 나타나야 하는 게 너무 부담스러워서 차라리 사람을 안 만나게 된다고. 그때 나는 이렇게 말했다.

"우리는 다른 사람 눈치를 너무 많이 본다. 누구나 다른 사람에게 멋진 사람으로 보이고 싶어서 지나치게 '착한 척', '조신한 척', '쿨한 척'하게 되는데 그러다 보면 정작 자기 자신은 가면 속에 숨기고 만다. 그래서 대인관계에서 나를 지키려면 'So What?'이란 태도를 가지는 게 필요하다."

So What이란 '그래서 어쩌라고? 이게 나야!'라고 뻗댈 수 있는 태도이다. 남들이 뭐라 하건 나는 이런 사람이라고 주장할 수 있는 이런 태도는 자존감 높은 사람만이 가질 수 있다. 왜냐하면 우리 모두에겐 남에게 조금이라도 '멋진 사람'으로 보이고 싶은 욕심이 있고 '나의 실제 모습'이 상대를 실망시킬까 봐 극구 감추려 하기 때문이다. 그래서 당신이 원하는 모습이든 아니든 '나는 나'란 주장은 자기를 긍정적으로 받아들이고 존중하는 사람만이 할 수 있다.

그랬더니 유재석 씨가 "정말 그래요, 저도 요즘은 내가 할 수 있는 만큼만 '착한 사람'으로 살자는 생각을 합니다"라고 답을 했다. 유재석 씨는 성실하고 착한 사람, 인간관계에서 관대한 사람으로 알려져 있는데, 그런 평판에 맞추느라 힘들었다고 고백한 거다. 우리는 누구나 다른 사람에게 잘 보이고 싶고, 호감을 느낀 이에게라면 기대에 더욱 부응하고 싶기 때문에 진짜 나의 모습을 보여주기가 정말 쉽지 않다. 선하고 남의 높은 기대를 받는 사람일수록 더욱 그런 난관에 자주 부딪히고 그러다 결국 여러 가지 가면을 쓰게 된다. '내 속에 내가 너무도 많아' 불편해지는 상태가 되는 것이다.

사랑하면 내가 당신이 기대하던 이상형이고 바로 '운명'이라는 것을 믿게 해 주고 싶어 평소의 자신이라면 하지 않을 일, 입지 않을 옷, 먹지 않을 것도 시도하게 된다. 상대의 기대에 맞추는 것이 전적으로 잘못된 일이라는 것은 아니다. 그것이 또 새로운 나를 찾게 해 주고, 좋은 방향으로 나를 변화시키는 계기가 될 수도 있지만 상대에게 나를 너무 맞추고 본연의 자신을 감추다 보면 결국 아주 불편한, 남의 옷을 입은 것 같은 처지에 빠질 수 있다는 것이다. 일반적으로 사람들은 사랑에 빠지면 초기에는 최선을 다하는 모습을 보인다. 새 파트너에게 이별의 단초가 될 수 있는 단점을 숨기려 노력한다. 과장도 하고 포장도 하지만 시간이 가면서 진짜 내 모습은 드러나게 된다. 긴 시간을 같이 있게 되면 더욱 그렇다. 어쩔 수 없이 나의 존재로 나서야 하며, 그런 나를 받아들여 주지 않는다면 관계의 진전은 어려워진다.

그래서 사랑하는 상대와 있을 때 솔직할 수 있어야 하며 그것 또한 사랑이 줄 수 있는 '용기'이다. 또 신중하게 상대의 진솔한 모습을 객관적으로 볼 수 있어야 한다. 나의 원래 모습을 그가 좋아할 때, 나의 진짜 모습을 보여주는 게 편안한 상대일 때 사랑의 감정은 유지되고, 깊어질 수 있다.

좋은 파트너가 되는 가장 중요한 조건은 '자신에게 긍정적인 사람'이 되는 것이다. 다른 사람을 사랑하려면 먼저 자신을 사랑해야 한다. 자신을 사랑할 줄 모르는 사람은 타인의 사랑도 받아들이기 어려워한다. 자신에게 긍정적인 사람, 자신의 장점뿐 아니라 단점도 받아들이고 인정하는 사람만이 다른 사람에게도 그럴 수 있기 때문이다. 또 건강한 사랑을 하면 나라는 존재가 건강해진다.

관계의 모습을 결정하는
'애착'에 관하여

'우리가 끝까지 함께할 수 있을까?' '저 사람이 이렇게 보잘것없는 나를 정말 좋아하는 걸까?', '우린 어차피 헤어질 거야…'

누군가를 만날 때 자주 이런 생각을 하고 이별의 두려움을 늘 느끼낀다면 자신이 가진 애착에 대해 생각해 보기 바란다.

'애착'이란 다른 이에게 품는 친밀감과 사랑받는 기분, 안전한 느낌을 말한다. 애착 연구자인 심리학자 존 보울비John Bowlby는 애착을 "아이를 부모나 일차적으로 돌보는 사람에게 묶어 두거나 결합시키는 정서적인 유대"라고 정의했다. 즉 혼자서는 아무것도 할 수 없는 아기 때부터(어떤 학자는 심지어 엄마의 배 속에 있을 때부터라고 한다) 자신의 생존을 위해 돌봐주는 사람에게 애착을 가지게 된다는 것이다. 춥거나 배고플 때, 혹은 넘어졌을 때 누군가가 자신을 걱정하며 달려와 따뜻하게 해 주고, 먹을 걸 주고, 일으켜 주는 양육을 받으며 아기는 세상과 사람들에게 안전감과 신뢰감을 갖게 된다. 그런데 인생의 가장 어린 시점부터 이런 보살핌을 잘 받지 못하면 다른 사람과 갖는 관계에서 안전감을 느끼지 못하고 불안해할 뿐 아니라 적절한 자기 노출에 어려움을 겪게 된다.

애착은 안전애착, 회피애착, 불안애착으로 나누어 설명되곤 한다.

안전애착

안전한 애착감을 가진 사람은 다른 사람과 가까워지고 관계를 유지하는 것을 크게 어려워하지 않는다. 만남을 갖더라도 상대에게 버림받거나 잃게 될까 봐 두려워하지 않아서 관계에 긍정적이고 낙천적이다. 또 다른 사람이 내게 호감을 가지고 다가오거나 내가 다른 사람에게 의지하게 될 때도 머뭇거림이 거의 없다. 건강한 애착을 가진 사람은 자신이 원치 않는 섹스를 할 확률이 가장 낮다.

회피애착

회피애착을 가진 사람은 '진정한 사랑'을 찾고 만나기 어렵다고 생각한다. 그래서 다른 사람과 정서적·육체적으로 가까워질 때 불편해하며, 타인을 믿는 것을 어려워한다. 또 누군가 자신에게 의지한다고 느껴지면 힘들어한다. 이렇게 회피형인 사람은 어린 시절 정서적으로든 물리적으로든 주양육자와 떨어져 있던 경험을 가진 사람이 많다. 주양육자와 헤어져 다른 보호자가 양육하거나, 심리적으로 냉정하거나 너무 바쁜 양육자에게 키워진 사람에게서 많이 보인다.

불안애착

말 그대로 다른 사람과의 관계에서 항상 '불안'을 느끼는 사람이다.

불안애착을 가지면 사랑하는 사람이 나를 떠날 것인가가 문제가 아니라 '언제' 자신을 떠날 것인지 늘 불안해한다. 이들에게 헤어지는 것은 기정사실이라서 만나고는 있지만 마음속으로는 자주 이별을 각오한다. 그가 언제쯤 이별 통보를 할 것인지를 생각하면서 늘 마음 졸이는 상태로 관계를 유지하다 보니 상대에게 너무 매달리고 자신에게 관심을 가져달라고 조르거나 반대로 먼저 밀어내버리기도 한다. 관계에서 신뢰의 경험을 쌓지 못했기에 사랑하는 사람에게 자기가 너무 깊이 빠질까 봐, 깊이 상처를 받을까 봐 겁이 나서 결국 거부당하기 전에 미리 떠나 버리는 식이다. 불안애착형이 걱정인 이유는 이런 불안정하고 짧은 관계가 거듭되면 좌절해서 누군가와 관계를 맺기가 더욱 어려워지기 때문이다.

애착 유형은 자신의 성 태도나 성 행동에 지대한 영향을 미치기도 한다. 예를 들어 안전애착형은 대개 섹스가 데이트나 동거, 결혼 등 서로 헌신하고 사랑하는 관계에서 일어난다. 이 사람들은 회피나 불안애착형보다 하룻밤 사랑을 하는 경우가 훨씬 적다고 알려져 있다. 안전애착형의 사람들은 섹스에 건강한 선택과 결정을 하며, 즐거움과 만족을 얻고 자신을 잘 보호한다. 그에 반해 회피애착이나 불안애착형의 사람들은 자기가 원해서라기보다 상대가 자신을 원한다는 확신을 얻기 위해 섹스할 때가 더 많다. 그래서 내키지 않는 섹스를 경험하거나, 원하는 방식이나 피임에 대한 주장조차 어려워하는 경우가 많다.

학생들 중에는 애착 유형에 대해 배우고 나면 자신이 회피애착이거나 불안애착이라며 실망하고 지레 좌절하는 경우도 있다.

"저는 회피애착인 거 같아요, 그런데 건강하지 않은 애착을 가진 사람은 영원히 그렇게 살아야 하나요? 관계에 불안해하면서요?"

미리 실망할 필요는 없다. 사람은 변화할 수 있고 더 나아지는 존재 아니던가? 어릴 때야 자기가 관계를 주도할 수 없지만, 성인이 된 후에는 스스로 이끌 수 있다. 물론 경험이 미약하기 때문에 좀 힘들

수는 있지만, 사람만큼 성장하는 존재가 또 있을까?

불안애착에서 벗어나는 길은 '건강한 관계'를 많이 경험하는 것이다. 다른 사람과 관계 맺는 법을 다시 배우는 것이다. 즉 누군가를 만날 때 기본적으로 불안해지겠지만, 그 사람을 믿고 가 보는 것이다. 이때 무엇보다 '건강한 사람을 고르는 안목'이 필요하다. 사실 우리는 자신과 비슷한 성향을 가진 사람에게 끌리는 경향이 있다. 그래서 가능하면 밝고 잘 웃는 사람, 사람을 잘 믿고 남을 기꺼이 돕는 사람, 그와 함께 자신도 잘 돌보는 사람을 만나는 게 좋다.

그리고 다른 사람과 만나서 자기 생각이나 느낌을 말하고, 공감받으면서 신뢰가 깊어지는 경험을 해 볼 것을 권한다. 이렇게 신뢰를 쌓다 보면 더 많이 자기 노출을 하게 된다. 자신의 약한 점에 대해 상대에게 공감받고 또 위로받기도 하면서, 또 그 사람의 약점도 공유하면서 관계에 안전감을 느끼게 된다.

나 자신도 상대에게 좋은 사람, 믿음직한 사람이 되도록 노력해야 한다. 상대의 감정에만 신경 쓸 것이 아니라 자신의 감정이 편안해지도록, 자기가 관계에서 안정감을 찾도록 자신을 잘 돌보는 일은 무척 중요하다. 관계에 문제가 생겼을 때도 도망가려 하지 말고 상대와 솔직한 대화를 하고, 그래서 문제가 잘 해결되고 그와의 관계가 단단해지는 경험을 자주 하게 되면 나의 애착도 건강해질 뿐 아니라 더욱 단단하고 따뜻한 헌신과 지원을 받게 될 것이다. ✍

저건 선 넘네?
'질투'에 대하여

요즘 "'깻잎 논쟁', '게·새우 논쟁'에 대해서 어떻게 생각하느냐?"
는 질문을 자주 받는다.

본인과 동성 친구, 애인 이렇게 셋이서 같이 밥을 먹는데 동성 친
구가 깻잎 반찬을 먹으려고 애쓰는 걸 보고 애인이 떼어 주는 게 괜
찮으냐, 또 게나 새우의 껍질을 발라 주는 것, 롱패딩의 지퍼를 올려
주는 것 등은 괜찮으냐 하는 것이다. 결국 '커플 간의 영역'과 '질투'
에 대한 논의가 되겠다. 수업시간에도 나는 '질투'를 설명하기 위해
이 주제를 자주 가져온다. 학생들은 이 토론을 정말 재미있어 한다.

놀랍게도 깻잎을 떼어 주는 것을 용납하기 어려워 짜더라도 깻잎
은 젓가락에 집히는 대로 먹어야 한다고 주장하는 학생들이 적지 않
다. 그런가 하면 깻잎까지는 괜찮은데 게나 새우를 발라 주는 것은
안 된다는 학생도 꽤 많다.

나의 생각은 같이 밥을 먹는데 깻잎 정도 눌러준다고 기분 나빠하거나 연인의 마음을 의심한다면 그건 너무 옹졸한 처사가 아닐까 한다. 먼저 봤으면 내가 눌러주었을 텐데, 그 정도야 충분히 도와줄 수 있는 '인류애'의 영역이 아닌가? 그러나 게나 새우의 살을 발라주거나, 롱패딩의 지퍼를 올려주는 일은 좀 친절이 지나치다고 생각한다. 게와 새우 껍질을 벗기는 것이 성가시다면 안 먹으면 될 일이다.

얼마 전 지인들과의 모임에서 이 이야기가 화제에 올랐는데, 외국에서 살다 온 이가 자신의 경험을 이야기해 주었다.

한국인 친구의 홈파티에 초대받아 갔는데, 함께 온 친구가 짧은 치마에 무릎까지 오는 롱부츠를 신고 와서는 현관에서 벗지 못해 애쓰는 걸 보고 초대한 집의 남편이 무릎을 꿇고 그녀의 부츠를 벗겨주었다는 것이다. 그 남편은 외국 사람이어서 그렇게 신사도가 넘쳤는지는(?) 모르지만 아마 한국에서라면 그날 친구가 가고 나서 대판 싸움이 벌어졌을 것이다. 물론 그 부인도 조용히 넘어가진 않았다고 한다. 신발을 벗어야 하는 남의 집에 가면서 굳이 혼자서는 벗기 어려운 긴 부츠를 신고 간 친구가 제일 답답하지만, 그렇다고 무릎을 꿇고까지 남의 여자 신발을 벗겨 주는 오지랖을 기사도라고 봐야 할까? 하긴 자기 집에 와서 신발을 벗지 못해 당황하는 손님을 누군가는 도와주었어야 할 테니 남편도 억울하긴 마찬가지일 거다.

사실 게살을 발라 주든 부츠를 벗겨 주든 요지는 '친절'을 베풀었다는 것인데, 그것을 지켜보는 사랑하는 사람 입장에선 왜 화가 날까? 그건 바로 '선'을 넘었기 때문이다. 특별한 관계의 영역을 넘었다는 것이다.

앞서 말했듯 사랑하는 사람들이 가져야 할 태도 중에는 '성적 배타성'이 있다. 성적 배타성이란 진한 키스, 애무 같은 성 행동의 범주에 속하는 것이지만 그 영역에는 상대의 마음씀도 들어간다. 친밀한 관계 안의 사람만이 누려야 할 특별한 관심과 친절 같은 것 말이다. 그래서 내게만 향해야 하는 친절, 허용할 수 있는 관계의 폭이 바로 그 '선'이다. 다른 사람과 연인 또는 부부의 경계선은 분명히 차이가 있어야 하고, 그래야 '우리는 한 팀'이라는 결속감도 믿음도 가질 수 있다.

또 비슷한 것으로 '질투'라는 감정이 있다. 나의 연인이 이성 친구에게 너무 친절하거나, 나보다 외모가 뛰어나고 여러 상황이 좋은 이성 지인을 만나는 등의 요인들은 질투의 감정을 불러낸다. 질투는 사실 내게 속한 것들을 잃을 것 같은 정서적인 불안에서 비롯된다. 질투가 문제가 되는 것은 이 감정이 상대뿐 아니라 나 자신도 힘들게 하고 때로 관계를 깨는 도화선이 되기 때문이다.

연인의 휴대폰에서 낯선 그녀와 문자를 주고받는 것을 알게 된 한 여자의 이야기다.

남자는 수업을 함께 받는 여자일 뿐이라고, 지금 실기시험을 앞두고 있어서 자주 대화하는 것이라고 해명했다. 그런데 여자가 보기에 메시지 속 그녀는 분명히 유혹하고 있었다. 그녀는 공부 얘기만 하는 게 아니라 셀카를 보내기도 하고, 다정한 염려에 애교 넘치는 이모티콘 남발이었다. 게다가 밤늦게도 수시로 문자나 전화를 했다. 여자의 마음은 불편해졌고, 한사코 아니라고 하는 남자의 말을 믿지 못하게 됐다. 여자는 자존심이 강한 사람이었지만 남자의 휴대폰을 몰래 자주 보게 되었다. 그의 휴대폰을 볼 때마다 가슴이 두근거리고, 비참하고 한심해서 견딜 수가 없었다. 설상가상 억울해진 남자는 휴대폰에 암호까지 걸어 놓게 되었고, 두 사람은 여러 번 크게 싸웠다. 이럴 때 나라면 어떻게 할 것인가?

방법은 하나다. 의심받는 남자로선 억울하지만 모두 오픈하는 것이다. 휴대폰 암호를 풀고, 언제든 애인이 볼 수 있도록 하는 것이다. 만약 그녀에게서 문자가 오면 먼저 보여 준다. 시간이 걸리겠지만 그러면서 오해는 풀린다. 남자가 흔들린 것이 아니라고 믿어지는 순간이 온다. 그러면 당연하게 더 이상 남자를 의심하지도, 휴대폰을 몰래 열어 볼 생각도 하지 않게 된다. 그러지 않고 연인이 괜히 의심한다고 몰아세우기만 한다면 여자는 점점 화가 나고, 비참해지고,

불행한 관계를 끝내고 싶어진다. 사소한 것에서 의심이 싹트면 그 의심이 눈덩이처럼 불어나는 것은 순식간이다.

'질투는 상대를 좋아하니까 생긴다'고 당연하게 생각하지만, 너무 자주, 아주 사소한 부분에서도 질투를 느낀다면 자신을 좀 돌아볼 필요가 있다. 질투는 사실 상대방의 행동 때문이라기보다는 내 마음 안에서 일어나는 일일 때가 많기 때문이다. 상대와의 관계가 불안하다고 느낄 때, 또 나의 자존감이 낮을 때 질투가 쉽게 일어난다. 그래서 상대에게 어떤 이성이 접근하는 것 같으면 질투심에 불이 붙어 내 마음이 괴로워지고 상대 또한 괴롭히게 된다. 자신에 대한 상대방의 마음과 우리의 관계를 확인해보고 싶어지는 거다.

나는 자신을 쫓아다니던 남자를 다른 여자가 좋아하기 때문에 그의 마음을 받아들인 젊은 여자를 알고 있다. 자신의 마음을 그제야 알게 된 건지 다른 여자에게는 보내고 싶지 않아서였는지 진심은 잘 모르겠지만 어쨌든 그 둘은 결국 헤어졌다.

물론 '질투'라는 감정이 언제나 꼭 관계를 깨뜨리는 것은 아니다. 익숙해졌던 관계를 다시 돌아보고 '열정'이라는 불을 새롭게 붙여주기도 한다. 오히려 관계의 긴장감을 살려 주고 감정을 환기시키는 긍정적인 효과도 있다. 그래서 어떤 이들은 질투를 일부러 유발하기도 한다. 집에서 TV를 볼 뿐이지만 "지금 너무 바빠서 만날 수 없다"

고 하거나, 다른 사람과 약속을 잡는 등 관계에서 일부러 거리를 두려고 하는 것이다. 이렇게 한쪽이 질투를 유발하면 다른 쪽이 보이는 반응은 대체로 관계를 개선하기 위해 자주 약속을 잡으려 하고, 다정하게 대하며, 외모에 신경을 쓴다.

부작용도 있다. 비난하고 공격적이 되거나, 아예 미리 포기하고 멀어지기도 하는 것이다. 특히 회피애착이나 불안애착을 가진 사람은 이런 상황에서 빨리 포기하는 경우가 많다. 상대가 자기에게 더 다가오게 하려고, 긴장감을 불러일으키려고 질투심을 자주 유발하면 상대를 잃을 수도 있다는 것이다.

너무 자주 그리고 사소한 일에까지 질투가 이어지면 둘 다 지치게 되고 관계가 망가진다. 상대방이 자신에 대해 이 정도의 믿음도 없다는 생각이 들면 억울하기도 하고, 기운이 빠지는 게 사실이다.

질투심이 일어난다면 그에 대해 이야기를 나누어 보자. 무엇 때문에 질투를 하는 건지, 정말 관계에 문제가 생긴 건지에 대해 솔직하게 대화하는 것이 좋다. 또 자꾸 질투로 의심받는 쪽이라면 '자신이 상대를 불안하게 만드는 행동을 하는가'에 대해서도 생각해 보고 상대와 이야기해서 오해를 푸는 것이 현명하다. 질투에 빠져 힘들어하는 상대는 바로 나를 사랑하고 내가 사랑하는 사람이므로 그의 감정을 존중해야 한다는 것도 명심하자. ✍

건강하지 않은 관계의
다섯 가지 신호

사랑에는 건강한 사랑, 건강하지 않은 사랑이 있다.

건강한 사랑은 그 사랑을 통해 두 사람이 행복해지고, 성장도 할 수 있는 관계이다. 그렇다면 건강하지 않은 사랑은 두 사람 중 어느 한쪽은 행복하지 않거나 둘 다 행복하지 않은 관계일 것이다. 그 건강하지 않은 사랑 안에는 데이트 폭력이 있을 수도 있고, 심한 질투나 의심 혹은 구속으로 적어도 한 사람은 시들어 가고 있는 관계가 있을 수 있다.

앞서 사랑은 일정한 거리가 필요하다고 말했다. 사랑은 두 사람의 합집합이나 교집합이라기보다 두 사람이란 존재 사이에 사랑이라는 다리를 놓고 자유로이 소통하는 것이다. 그래서 둘이면서 하나이고, 하나이면서 둘이다. 이 관계가 잘 유지되어야 사랑 안에서 우리는 자유롭게 행복할 수 있다. 더욱 신나게 성장할 수 있다. 건강하지 않은 관계에는 다섯 가지 신호가 있다.

강한 집착

잠깐도 떨어져 있기 싫어하고 상대의 일거수일투족을 다 알아야만
하는 사람이 있다. 이렇게 집착이 강한 연인을 둔 경우 상대에게 나
의 상황을 보고하고 또 보고해야 한다.

처음에 이 집착은 상대를 신나게 만든다. 집착을 '관심' 혹은 '사
랑의 확인'으로 착각하기 때문이다. 내가 어디에 가는지, 무엇을 먹
는지, 어떻게 입는지, 누구를 만나는지가 다 그의 관심 속에 있다. 물
론 관심은 사랑이 시작되고 유지하는 데 가장 필요한 요소이기도 하
다. 상대의 생각과 관심이 오로지 내게 있다는 것은 자못 신나는 일
이다. 내가 커피를 마시는 방식, 음식을 주문하는 습관, 옷을 사는 취
향을 그는 다 꿰고 있다. 그래서 음식점에서 주문을 대신해 주기도
한다. 007 제임스 본드가 매번 마티니를 주문할 때 그린올리브와 럼
의 배합을 이야기하고 '젓지 말고 흔들어서'라고 멋진 디테일을 추
가하듯이 그는 나에게 맞춤 주문을 알고 있다. 그런데 이것이 지나
치면 집착이 되는 거다.

초반에는 신나는 관심이었는데, 점점 답답한 기분이 들기 시작한

다. 뭔가 나를 옥죄는 느낌이 들기 시작하는 것이다. 그럴 때 당신은 그의 감사한 관심을 구속으로 생각하는 자신을 '고마운 줄 모른다'며 비난하기도 한다. 그런데 이런 느낌이 들면 정신을 차려야 한다. 건강하지 않은 사랑일수록 중독성이 강해서 깊은 나락으로 빠져든 후에야 알아차리기 때문이다. 자신의 느낌은 늘 옳다. 이상하면 이상한 것이고 답답하면 답답한 게 맞는다는 것이다. 많은 경우 머리보다 심장이 정직하다.

　폭력적인 관계는 폭력으로 시작하지 않는다. 관계는 시작보다 유지하고 발전하는 과정이 더욱 중요하다. 나의 감정에 집중하자.

고립

당신을 누구보다 사랑한다는 그는 사랑을 이유 삼아 당신을 통제하기 시작한다. 처음에는 '염려'의 얼굴로 시작한다. '너는 너무 곱게 자라, 너무 순수해서' 세상을 모르기 때문에 이런 걱정을 한다고 말하면서 당신을 주변 사람들로부터 떼어놓기 시작한다. 그가 친구나 가족들과의 만남을 못마땅해하고, 매번 너무나 불편해하기 때문에 당신은 가족이나 친구를 안 만나고 피하면서 그의 비위를 맞추기 시작한다. 누군가와 사랑을 시작하면 둘이 함께하면서 결속감을 느끼지만, 이것이 지나치면 결국 혼자 남게 된다.

　당신이 꼭 기억해야 할 것은 건전한 사랑에는 '자립'이 포함된다는 것이다. 자신에게 전적으로 기대게 하고 자기만 바라보게 하면서 다른 관계를 깨버리면 남는 건 두 사람만 덩그러니 있는 아주 작은 세계이다. 심지어 평등하지도 않고 자주 외롭다.

심한 질투

질투는 관계를 위협하긴 하지만, 관계에 신선한 공기를 불어 넣고 더욱 공고하게 만들기도 한다고 이미 말했다. 오히려 너무 안전한 관계는 쉽게 지루해지기도 한다. 그런데 해로운 사랑 안의 질투는 이성 친구는 말할 것도 없고, 친구나 가족을 향한다. 그래서 20년 넘게 알아 온 둘도 없는 친구나 부모, 형제에게도 가차 없이 질투의 화살을 쏘아 댄다. 그의 질투를 멈추게 하는 방법은 "그들을 더는 만나지 않을 것이고 너만큼 좋아하는 사람은 없다"고 고백하는 것이다. 그리고 그가 원할 때는 언제든 그의 곁에 얌전히 머물고 그가 부를 때는 지체 없이 달려가는 것이다. 그러지 않으면 울고, 소리 지르고, 원망하고, 비난하고, 자기를 비하하기 때문에 그를 사랑하는 당신으로선 달래고 원하는 대로 해 주는 식으로 사랑을 지키려 한다.

점점 수렁에 빠지는 느낌이지만, 그를 사랑하기 때문에 아프게 하고 싶지 않다. 그는 사람에 그치지 않고 당신의 시간, 일, 성장을 위한 공부에도 질투를 한다. 어쩌면 당신이 더욱 성장해서 좋은 사람이 되면 자기 곁에 남아있지 않을 것이라는 두려움 때문에(그가 인지하든 아니든) 그는 당신이 더 나은 사람이 되는 것을 원하지 않기도 한다. 애인의 요구는 점점 더 많아지고, 온라인과 오프라인의 스토킹까지 하면서 당신을 위협하고, 극단적으로 관계를 몰고 간다. 관계를 지키고 싶은 당신은, 관계에 함몰되어 버린 당신은 그의 요구대로 할 수밖에 없다.

무시

건강하지 않은 관계에서 무례한 말과 태도는 무기가 된다. 당신을 고립시키고, 당신이 더 이상 성장하려는 노력을 하지 못하게 되면, 그는 당신을 농담 대상으로 삼고 조롱한다. 심지어 당신의 외모를 비난하고 웃음거리로 만든다. 옷을 사러 들어간 가게에서도 "몸을 바꾸라"고 당신을 점원 앞에서 웃음거리로 만든다. 친구들이 모인 곳에서 당신의 무능함과 실수를 드러내고 '자기니까 봐 준다'는 식으로 깔아뭉갠다.

멀쩡한 사람도 자주 비난받고, 지적당하고, 사과를 끝없이 요구받으면 자꾸 해명하고 변명하면서 바보 같아진다. 정상적인 생각을 할 수 없게 되는 것이다. 게다가 자주 의심하기 때문에 당신은 더욱 좁은 감옥에 갇힌 처지가 된다. 이렇게 되면 점점 자신감과 주도권을 잃게 된다. 스스로도 나는 참 한심한 사람이며 이런 나를 사랑하는 그가 관대하고 좋은 사람이라고 생각하게 된다. 이것이 바로 가스라이팅이다.

보통 가스라이팅을 하는 사람 역시 자존감이 낮은 경우가 많다. 자신은 존중받을 사람이 못 된다고 생각하기 때문에 한사코 사랑하는 사람 또한 끌어내려 비루하게 만들어야 나를 떠나지 않을 것이라 생각하고, 그래야 안심되기 때문이다.

나를 사랑한다면 나의 우군이고 내 편이어야 한다. 나의 비밀을 지켜주고, 의리가 있어야 하며, 성장을 돕고 늘 응원하며, 자신감을 가지게 해 주어야 한다. 하지만 해로운 관계는 오히려 사랑한다면서 나를 남루하게 만든다.

날뛰는 감정 기복

상대는 너무나 사소한 일에 갑작스레 화를 내고 '좋았다 나빴다'가

반복되기 때문에 당신은 그런 감정의 롤러코스터에 편승해서 함께 불안한 사람이 되어 간다. 헤어졌다 만났다를 반복하고 전혀 나아지지 않는다. 그러면서도 다시 잘해 보겠다는 그의 말에 중독된 것처럼 또 넘어가고, 시간과 감정을 소모하면서 지쳐간다. 화해와 사과는 쌓이지만, 관계는 점점 불건전해진다. 이렇게 건강하지 않은 관계는 학대로 변하기 쉬운데, 그것을 알아차리기가 쉽지 않다.

이런 신호가 나타나면 경계경보라고 받아들여야 한다. 하지만 이런 관계에 길들여지면 노란색 경계경보가 아니라 붉은색 비상등이 깜빡여도 알아차리지 못하는 경우가 다반사이다. 심한 감정 기복으로 상대를 휘두르고, 상대의 불행을 무시하는 것은 결코 사랑이 아니다.

건강한 관계, 건강한 사랑이라면 정말 솔직하게 나의 모습을 보여도 불안하지 않아야 한다. 서로를 존중하고 상대에게 인내심을 가질 수 있어야 한다. 건강한 관계를 유지하려면 노력과 연습이 필요하다. 사랑은 본능이고 감정이지만, 더 나은 사랑을 하는 능력은 함께 시간을 투자하고 노력해야 얻을 수 있다. ✎

예의의 의미,
바람과 환승이별

"어떻게 사랑이 변하니?"

영화 〈봄날은 간다〉의 이 대사는 오랫동안 사람들의 입에 오르내렸다. 아마도 영원할 줄 알았던 사랑이 변해서 이별 통보를 받아본 많은 사람이 공감했기 때문이었을 것이다. 그런데 사랑은 변한다. 사랑은 경험이지만 정서이기도 해서 상대에게 너무 익숙해지거나 더 이상 매력을 못 느낄 때, 자주 실망하고 가치관이 다름을 느끼고 갈등이 많아질 때, 더 멋있는 상대가 나타날 때 사그라들기도 하고 옮겨 가기도 한다. 사랑은 이타적이길 지향하지만, 사실 극도로 자기중심적이고 이기적인 데서 출발하고 유지되기 때문이다.

인류학자 헬렌 피셔는 '사람이 바람을 피우는 이유'에 대해 "① 상대와 헤어질 이유를 만들려고, ②상대의 관심을 끌기 위해, ③자율적이고 독립적인 삶을 살기 위해서, ④여전히 자신이 매력적이거나 이해받는다는 느낌을 받고 싶어서, ⑤대화를 하거나 친밀감을 나눌 사람이 필요해서, ⑥단순히 섹스가 좋아서, ⑦완전한 사랑을 찾기 위해, ⑧상대에 대한 복수로, ⑨극적인 상황, 흥분감, 스릴을 즐기기 위해서"라고 설명했다. 그 외에도 사랑하는 사람을 두고 바람을 피우는 이유는 더 있겠지만 대체로 관계가 지루해지고, 관계 안에서 지속적으로 외롭고, 자신감이 떨어졌을 때 더 멋진 상대가 나타나면 자신의 매력을 확인하고 싶어서 바람이 난다는 것이다.

또 남자는 관계에 별로 문제가 없어도 바람을 피우기도 하는데, 여자는 관계 안에서 외로울 때 바람을 피우는 경우가 많다고도 한다. 어떤 심리학자는 습관적으로 바람을 피우는 사람들의 심리가 '유아단계'에 고착되어 있어서 한 사람에게 오랫동안 충실할 수 없다고 말하기도 한다. 뿐만 아니라 외로운 성장기를 지냈다면 건강한 애착관계를 경험하지 못해 책임과 이성이 따르는 장기적인 관계를 견디지 못한다. 그러나 사랑이란 정원에 적정 인원은, 두 사람이다.

한번의 가벼운 흔들림에 급하게 헤어짐을 선택할 필요도 없지만, 자꾸 둘의 관계를 흔들 정도로 바람이 습관화되었다면 미련을 버리고 빨리 정리하는 게 좋다. 사랑은 목숨과 같은 신뢰를 토대로 자라고 성숙해지기 때문이다.

환승이별은 대중교통을 바꿔 타듯 사귀던 사람과 헤어진 후 바로 다른 사람과 교제하는 것을 의미한다. 이별은 힘든 일이지만, 더 이상 한 팀이 되기 어려운 사람들이 서로에게 새로운 만남의 기회를 준다는 의미에서 무조건 나쁜 일이라고는 할 수 없다. 오히려 벌어진 간극을 메우지 못하면서 그간의 감정 때문에 이도 저도 아닌 관계로 질질 끄는 것보다 이별 후 새로운 출발을 하는 것이 좋다고 생각한다. 그런데 유독 환승이별이 이슈가 되는 이유는 헤어진 지 얼마 안된 상태로 새로운 연인이 생겼기에 그 순수성을 의심받기 때문일 것이다.

이별의 예의라고 하면야 당연히 한 사람을 보낸 후 어느 정도 시간이 흐른 후에 새로운 사람을 맞는 것이 천만번 옳은 일이겠지만 사람의 마음은 칼로 자른 듯하기 어려울 때가 많다. 관계의 힘이 약해지고 마음이 흔들릴 때, 동시에 두 사람이 마음에 들어와 결국 환승이별을 하게 된다면 무엇보다 당사자의 마음이 지옥일 것이다. 그 괴로움과 미안함과 부끄러움, 후회를 견디는 것은 당사자의 몫이다. 그리고 적어도 상대가 그 과정을 알지 못하도록 배려할 수 있다면 그래야 할 것이다. 사랑하던 이에게 배신당했다는 아픔은 오래도록 트라우마로 남아 앞으로 맺을 관계에 부정적인 영향을 미치기도 하기 때문이다.

환승이별은 크게 두 가지로 나눌 수 있다. 하나는 한 사람과의 관계가 마무리되지 않은 상황에서 다른 사람을 만나 두 사람과의 사이에서 이익(?)을 재어 보다가 새로운 사람으로 노선을 갈아타는 경우다. 다른 하나는 이별하는 순간엔 아무도 없었지만 괴로움과 슬픔, 혹은 상대에 대한 복수심 등으로 다른 사람을 곧이어 만나는 경우이다.

먼저 한 사람과의 관계가 마무리되지 않은 상황에서 새로운 사람에게 환승한 경우를 살펴보자. 이 경우 대체로 X-연인에게 배신감을 느끼게 하고 주변 사람들에게 비난받기 쉽다. 헤어지는 과정에서 두 사람을 만나며 저울질했다는 것 때문이다. 하지만 사실 이런 환승이별은 꽤 흔한 일이다. X-연인을 꼭 배신하겠다고 마음먹어서가 아니라 지지부진한 관계에 지쳐가던 중 새로운 사람을 만나게 되고, 그 사람을 선택하는 경우가 꽤 있다는 뜻이다.

특히 여자들이 연애 관계에서 친밀함, 다정함 등의 정서적 부분에 기대가 높은데 만나는 상대가 자신에게 관심을 기울이지 않고 외롭게 할 때 환승이별을 하는 경우가 많다. 혹자는 남자는 자신이 끌리는 상대가 나타났을 때 환승이별을 하고, 여자는 자신에게 끌린 상대가 나타났을 때(지금 사람보다 다정하고 자신을 잘 챙겨 줄 때) 마음이 흔들려 환승이별을 하게 된다고도 한다.

실제로 바람이 나는 경우도 여자는 지금 상황이 외롭고 불행할 때, 상대가 자신에게 애정을 쏟지 않을 때 더 마음이 흔들리고 다른 사람을 만난다는 경우가 많다.

환승이별의 두 번째 경우는 이별 후 혼자가 된 것을 견디지 못하고 서둘러 새로운 사람을 만나는 것이다. 사실 이 경우가 첫 번째보다 걱정된다. 연인이 없어진 것에 허전함을 느끼면서 미처 이별을 정리도 못 한 채 서둘러 다른 사람과 관계를 시작하기 때문에 그렇다.

모든 이별에는 애도 기간이 필요하다. 그동안 한 몸처럼 사랑했던 사람을 마음에서 내보내는 작업은 외부적으로도 내부적으로도 시간이 필요하다. 그런 애도 기간을 견디지 않고 다른 사람을 마음에 들이면 사랑하는 행위를 이어갈 수 있어 당장 안전감을 느낄지는 몰라도 감정이 섞여 혼란스러울 수 있다. 즉 지금 느끼는 감정이 헤어진 사람에 대한 것인지 새로 만나는 사람을 향한 것인지 모르는 상태에서 관계가 진행되는 것이다. 그래서 얼마간의 시간이 지난 후 감당 못 할 만큼의 혼란스러운 후폭풍이 오는 경우가 꽤 있다.

누군가와 헤어지면 그동안 내게 묻어 있던 그 사람의 냄새가 빠질 때까지 기다려야 한다. 내가 어떤 관계 속의 하나가 아니라 온전한 나로 돌아올 시간이 필요하다는 것이다. 그래서 우연히라도 내 입에서 그 사람의 이름이 나오지 않아야 하고, 더 이상 그를 생각할 때 설레거나 아픈 감정이 들지 않아야 한다. 그런 다음 새 사람을 마음에 들이는 것이 새 사람에게도 예의일 것이다. 애도 기간은 내 마음에서 그를 떠나보내는 시간이고 내가 나로 돌아오는 시간이다. 사귀는 동안 못했던 공부며, 독서며, 친구와의 우정이며, 나의 내면과 외모의 업그레이드를 하면서 자신을 되돌려 놓는 것이 필요하다. 이별한 후 반발심에서 누군가를 만나는 일은 자신을 더 힘들게 만드는 일이 될 수 있기에 피해야 한다.

또 상대로부터 환승이별을 당했을 경우 배신감과 분노가 크겠지만, 이왕 마음이 떠난 사람이니 빨리 털어 버리는 것이 좋을 것이다. 누군가에 대한 복수심에 붙들려 있는 건 누구보다 나에게 손해이다. 그런 불쾌한 감정을 곱씹으면 자꾸 비참해지니까. 갈 사람은 빨리 보내 주자. 용서는 다른 누구도 아닌 나를 위해 하는 것이다.

어쩌면 사랑은 잘 보내 주는 것까지가 사랑이다. 이별의 과정까지 잘 마치고 나면 비로소 한 사랑이 끝난 것이다. ✑

마음에서 마음이 빠져나오는
'마음 닫기'

연인만 생각하면 슬며시 웃음이 나고, 걸을 때 나도 모르게 콧노래가 나오던 시절이 있었다. 그런데 요즘은 만날 때마다 답답하다. 친절하게 말하기도 어렵다. 분명히 못마땅한 부분이 있고 그 이야기를 해야 화가 풀리고 관계도 회복될 텐데, 아무런 노력도 하고 싶지 않다. 상대는 영문도 모르고 "왜 자꾸 화를 내냐?"며 눈치를 본다.

'마음 닫기'는 부지불식간에 시작된다. 사소한 냉랭함, 포옹이나 섹스 거절하기, 내가 상처받기 쉬운 상태에 있을 때 받은 무시나 비난, 독설, 혹은 배신에 '철컹!' 마음이 닫힌다. 내가 준 생일선물보다 훨씬 마음을 덜 쓴 선물을 받을 때, 나의 손길을 무시하고 피할 때, 위로받고 싶어 달려갔는데 나의 슬픔에 신경도 쓰지 않고 자기 얘기만 할 때 상대가 마음을 다해 내게 투자하지 않는다는 걸 알게 된다. 그러면 나도 점점 위축되고 뒤로 물러서게 된다. 사랑하는 상대가 내게 적게 주고, 인색하게 준다는 걸 알게 되면 나 역시 주고 싶지 않다.

참 이상하게 상대가 뒤로 물러나는 것 같으면 나라도 관계 회복을 위해 노력해야 하는데 우리는 대부분 상처 입거나 분노를 느끼면 두 배로 갚아 주려고 한다. 결국 '마음 닫기'는 자연스러운 심리적 반사 행동이다. 심리치료사인 해리 스택 설리반Harry Stack Sullivan은 《현대 정신병리학의 이해》라는 책에서 "다른 사람의 만족과 안전이 나의 그것만큼이나 중요하게 된다면 사랑이 존재하는 것"이라 했지만 '마음 닫기'는 더 이상 상대의 만족에 신경 쓰지 않는 상태인 것이다. 나의 시간이든 돈이든 줄 것이 더 이상 남아있지 않으면, 주고 싶은 마음이 없어졌다면 '마음에 더 이상 사랑이 없다'는 것이다.

'마음 닫기'는 대개 헤어짐으로 끝난다. 사랑이 죽은 것이기 때문이다. 상대를 사랑할 때 우리는 구체적인 표현을 한다. 그를 볼 때 환하게 웃고 자주 스킨십을 한다. 또 상대가 좋아하는 것을 보면 사게 되고, 맛있는 음식과 아름다운 풍경을 보면 그를 생각한다. 상대를 도와주려고 하며 돌보고 싶어 한다.

마음이 닫히면 먼저 키스나 섹스가 사라진다. 상대와 접촉하는 것이 그리 행복하지 않고 그의 살을 느끼는 것이 중요하지 않게 여겨지기 때문이다. 섹스가 사라진다는 것은 관계가 소원해졌다는 증표이다. 마음이 닫히면 몸이 닫히고 몸이 닫히면 마음이 닫힌다. 그래서 우리의 몸과 마음과 영혼은 하나인 것이다. '마음 따로 몸 따로' 가 안 되는 이유이다. 섹스를 원하지 않고 하지 않는 상태로 몇 달이 흘렀다면 서로에게서 엄청나게 멀어졌다는 의미와 다름이 아니다. 섹스의 문제는 커플의 다른 문제와 연결된다. 싸우기 시작하면 육체적 사랑 나누기가 중지된다. 섹스의 중지는 관계가 냉랭해짐의 시작이다. 꼭 섹스가 아니더라도 손을 잡거나 어깨를 만지는 등의 최소한의 스킨십을 원하는지, 만져질 때 행복한지, 싫지는 않은지, 나는 그를 만지고 싶은지도 '마음 닫힘'을 확인하는 기준이 된다. 마음이 닫히면 무엇보다 상대에게 상냥하고 부드럽게 이야기하기가 어려워진다. 연락이 와도 잘 안 받고 회신도 늦게 한다. 상대가 즐거운지, 외로운지 등 그의 감정에 대해서도 관심이 없어진다.

'마음 닫기'의 냉혹한 현실을 바꿔 보고 싶다면 방법이 아주 없는 것은 아니다. 스킨십이나 섹스를 다시 하는 것은 상대와의 결속감을 회복하는 데 도움이 된다. 서로를 만지면 육체적·정서적 측면이 더욱 강력해지기 때문이다. 또 상대에게 아무것도 주고 싶지 않은데 그 때문에 당신의 마음이 괴롭다면 아직 사랑의 온기가 남아있다는 것이다. 이럴 때 상대에게 뭔가를 주려고 노력해 보라. 상대가 좋아하는 꽃, 옷, 혹은 펜 같은 작은 것이라도. 내가 대가 없이 주는 데도 관계와 마음에 아무런 변화가 없다면 이제 그를 떠나야 할 때이다. ✑

소중했던 너와 나는
왜 헤어지는가

미혼의 동성 및 이성애자 커플은 만난 첫해에 가장 많이 헤어진다. 미국 스탠퍼드 대학교의 사회학자 마이클 로젠펠드Michael Rosenfeld 는 그의 연구에서 젊은 이성애자와 동성애자 커플이 첫해에 헤어지는 비율은 70%가량 되었다고 보고했다. 5년째는 20%, 그 이후가 되면 헤어지는 일은 더욱 줄었다. 결국 대부분 커플이 만난 지 얼마 안되어 헤어진다는 뜻이다.

보통 커플들은 파트너와의 관계에서 더 이상 친밀감을 느끼지 않거나 연결된 느낌을 가질 수 없을 때, 상대에게 거절당하거나 무시당하는 느낌을 받을 때 이별을 결심했다. 관계에 문제가 생기기 시작하는 때는 상대의 마음을 읽고 공감하는 본능에 이성이 개입하면서이다. 이때 우리는 상대의 결점이나 단점을 견디면서 끝까지 갈 것인지 그만둘 것인지를 정하게 된다.

이별의 이유는 사랑의 수만큼 다양하지만 대략 아래와 같은 이유로 헤어진다. 노력해 봤지만 도저히 맞출 수 없는 성격 또는 가치관의 차이, 가족과의 갈등, 떨어져 지내야 하는 상황, 서로 다른 인생의 우선순위, 육체적 친밀감의 부재, 혹은 다른 사람을 좋아하게 되어서이다.

성격 또는 가치관의 차이

사실 많은 이가 성격이 달라서 헤어진다고 하지만 대부분 성격보다 가치관이 다를 때 헤어진다. 인생, 돈, 사랑, 일, 결혼, 육아 등의 가치관이 너무 다르면 다툼이 많아질 수밖에 없다. 성격이 다른 것은 오히려 재미있을 수 있고, 같아서 지루할 수도 있다. 성격은 얼마간 맞출 수도 있는데 가치관은 변하기 어렵고 맞추기도 힘들다. 그래서 만날 때 상대의 가치관을 알아보기 위해 깊게 자주 대화를 나누는 것이 필요하다.

가족과의 갈등

서로의 가족과 갈등이 많아지면 함께하기 어렵다. 가족은 나의 뿌리이고, 자존심의 근원 같은 이들이다. 파트너의 가족 때문에 갈등이 생겼다면 다른 측면에서 볼 필요도 있다. 나는 모든 것을 내 원가족 기준으로 판단하는 건 아닐까? 커플이 되면 원가족, 즉 자신의 부모 그리고 형제들에게서 얼마나 자립성을 유지할 수 있는지가 무척 중요한 문제이다.

떨어져 지내야 하는 상황

장거리 연애나 일이나 공부 때문에 떨어져 지내는 기간이 너무 길면 아무래도 서로에게 오해가 생기거나 불만이 쌓일 위험이 많다. 서로가 충분히 대화로 매번 갈등을 해소하지 않으면 연인이 오래 떨어져 지내는 것은 관계 유지에 어려운 조건이다. 서양 속담 "out of sight, out of mind, 눈에서 멀어지면 마음에서도 멀어진다"는 말은 괜한 말이 아니다.

서로 다른 인생의 우선순위

가치관과 비슷한 말로 '삶에 있어 어떤 것이 우선순위인가'가 있다. 내가 중요하게 생각하는 것과 상대가 중요하게 생각하는 것이 무척 다르고 그 의견 차이가 좁혀지지 않을 때 헤어짐이 예견된다. 이를테면 인생에 있어서 성장과 도전, 성취가 우선순위인 사람은 안정이 중요한 사람과 평화롭기 어렵다는 것이다.

육체적 친밀감의 부재

육체적 친밀감이 없어지면 헤어지기 쉽다. 사랑은 마음만으로 온전해지기 어렵다. 사람은 육체와 마음, 영혼을 가진 존재라 이 모든 것이 총체적으로 오고 갈 때 한 팀이 되었다고 느낀다. 서로 공감하는 종교적 이유가 아니라면 사랑한다는 것은 육체를 가진 존재를 사랑한다는 뜻이다. 육체적인 친밀감은 옥시토신이라는 애착 호르몬의 분비를 촉진해서 더욱 친밀한 하나로 묶어준다. 로맨틱한 사랑을 하고 있다고 생각하는 사람들은 대부분 성적 욕망이 없는 관계를 건강하지 않다고 생각한다. 뒤에 더 자세히 설명하겠지만 사랑하는 사람과의 섹스는 '살아있는 존재로서 가질 수 있는 황홀함'을 상대와 나누는 것이다. 사랑한다면서 손도 안 잡고, 만지지도 않고, 포옹도 하지 않는다면 누구도 그 사랑을 믿을 수 없을 것이다. ✍

#사랑이 변하는 징후

· 함께 있기보다 혼자 있으려 한다.
· 휴대폰을 자주 보고 SNS 소통에 더 관심이 많다.
· 갑자기 자기비하적인 태도, 푸념을 많이 한다.
· 연인보다 다른 사람과의 약속을 더 많이 만든다.
· 짜증이 많아졌다.
· 대화가 줄어들었다.
· 다른 이성에게 경계가 줄어들었다.
· 사소한 일로 자주 싸운다.

(코메디닷컴, 2022.5.16.)

짧고 단호하게,
이별답게 이별하자

사랑의 단계에서 가장 어려운 일은 '잘 헤어지는 것'이다. 만나고 사랑한 기간이 길수록 헤어지는 일은 어렵다. 사랑이 끝나서 헤어진다고 하지만 끝나고도 한참 동안 습관 같은 관계를 지속하는 경우가 다반사이다. 헤어지는 사람들에 대한 연구를 보면 사람들이 자신들의 관계에 문제를 느낀 후 실제로 이별을 결심할 때까지 대체로 30주 정도가 걸린다고 한다. 오래된 관계에 익숙해졌거나 외로움을 못 견디는 사람, 이별에 두려움이 큰 사람은 더 시간이 필요할 것이다. 그리고 이별을 말하기까지 또 많은 시간을 망설였을 것이다.

  이 세상에서 가장 가까웠던 사람과 헤어지는 일은 죽음을 겪는 것만큼 힘들다. 어쩌면 사별보다 더 힘들지도 모른다. 죽음으로 인한 이별은 끝내 포기할 수밖에 없지만 이별은 살아있는 상태에서 그를 떠나보내고, 관계의 죽음을 겪어야 하는 일이기 때문에 그렇다. 그러나 힘들다는 이유로 이별을 유보하고 시간만 끄는 것, 원치 않는 관계를 견디는 것은 두 사람 모두에게 현명한 일이 아니다. 오히려 빨리 정리하고 새 출발을 할 수 있도록 하는 것이 더 배려이다.

누구도 사랑했던 사람과의 이별은 쉽지 않다. 그 헤어짐의 대사가 우리 입을 떠나기 전에 수천수만 번 생각했을 '정말 더 이상 안 되는 걸까?'에 대한 질문과 답이 오갔다 하더라도! 하지만 결정했다면 헤어지는 것이 옳다. 자신의 감정은 늘 옳다.

이별은 단순할수록 좋다

아름다운 이별은 영화 속에나 있는 것이다. 쿨한 이별은 남의 일로 객관화할 때 가능하다는 거다. 예전에 한 가수의 노래 속에 '잔인하게 이별을 말해줘'란 가사가 있었다. 단순하고 잔인한(단호한) 이별일수록 빨리 받아들일 수 있기 때문에 내게 정말 못되게, 더는 너를 생각하지 않게, 매달리려는 꿈도 꾸지 않게 자신을 버려 달라고 부탁한 것이다. 이별의 대사는 단호하고 분명해야 한다. 여지가 있으면 누구든 매달리게 된다. 이별의 작업이 길수록, 멋을 부릴수록 상대는 힘들어진다.

전에 내게 연애 상담을 왔던 한 학생은 헤어지는 걸 무척 어려워

했다. 헤어지고 만나길 여러 번 하더니 결국 헤어지기로 마음을 먹었다고 한다. 그러더니 헤어지기는 할 건데, 벚꽃이 피면 꽃구경을 함께 다녀와서로 때를 잡았다고 한다. 그래서 그래야 할 이유가 있냐고 물었더니, 오래전부터 여자친구가 꽃구경을 하고 싶어 했는데 한 번도 그 쇼원을 들어준 적이 없다며 꽃구경만 하고 헤어지겠단다. 그래야 덜 미안할 거 같다고⋯. 자신의 죄책감을 덜기 위해 한 생각이겠지만 그거야말로 병 주고 약 주고이다. 아니 약 주고 병 주고인가?

그래서 나는 "헤어지기로 마음먹었다면 빨리 이야기하는 것이 좋겠다"고 말해 주었었다. 대체로 이별을 멋 부리는 데는 '멋있는 사람', '아름다운 이별'로 기억되고 싶다는 이기적인 이유가 숨겨져 있다. 헤어지는 순간까지 멋진 사람으로 남길 바라는 것이다.

사랑의 단계 중 가장 힘든 것이 이별이라고 하는 이유는 '잘 헤어지고', '잘 보내 주는 것'까지가 사랑이기 때문이다. 그리고 이별은 더 좋은 관계를 기대할 수 없는 두 사람이 서로에게 새로운 만남, 보다 나은 관계를 쌓아갈 기회를 주는 의미에서 '올바른 선택'이 될 수도 있다.

이별을 고하는 사람이라면

아픔은 이별을 고하는 사람보다 당하는 사람이 더 클 수밖에 없다.

왜냐하면 이별을 먼저 고하는 사람은 자신들의 관계에 대해 많이 성찰하고, 그 안에서 이미 여러 번 상실의 아픔을 겪어봤기에 '갑자기 통보 당하는' 좌절과 절망의 심정에 적응되었기 때문이다. 하지만 당신이 이별을 고하는 사람이라면, 상대가 겪을 '밀려남'에 대한 배려가 있어야 한다. 무엇보다 그는 당신이 사랑했던 소중한 사람이고 당신을 사랑해 주었던 감사한 사람이니까.

이별을 말하기 전에 충분히 생각하자

관계가 불안정하고 부담스러우면 이별을 생각하게 된다. 그러나 우리 사랑이 왜 안 되는지, 정말 헤어질 수밖에 없는지, 다시 노력하면 좋아질 수 있을지에 대해 충분히 심사숙고하라. 만약 조금이라도 해결할 방법이 보인다면 노력해 보고, 그래도 안 된다면 이별하는 게 좋다. 이별은 그 사람을 다시는 안 보겠다는 선언이다. 그런 만큼 생각하고 또 생각하라.

'나쁜 사람'이어서 이별을 선언하는 것이 아니며
'이별'을 먼저 말한다고 나쁜 사람이 되는 것도 아니다

당신이 습관적으로 가볍게 만남과 이별을 반복하는 사람이 아니라면 지금의 관계에 대해 충분히 생각해서 내린 결정이었을 것이다. 대개 많은 사람이 이별의 순간을 질질 끄는 이유는 '나쁜 사람'이 되고 싶지 않아서, 죄책감을 느끼고 싶지 않아서 서로 상대가 먼저 이별을 말해 주길 기다리는 경우가 많다. 관계를 끝내는 것이 오랜 고민 끝에 내린 결정이라면 용기를 내어 말하자. "너와 헤어지고 싶어"라고.

이별을 겪을 동안 나를 지원해 줄 친구들에게 의지하자

연애를 시작하면 친구들 사이에서 잠수를 타는 사람이 있다. 그래서 한동안 아무런 소식이 없으면 친구들은 '연애를 하나 보다' 하고 생각한다. 하지만 아무리 열정에 빠져 눈이 멀었더라도 평소에 자신을 지지하는 친구 몇과는 관계를 유지하는 노력이 필요하다. 그래야 내가 혼자 되고 외로울 때 다정하게 밥도 먹고, 술도 같이 마셔 주고, 헤어진 사람 욕도 같이 해 주는 친구가 남는다. 물론 나도 그런 친구가 되어 주어야겠지만!

이별의 방식을 정하고 되도록 공공장소에서 만나자

어떻게 헤어질지 방식을 정하라. 만나서 차를 마시며 이야기할 것인지 아니면 이메일로 할 것인지? 아무리 상대를 만나 이별의 말을 하는 것이 두렵더라도 문자나 카톡으로 간단히 관계를 정리하진 않았으면 한다. 만나서 이별하는 것이 너무 부담되고, 상대가 울거나 하면 마음이 흔들릴까 걱정된다면 이메일로 이별을 전하는 것도 나쁘지 않다고 생각한다. 그동안의 사랑에 감사하고, 상대의 행운을 빌어주는 선에서 마무리하면 될 것이다. 꽤 많은 이가 '잠수를 탄다'는 것도 이별의 방법에 넣는데, 그것은 너무 잔인한 방식이다. 늘 만나던 사람이 갑자기 연락을 끊고 못 만나게 되면 처음엔 걱정이 되겠지만, 이유를 알고 나면 배신감과 분노가 생길 것이다. 사랑했던 사람에게 그렇게까지 잔인할 이유가 있을까?

이별의 장소는 되도록 사람들이 많이 모이는, 그러나 시끄럽지 않은 곳이 좋다. 헤어질 때 상대가 울거나 소리칠까 봐 둘만이 있는 조용한 장소를 선택하면 자칫 위험해질 수도 있다. 자신이나 상대의 자취방이 가장 좋지 않다. 평소 폭력적이지 않았더라도 이별의 순간에 흥분할 수 있기 때문이다. 카페같이 열린 공간에서 만나 이야기하고, 적당하게 일어나는 것이 좋다. 또 주변에 사람이 있으면 자신의 감정을 좀 절제하게 된다.

요즘 워낙 안전 이별에 대한 두려움이 있어서 헤어질 때는 선물이 가능한 장소에서 만나는 게 좋겠다고도 이야기한다. 가능하면 문제가 생겼을 때 누군가 도와줄 수 있는 곳에서 만나는 게 좋겠다.

이별할 때는 의연하라

이별할 때는 둘 중 한 사람이 울고, 소리치고, 소란스러울 수 있다. 하지만 그렇더라도 이별해야 한다고 결심했다면 번복하지 말고 의연하라. 그런 고통을 다시 겪고 싶지 않다면 한 번에 끝내는 것이 좋다. 이별의 과정을 질질 끌수록 더 혼란스럽고 괴롭고 분노가 쌓인다.

이별 통보를 받은 사람이라면

상대의 의사를 존중하자

이별을 당하는 것은 어렵다. 날 것의 아픔을 맞닥뜨려야 하기 때문이다. 내심 사랑이 점점 시들어가는 것을 느끼고 있었더라도 사랑하는 상대로부터 이별 통보를 받으면 아득함을 느낀다. 다시 잘 해보자고, 내가 더 노력하겠다고 상대를 붙잡기도 하고, 네가 어떻게 나에게 이럴 수 있느냐며 원망하기도 한다. 하지만 생각해 보면 그동안 이별을 암시하는 신호는 여러 번 있었다. 연락을 잘 안 받기도 하고, 약속을 미루거나 취소하기도 하는 등 관계가 삐걱거리고 있음을 느꼈을 것이다. 내가 이별을 받아들이고 싶지 않아서 회피하고 있었을 뿐이다.

관계란 손뼉치기와 같다. 다른 한 손이 도와주지 않는다면 허공에 헛손질만 할 뿐이다. 만나는 것도 헤어지는 것도 상대의 의견은 너무나 중요하다. 그러므로 상대의 뜻이 결연하다면 존중해야 한다. 싫다는 사람을 붙잡아 놓는다 해도 좋아질 확률은 거의 없다. 우리가 이별을 회피하려는 이유는 더 고통스러워질까 봐 두려워서인데, 막상 헤어지고 나면 그렇게 죽을 만큼 힘들지는 않다는 걸 알게 되기도 한다.

이별로 끝났지만 모두 완전한 실패는 아니다. 우리는 만남과 헤어짐 속에서 중요한 걸 배우기도 하기 때문이다. 두려워서 이별만은 피하고 싶고, 외로워질까 봐 겁을 냈지만 생생한 상실감이 좀 잦아들면 오히려 해방감과 자유를 느끼기도 한다. 그리고 자신의 삶을 독립적으로 즐기는 자신을 발견하기도 할 것이다.

이별의 경험을 통해 내가 더 괜찮은 사람이 될 수 있는, 더 나은 사랑을 할 수 있는 교훈을 얻었다고 생각하면 어떨까?

헤어지는 방식에 연연하지 말자

예전에는 헤어질 때 만나서 어른답게 그동안 고마웠다고 말하고 상대의 앞날을 빌어주어야 한다고 생각했다. 지금은 실소가 나는 일이지만 아주 어릴 때는 엉엉 울면서 그동안 받았던 선물과 편지를 다넣은 박스를 교환하기도 했다. 헤어지는 두 사람을 한심한 눈빛으로 보던 옆 테이블의 사람들이 아직도 생각난다.

지금은 꼭 그렇게까지 이별의 방식에 연연할 필요는 없다고 생각한다. 이별을 통보받는 상황이라면 상대가 전하는 이별의 방식에 민감하게 반응하기 쉽다. 헤어지자고 말하는 사람이 마지막 예의를 보여주길 바라는 것이다. 그러나 상대가 이별의 자리를 견딜 수 없어서 이메일이나 전화로 헤어지자고 하면 인정하고 받아들여 주자. '나를 보는 것이 그렇게 괴롭다는데, 헤어지는 마당에 원하는 대로 해 주지 뭐.' 이렇게 생각하면 어떨까?

갑작스런 이별 선언을 들으면 너무나 황당하고 배신감이 느껴지며 이렇게 속절없이 헤어질 게 아니라 얼굴 보고 이야기를 나누면 뭔가 달라질 수 있지 않을까 하는 생각이 든다. 그런데 상대가 헤어지잔 말을 입 밖으로 내었을 때는 더 이상 희망이 없다고 생각하는 게 나를 위해 좋다.

그동안 받았던 선물이며 편지도 자신이 처리하는 게 좋다. 한 시절을 같이한 상대도 분명 상처가 있을 것이다. 나든 상대든 상실감에 마음 아픈 시기에 더는 상처를 키우지 말자. 그를 위해서나 나를 위해서나 그 편이 좋다.

이별 후의 일들

관계를 정리하고 나면 더는 만나지 마라

"어휴, 너희 또 만나니?", "응, 다시 노력해 보기로 했어."

헤어지는 연습을 하는 것처럼 헤어졌다가 다시 만나고 또 헤어지고 다시 만나고를 거듭하는 커플이 많다. 혹 연인으로는 헤어지지만, 그래도 좋은 사람이니까 친구로 만나자고 미련을 두는 커플이 적지 않다. 심지어 요즘의 예능 방송에서는 헤어진 연인들을 몇 쌍 모아 한집에서 지내게 하는 리얼리티 프로그램이 나오기도 했다. 참 잔인한 방송이다. 물론 다른 상대에게는 알려주지 않지만, 이 안에서 심각한 질투와 흔들림이 있을 수밖에 없다. 커플은 시간이 갈수록 점점 혼란스러워지고, 자신의 마음을 알 수 없게 되고, 잔인해지게 되고, 다투게 된다.

어제의 연인이 어떻게 오늘부터 친구가 되는가? 친구로 만나고 싶다면 그 사람에게 더 이상 설레지 않아야 한다. 시간이 지난 후 그 사람을 봐도 마음에 아무런 동요가 없다면 그때 친구로 만나면 된다.

'친구로 지내자'는 말의 함정

남녀 모두 거절할 때나, 헤어짐이 너무 어려울 때 가장 많이 하는 제안으로 "친구로 지내자"는 말이 있다. 그를 영원히 잃는 게 두려워서 '그럼 친구로라도 지내자'고 매달리는 것이다. 사실 친구로 지내자는 말은 떠날 수도 머물 수도 없는 말이다. 거절하고도 상대의 관심을 묶어두는 방법이며 반대로 거절을 당하고도 그 곁에 머무르는 방법이다. 만일 상대가 그 제안을 받아들이지 않으면 관계를 끝내는 책임이 상대에게 돌아가기 때문에 미안한 감정을 안 가져도 된다.

대체로 여자의 "친구로 지내자"는 말은 명백한 관계 거절이다. 아무리 '우정'을 쌓으며 노력해도 연인이 친구가 되기는 어렵다. 게다가 어제의 연인이었던 여자 곁에 친구로 머무르는 것은 다른 좋은 사람을 만날 기회를 놓치는 일이다. 여자에게도 친구인 듯 아닌 듯한 그가 곁에 있다는 것은 애초에 둘의 목표가 다르므로 관계를 분명하게 정리하는 것이 좋다.

이별 후에는 한동안 아플 것임을 인정하자

최근 한 학생에게 질문을 받았다.

"이별에도 의연한 사람이 있나요? 제 친구는 얼마 전 애인하고 헤어졌는데 아무렇지도 않아 보여요."

사랑했다면 이별 후에 어떻게 태연할 수 있을까? 아무렇지도 않다니, 내 전부 같던 존재가(물론 헤어질 당시는 작아졌겠지만) 쑥 빠져나갔는데 괜찮을 리가 있나! 그 사람을 사랑하지 않았거나, 이별할 무렵에는 사랑이 남지 않았거나, 자존심 탓에 아무렇지도 않은 척을 할 뿐이겠지. 혹 감정에 무뎌서 자기가 지금 아픈 것을 모르거나. 사랑하는 이와 헤어지고 얼마간은 아무렇지도 않게 웃고 즐거운 듯 지내다가 어느 날 갑자기 그와 관련이 있는 노래를 듣고 그제야 툭, 슬픔의 둑이 터진 것처럼 통곡하고 슬퍼하는 사람도 있다.

앞서 말했듯 모든 이별에도 애도 기간이 필요하다. 대략 사랑한 기간의 1/3 정도가 걸린다고 한다. 아마도 간절함의 크기만큼 애도의 기간이 필요하지 않을까? ⤙

실연을 추스르는 것까지가
연애의 과정

"정말 사랑한 여자가 있었어요. 그녀와 헤어지면서 이렇게 사랑했
으니 절대 잊지 못할 거라 생각했죠. 정말 그럴 거 같았어요. 그런데
얼마 전에 깜짝 놀랐어요. 제가 그녀 생각을 더 이상 하지 않고 있는
거예요. 어떻게 이럴 수 있죠?"

개그맨 조세호 씨의 말이었다.

그때 나는 '시간이 약'이라고 대답했다. 아무리 아픈 상처도 시간
이 지나면 아문다. 아무리 간절했던 사랑도 점차 잊힌다. 물론 살아
가면서 문득 생각나기도 하겠지만, 애틋한 과거일 뿐이다. 단순히
시간이 흘러서는 아니다. 그 시간 속에 내가 지금의 관계와 삶으로
인해 마치 모래에 물이 스미듯 사라지는 것이다. 아무리 아팠어도
지난 사랑은 다른 사랑으로 위로받고 잊힌다. 그리고 '좋은 사람'이
다시 당신 곁에 머물게 될 것이다. 시간과 함께 실연을 극복하는 몇

가지 방법을 공유한다.

먼저 왜 관계가 끝났는지 생각해 본다

아마 이렇게 이별의 순간이 올 것을 당신도 알고 있었을 것이다. 관계가 끝난 이유를 알면 마음을 정리하기가 좀 쉬워진다. 그러나 너무 길게 생각하지 않도록 주의한다.

헤어진 사람을 스토킹하지 않는다

헤어지고 나면 함께일 때보다 더 강렬한 사랑의 감정을 느끼게 된다.

연애의 금단증상은 마약중독자가 마약을 끊을 때 두뇌에 활성화되는 동일한 과정이 작용한다. 왜 헤어졌는지에 대해 집착하게 되고 포기하지 못한 채 주변을 서성거린다. 온라인과 오프라인 둘 다에서 스토킹이 시작되는 것이다. 그의 SNS에 들어가 보고 그는 행복한지, 누구를 만나는지, 어떻게 사는지를 확인하다 보면 벗어나기 어렵다. SNS 스토킹을 통해 중독을 유지하기 때문이다. 그러다 보면 마음의 고통은 줄어들지 않고 회복도 되지 않는다. 상처가 자꾸 건드려지기 때문에 실연의 아픔에서 빠져나올 수가 없다.

그러다가 옛 연인이 새로운 사랑을 시작하기라도 하면 새삼 배신당한 듯이 치를 떨고 화를 낸다. 오래전 나를 찾아온 한 젊은 여자는 헤어진 남자친구가 곧 결혼한다는 걸 알게 됐다며 그의 신부에게 전화해서 "그가 얼마나 못된 사람인지 말해 주겠다"고 분노했다. 그런데 둘이 헤어지자마자 결혼하는 것도 아니고, 그녀와 헤어진 지 2년이나 지난 후의 일이었다. 양다리도 아니었다. 이 무슨 가당치 않은 화풀이인가?

헤어졌을 때 자신을 지키는 방법은 정신을 단단히 차리고 이성의 끈을 놓지 않도록 주의하는 것이다. 이성만이 당신을 구원할 수 있다. 헤어짐에 대한 그 어떤 설명도 당신을 만족시킬 수 없다. 헤어짐에 대한 모든 질문을 지금 멈춰야 한다.

관계를 놓아준다

당신의 그 사람이 돌아올 거라는 헛된 희망은 버리자. 이별을 받아들이자. '그래, 그 사람은 이제 나를 떠났어.', '그 사람 인생에 더 이상 내 자리는 없어.' 깨진 관계에 희망을 가질수록 회복은 점점 멀어진다. 내 인생에서 그를 내보내자.

과거를 미화하지 않는다

실연당했을 때 가장 많이 하는 것은 과거의 연인을 이상화하고 미화하는 것, 행복했던 시간만 골라 회상하는 것이다. 이런 행동은 상실의 고통을 더욱 크게 할 뿐이다. 그러나 생각해 보자. 그 사람이 그렇게 완벽했다면 왜 관계가 끝났을까? 당신은 그 관계에 만족했던가? 실연의 특징은 과거를 미화하는 것이다. 그래서 마치 모든 것이 아름다웠고 그 사람은 완벽했는데, 그 관계가 깨어졌으니 나 자신을 탓하는 것이다. 하지만 현실을 직시하고 과거를 똑바로 보자. 이별의 이유가 명료해질 것이다.

그와 헤어진 이유를 글로 써둔다

더 구체적인 방법이 있다. 헤어진 연인의 나쁜 점, 불만스러웠던 점, 나를 힘들게 했던 점을 떠올려 보고 그것을 휴대폰에 적어서 저장해 놓는다. 그러다 과거가 그리울 조짐이 보이면 휴대폰을 열어서 확인하는 것이다. 그렇게 정신을 다잡아 가야 한다. 실연은 우리의 이성을 흐리게 한다. 실제로 실연을 당하면 지적 기능이 손상되어 IQ가 일시적으로 낮아진다고 한다.

실연은 대개 상실과 슬픔의 모든 증상을 끌고 온다. 공허함이 찾아오고 많은 것을 엉망으로 만든다. 잠을 못 이루고, 면역력은 떨어지며, 우울증이 생긴다. 심하면 자신을 해칠 마음이 생길 수도 있다. 이런 마음은 파괴적이기 때문에 반드시 치유해야만 한다.

내 삶의 빈 곳을 찾아내 채우고 봉사하자

연애 기간 동안 소홀히 했던 가족과 친구 등과 더 많은 시간을 보낸다. 그들의 응원과 지지는 당신을 실연에서 서서히 빠져나오게 할 것이다. 또 당신도 주변의 누군가가 실연을 당했다면 응원하고 다정히 위로하길 바란다.

또, 다시 나 자신으로 돌아올 시간을 갖는다. 그동안 나는, 좋아하는 것을 헤어진 연인이 싫어해서 미루거나 포기하진 않았는가? 나는 바다를 좋아하는데 산을 좋아하는 그 사람 때문에 바다를 오랫동안 못 갔다면 바다에 가서 시간을 보내는 것이다. 나 자신을 찾는 시간을 보내고 좀 더 자신을 채우고 개선하는 계기로 삼는다.

상처 치유엔 자기돌봄과 봉사가 가장 효과적이다. 그동안 미뤄놨던 공부도 하고 독서, 댄스, 그림, 운동 등 하고 싶었던 것들을 시작해 본다. 사람으로 인한 상처를 치유하는 데는 남을 돕는 봉사가 최고이다. 특히 보육원에서 아기를 돌보고 안아주고, 노인요양원 등에서 목욕이나 식사 수발을 하면서 친밀함의 스킨십을 나눠 줄 수 있다면(사실은 나눠 받는 것이지만) 더욱 빨리 마음의 상처가 낫는 것을 경험할 것이다.

약이나 알코올은 피하고
힘들다면 전문가의 도움을 받는다

가능하면 맨정신으로 견딜 것! 술을 마시기 시작하면 자꾸 의존하게 된다. 수면제도 마찬가지이다. 이 상황이 너무 힘들어 혼자 견디기 어렵다면 상담전문가를 찾아 마음을 털어놓고 위로받아라. 친구들에게 사실을 말하고 좀 위로해 달라고 부탁하는 것도 좋다.

대체로 남자들이 이별의 상처로 폐인처럼 오래 지내는 경우를 본다. 실연을 실패라고 생각하기 때문에 약한 모습을 보이기 싫어서 혼자 견디느라 그렇다. 술을 마시고 자신을 고립시키고 망가뜨린다. 단언컨대 실연으로 남자가 더 많이 무너진다. 술 마시고 옛 애인에게 전화한다는 주인공도 대개 남자들이다. 심지어 적지 않은 남자가 연인과 헤어진 후에 만난 사람과 깊은 고려 없이 결혼하고(더 이상 그녀와는 맺어질 수 없으니) 불행한 결혼 생활을 하는 것도 보았다. 그런 경우 평생을 부평초처럼 마음을 못 잡고 떠돈다. 결혼은 연애보다 훨씬 어렵고 더 많은 노력이 필요하기 때문이다.

그에 반해 여자들은 대개 친구들에게 털어놓고 위로받는 것을 어려워하지 않는다. 친구들과 맛있는 밥을 먹고, 여행도 가고, 수다를 떨면서 위로받는다. 속에 뭉쳐있던 슬픔은 밖으로 나오면 공기 속으로 흩어진다. 실연으로 마음이 너무 힘들고 일상을 찾기가 어려우면 상담전문가나 주변의 따뜻하고 합리적인 선배나 어른을 찾아가 도움받을 것을 권한다.

말로 토해내는 것, 혹은 글로 써보는 것도 마음의 상처를 치유하는 데 효과적이다.

사랑하는 사람과 헤어졌더라도
인생이 끝난 것이 아니다

이별하고 완전히 폐인처럼 살아가는 사람이 있다.

분명한 건 당신의 인생은 계속된다는 것이다. 실연의 경험이 인생에 약이 될지 독이 될지는 당신에게 달렸다. 좋은 경험으로 생각하고 긍정적으로 받아들이며 자신을 너그럽게 대할 필요가 있다. 당신은 지나간 사랑으로 많은 행복의 순간을 경험했고, 실연으로 더 성숙해질 기회를 얻었다. 자신에게 잘 맞는 사람을 알아보는 안목도 생겼다. 사랑하는 사람을 잃었으니 당연히 슬프겠지만, 시간이 지나면 상처에 새살이 돋듯이 다시 당신은 새로운 사랑을 만날 수 있고, 새로운 기쁨을 누릴 수 있다는 것을 잊지 않았으면 한다.

무엇보다 내 몸을 믿는다

마음이 약해진다면 몸을 믿어 보자. 실연의 상처에서 벗어나는 데는 몸을 움직이는 것이 효과적이다. 일단 자리에서 일어나서 운동화를 신는다. 그리고 밖으로 나가서 걷든지 뛰든지 산을 오른다. 필라테스도 좋고 수영도 좋다. 몸을 움직여 땀을 흘리다 보면 어느덧 몸과 함께 마음도 좀 가벼워지는 걸 느낀다. 매일 운동하라.

사별한 사람 중에는 자기도 모르게 매일 산에 오르거나 마라톤을 하다 이별의 아픔에서 벗어나게 되었다고 말하는 사람이 많다. 죽을 것처럼 힘들어서 차라리 몸을 힘들게 했더니 마음이 가벼워지더라는 거다. 운동을 하면 몸이 건강해지고, 성취감도 생긴다. 성취감은 다시 자신을 믿게 하고 일어나게 한다. 그리고 영양 섭취를 잘하고 책을 읽는다.

인내심을 가진다

실연의 상처가 예상보다 더 오래갈 수도 있다. 다 나은 것 같았는데, 이제 그 사람을 잊었다고 생각했는데, 어느 날 문득 내 곁을 스치는 익숙한 향기나 음악으로 마음이 흔들리고 아픔이 살아날 수도 있다. 하지만 당신은 반드시 점점 더 좋아질 것이다. 속도가 늦더라도 당신은 나아지고 있다. 실연의 상처에서 회복되는 데 가장 좋은 약은 '시간'이다. 큰 수술을 겪은 몸이 천천히 제자리를 찾는 것처럼 당신의 마음도 회복될 것이다. 이별은 당신의 마음속을 전쟁터로 만들겠지만, 자신을 지키기 위해 맞서 싸워야 한다.

당신은 스스로를 지켜낼 이유가 있는 소중한 사람이다. 두 번 다시 겪고 싶지 않은 실연이지만, 이 이별의 상처를 통해 당신의 인생은 더욱 성숙해진다.

조개 중에 진주조개가 있다. 이 조개는 연한 살에 들어와 박힌 모래알을 진주로 키워낸다. 혹 그 모래로 자기 살이 썩어들어가 폐사하는 경우도 있다. 이렇게 상처가 흉터가 될지, 아니면 좋은 경험이란 인생의 보석이 될지는 당신만이 정할 수 있다. 그것을 우리는 '회복 탄력성'이라 하는데 긍정적인 생각, 미래에 대한 기대를 갖는 것만으로 회복에 더 가까워진다. 실연의 상처를 훌훌 털고 일어나 더 좋은 사람이 된다면 실연이 성장의 기회가 될 것이다.

실연한 후 모든 것이 다 나빠질 것이라고 지레 겁먹지 않길 바란다. 사실 헤어진 후에 "해방된 느낌이 들었다", "비로소 나 자신으로 돌아온 기분이다", '오랜만에 밖에 나가 새로운 삶을 즐기고 있다", "이별하고 난 더 괜찮은 사람이 된 것 같다", "나 자신에 대해 더 알아가고 있는 중이다"라고 긍정적인 대답을 하는 사람들이 많다.

이 이별을 통해 당신은 앞으로 더 나은 의사소통을 하게 될 것이고, 친구들의 우정을 확인하고, 더 괜찮은 사람이 될 수 있다는 자신감을 갖게 될 것이다. 또 무엇보다 자유롭고, 나 자신으로 돌아왔으며, 자신이 강하고 현명하며 만족스러운 관계를 만들어 갈 수 있다는 확신도 갖게 될 것이다.

혼자 있어서 좋은 점들을 적어 보라. 좋지 않은 관계를 정리할 수 있었던 자신을 응원하고 격려하자. ✍

3

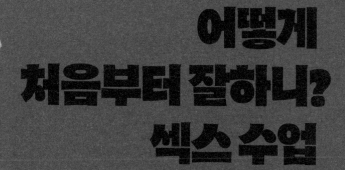

어떻게
처음부터 잘하니?
섹스 수업

첫 섹스는 사귀고
언제쯤 해야 할까?

"남자친구를 만난 지 이제 3개월이 돼가요. 그런데 요즘 남자친구가 자꾸 여행 가자고 하네요. 우린 곧 섹스하게 되겠죠? 사귀고 나서 첫 섹스는 언제쯤 하는 게 좋을까요?"

놀랍게도 내가 학생들에게 자주 받는 질문 중 하나이다. 나는 그럴 때 자못 진지하게 대답한다.

"다음 주 화요일 저녁 7시에 하면 어떻겠니?"

그러면 여지없이 "어떻게 그래요?" 하고 깔깔 웃음이 터진다. 그렇다. 커플 섹스의 가장 적절한 시기는 본인들이 제일 잘 안다. 그리고 당사자만이 정할 수 있다.

대체로 섹스는 예정하기 어렵다. 그래서 커플의 스킨십이 시작되면 섹스에 대한 계획을 세우는 것이 좋다. 언제쯤 섹스를 하게 될지, 어떤 환경·조건이 좋을지, 나는 어디까지 할 수 있을지 등에 대해 미리 대화를 나누는 것이다. 그것이 바로 계획이라고 할 수 있다. 섹스는 전혀 예상치 않았던 순간에 벌어지기도 한다. 사실 그것은 굉장히 빈번하게 일어나는 일이다. 그래서 평소에 함께 이야기하면서 준비하는 것이 좋다.

한국인은 언제 생애 첫 섹스를 할까?

2023년 3월, 한국보건의료연구원은 한국인의 성 행태 조사 결과를 발표했다. 〈HPV(인유두종바이러스) 백신의 국가 예방접종 확대를 위한 분석〉에서 한국인의 평균 첫 성 경험 시기를 공개한 것이다. 일반적으로 사람들은 언제쯤 생애 첫 섹스를 할까? 남성과 여성 모두 '20~24세'가 각각 65.9%, 57.4%로 가장 많았다. 다음으로 '25~29세'라고 응답한 경우가 남성 19.8%, 여성 26.4%로 뒤를 이었다. 이를 보면 다른 나라 사람들과 비교했을 때 아주 어린 나이에 첫 경험을 하진 않는 것 같다. 가능하면 후회 없고 너무 실수도 하지 않는 멋진 경험이었으면 좋겠지만, 실제 첫 섹스가 만족스러웠다는 사람들은 겨우 1/3 정도나 될까?

내가 2009년 독일의 한 보건박물관에 갔을 때, 어떤 전시관 바닥과 벽 여기저기에 다양한 글들이 써 있었다. "겨우 이거였어?", "완전 실망", "이런!", "우와!" 등의 짤막한 글들이었는데 알고 보니 각자의 첫 섹스 느낌을 적어 놓은 것이라고 했다.

실제로 첫 경험 느낌에 대해 알아보면 남자들이 여자들보다 좀 더 긍정적이라고 한다. 아마도 그녀와 섹스했다는 것만으로도 성취 같은 만족감을 느끼는 데다 섹스에 대한 사회적 평판이나 인식이 여자들과 같지 않아서일 수도 있을 것이다.

그런데 여자들은 1/3은 부정적인 느낌, 1/3은 긍정적인 느낌, 나머지는 '겨우 이거였어?' 하는 지루함이나 실망감을 나타낸다고 한다. 후회하거나, 죄책감을 느끼거나, 수치스럽고 불안했다고 말하는 여자들은 대체로 상대의 강압적인 요구로 첫 섹스를 하거나, 스킨십 경험이 적고 성에 보수적인 사람들이었다. 긍정적인 느낌을 말한 여자들은 신뢰하고 사랑하는 상대와 안전한 환경에서 보호받는 느낌으로 첫 섹스를 했다고 대답했다. 또 키스나 애무 등 스킨십의 경험이 있는 경우에 좀 더 긍정적이었다.

생애 첫 섹스의 데이터는 새로운 연인과의 첫 섹스에도 그대로 적용할 수 있다. 서로 신뢰하고 즐겁게 사랑을 키워가려면 상대를 배려하고 의사를 존중하는 자세가 꼭 필요하다.

연인과의 첫 섹스는
언제 하는 게 좋을까?

나는 적어도 상대를 많이 알게 된 후 하는 것을 권하고 싶다. 그 사람의 성격, 가치관 그리고 인간관계 방식 등을 잘 알게 된 후에 몸을 만나라고 답한다.

일단 섹스를 하게 되면 몸의 진도만 나가게 되는 경향이 있다. 섹스를 계기로 몸의 사랑이 불타오르기 때문이다. 그전에는 만나서 하루종일 걸어 다니며 서로 대화하고, 좋아하는 전시회나 영화를 보러 가고, 카페에서 마주 보던 이들도 섹스를 일단 시작하면 만나서 영화 보고 섹스하고, 밥 먹고 섹스하고, 나중에는 그냥 섹스만 하기도 한다. 그러다 보면 그 사람에 대해 알아가는 것은 뒷전이 되기 쉽다. 그래서 섹스는 상대를 잘 알게 된 후 하는 것이 좋다고 생각한다. 좋아한다는 말과 달리 '난 널 사랑해'라는 고백은 쉽게 그리고 빨리하지 않는 것처럼 섹스 또한 상대를 잘 알게 된 후 하길 권하는 것이다.

무엇보다 섹스는 상대의 압력 때문이 아니라 자기가 정말 원할 때 해야 한다. 또 친구들의 부추김이나 어른(!)이 되고 싶은 마음 때문에 원하지 않는 섹스를 하지는 않았으면 한다. 사랑을 증명해 보이라며 강요받거나, 더 거절하면 헤어질 것 같은 걱정으로 원하지 않는, 충분히 준비되지 않는 섹스를 하면 첫 경험이 꽤 오랫동안 유쾌하지 않은 기억으로 남을 것이다.

서둘러 한 첫 경험 이후 상대가 오히려 싫어졌다거나, 충분히 상대를 알지 못하는데 섹스 감각에만 익숙해지고 있다며 고민하는 이들도 적지 않다. 누구도 자신의 첫 경험은 잊지 않는다. 그렇다면 자신이 주도적이었던, 멋지고 황홀했던 기억으로 간직되도록 하는 게 더 좋지 않을까?

아직 사랑을 확신할 수 없는데 남친은 섹스부터 하자고 해요

남자들은 감정적인 결합이 깊지 않아도, 즉 사랑을 확신하지 않아도 여자보다 쉽게 섹스한다거나 상대를 만난 지 얼마 되지 않아도 섹스를 원한다는 연구 결과가 있다. 또한 대체로 남자들은 여자보다 서둘러 사랑 고백을 하는 경향이 있다고 한다. 실제로 내가 가르치는 남학생들에게 물어봐도 대답은 그러했다. 100% 사랑하지 않아도 섹스의 기회가 보장된다면 "사랑한다"고 고백할 수 있다는 것이다. 또 편지를 받거나 선물을 받고 산책하는 것이 낭만적이라고 생각하는 여자들과 달리, 남자들은 '그녀와 섹스하는 것'을 낭만적인 일이라 생각한다고 대답한다. 확실히 남자들이 생각하는 사랑과 섹스는 더 가까운 것 같다.

그러므로 여자들은 남자들의 "사랑한다"는 말에 '당신과의 섹스를 원합니다'란 뜻이 내포된 경우가 많다는 것을 알아두는 게 좋겠다. 남자가 사랑을 고백하더라도 정말 내가 그를 사랑하는지, 그의 사랑이 진심인지 알아보는 안목이 여자에게 더욱 필요하다는 뜻이다. ✍

자고 나서 만남 추구,
정말 좋을까?

새로운 누군가를 만날 때 대체로 젊은 남녀는 자만추, 즉 자연스러운 만남을 추구한다. 그런데 최근 이 자만추의 뜻이 달라진 것 같다. 이제 자만추는 '자연스러운 만남 추구'가 아니라 '자고 나서 만남 추구'라는 뜻으로 더 많이 사용한다. 즉 사귄 후 섹스가 아니라 섹스 후 사귀는 경우도 많아졌다는 것이다. 그 말을 '선섹후사'라고도 하던데 말 그대로 섹스 먼저 한 다음 섹스 스타일이 마음에 들면 연인 관계로 발전하고 마음에 들지 않으면 더는 만나지 않는다는 것이다.

섹스도 사람을 알아보는 소통의 유용한 하나의 방식이며 성적 긴장을 해소하는 효과 또한 있기에 방법이 잘못되었다고 하고 싶진 않다. 하지만 아무래도 마음에 걸리는 부분이 여러 개 있다. 무엇보다 성급한 자만추는 성 건강 면에서 위험하다. 상대가 어떤 사람인지 잘 모른다는 것은 그와 섹스하는 자신을 위험하게 만들 요소가 많다는 것이다. 성병이라든지, 예측할 수 없었던 성 행동이라든지, 혹은 피임이 준비되지 않은 섹스라든지 하는 것 말이다. 그리고 심리적인 문제도 발생할 수 있다. 후회하거나 죄책감을 느끼는 것이다. 또한 계속되는 캐주얼 섹스는 자존감을 떨어뜨리기도 한다.

세계 어느 곳이나 20세 언저리의 성인 57%가 성 경험을 하고 정기적으로 섹스한다. 섹스를 일찍 시작할수록 당연히 성 파트너의 수는 많아진다. 최근 몇 년간 젊은이들에게 인기를 얻고 있는 것은 일명 후킹업(hooking up)이라고 불리는 책임 없는 섹스이다. 또 fb(friend with benefits)는 '섹스도 하는 친구'라는 뜻으로 깊은 관계를 맺어가는 상대와의 섹스보다 부담이 없어선지 많은 이가 선호하고 있는 것으로 보인다.

캐주얼 섹스가 증가하는 이유는 헌신의 관계, 책임이 있는 진지한 관계를 피할 수 있기 때문이다. 특히 술을 마신 후 캐주얼 섹스는 더 쉬워진다. 아무래도 대담해지기 때문이다. 이런 섹스 양식에 대해 여자보다는 남자가 더 긍정적인 것 같지만 적지 않은 사람들이 이런 섹스 후에 죄책감, 자괴감, 후회 등을 느꼈다고 한다. 또 남자에 비해 여자들은 이런 캐주얼 섹스의 상대가 연인 관계로 발전할 수 있기를 바라기도 한다.

최근의 젊은이들은 혼전 섹스에 과거보다 훨씬 관대한 태도를 가지고 있다. 그리고 점점 결혼은 하지 않겠다는 이들도 많아져서 결혼을 염두에 두지 않은 동거나 연애 관계가 더 늘어날 것이다. 이렇게 결혼을 전제하지 않더라도 나는 자만추보다 마음을 먼저 나눈 다음 섹스하라고, 사랑을 나누라고 권하고 싶다. 서로를 보호하고 아끼며 헌신하는 상대와의 섹스가 가장 멋지고 행복하기 때문이다. 적어도 누군가와 섹스한다면, 서로 좋아하거나 연인이라면 좋겠나. ⤺

첫 섹스에
실패했어요

첫 섹스는 설레고 흥분이 많이 될지 모르겠지만, 그 만족도에 있어서는 장담하기 어렵다. 둘 다 섹스가 처음이면 더욱 그렇다. 실제로 상대를 많이 좋아하는 젊은 남자는 첫 경험에서 너무 긴장해 발기가 잘 안 된다든지, 사정이 너무 빨리 된다든지 등의 실수를 하는 경우가 다반사이다. 또 여자의 성 생리를 모르면 삽입부터 어려움을 겪는다. 여자도 삽입의 느낌이 어떤 건지 몰라서 삽입이 안 되었는데 되었다고 생각하거나, 그냥 아프고 당황스럽기만 했다고 말하는 경우가 꽤 있다.

요즘은 포르노 같은 음란물을 통해 실제적인 섹스를 배우기도 하지만, 사실 포르노에서 보여주는 섹스는 왜곡되고 과장된 부분이 많아서 섹스의 교과서로 삼았다간 낭패를 보기 쉽다.

발기, 삽입, 조루라는 큰 산

처음 섹스하는 남자가 발기가 안 되는 경우는 심리적으로 몹시 긴장하거나 불안해서일 수 있다. 사정을 너무 빨리 하는 경우는 젊은데다 성 경험이 없어서 성기의 감각이 굉장히 예민해져 그렇다. 또 오랫동안 해온 자위에 익숙해져서 빨리 마치려고 하는 습관이 들어 그럴 수도 있다. 그러나 한 번의 실패에 너무 기죽을 필요는 없다. 다음에 잘하면 되니까! 무엇이든 처음은 서툴다. 혼자 하는 걸음마도 수천 번 넘어지며 배웠는데 상대와 호흡을 맞춰야 하는 섹스를 어떻게 처음부터 잘 할 수 있겠나? 조루(빠른 사정)는 남자들에게 꽤 자주 일어나는 현상이다. 그러니 그 실패의 기억에 매달려 만성 조루가 되지 않도록 좀 담대해질 필요가 있다.

여자에게도 첫 섹스는 두려움의 대상이다. 워낙 여자들끼리 삽입에 대한 괴담이 많은데다 옷을 벗고 나신을 상대에게 보여준다는 게 큰 스트레스다. 또 섹스를 시작할 때 이미 흥분해서 발기된 남자와 달리 여자의 흥분은 천천히 진행된다. 성에 대해 보수적이거나 심리적으로 복잡할 때(죄책감을 느끼거나, 사회적인 평판 등에 대한 우려로) 더욱 섹스에 집중하기 힘들고 흥분과 만족감을 느끼기 어려워진다. 마음이 풀어져야 몸도 풀어지는데 이런저런 걱정이 많으면 몸이 뻣뻣이 긴장되는 게 당연할 것이다.

애무, 사랑을 담아 어루만져라

애무는 말 그대로 사랑하는 마음을 손길에 담아 서로의 몸을 어루만지는 것이다. 이 애무를 통해 서로의 감각이 에로틱하게 자극되며 온몸과 마음이 흥분으로 달아오르게 된다. 서툴더라도 다정하고 부드럽게 연인을 쓰다듬고, 껴안고, 키스한다면 섹스가 훨씬 즐거워질 것이다.

섹스를 시작할 때 여자의 흥분을 끌어 올리는 방법은 부드러운 애무를 천천히 정성껏 하는 것이다. 사랑의 말을 귓가에 속삭이기도 하고, 그녀의 몸 구석구석을 쓰다듬고 만진다. 그리고 가슴은 여자들의 예민한 성감대이므로 특별히 애무에 공을 들이면 그녀의 흥분을 끌어낼 수 있다. 여자의 가장 예민한 성감대인 클리토리스 애무를 통해 여자가 오르가슴을 느끼기 시작하고 삽입 요구가 있으면 그때 삽입해야 한다. 즉 삽입의 시기는 남자가 아니라 여자가 정해야 정말 멋지고 황홀한 경험을 할 수 있다. 여자가 충분히 흥분해야 질액이 그녀의 성기를 적셔서 부드럽게 삽입할 수 있기 때문이다. 남자들이 가장 많이 잘못 알고 있는 게 여자의 질액이 나오기 시작하면 삽입할 때라는 정보인데, 질액이 나오는 것은 이제 막 여자의 흥분이 시작됐다는 표시이지 완벽하게 흥분했다는 뜻이 아니다.

또 강조하고 싶은 한가지는 애무는 여자에게만 필요한 게 아니라는 것이다. 성감대는 여자뿐 아니라 남자에게도 온몸에 있다. 지금의 남자들은 더 이상 거친 사냥꾼이 아니다. 그들은 섬세한 피부를 가지고 있으며 여자만큼 감각이 예민하다. 그래서 애무 역시 남자와 여자 모두 자신의 상대에게 최대의 흥분과 희열을 끌어내는 기술과 노력이 필요하다. 기억하라, 섹스는 누가 누구에게 하는 일방적인 서비스가 아니다. 그것은 두 사람이 극진한 사랑을 표현하고 확인하는, 그런 협동의 행위를 서로가 주고받음으로서 함께 황홀함의 경지를 맛보는 것이다.

만족스러운 첫 섹스는 올바른 성 정보에 달렸다

성 경험의 만족도를 결정하는 것은 올바른 성 정보에 달렸다. 안전하고 건강한 섹스 지식을 갖고 있다면 남녀 모두 편안한 심리 상태에서 적극적으로 참여할 수 있기 때문이다. 또한 상대를 배려하는 게 가능해진다. 즐거움과 재미도 있어야 한다.

많은 가정이 여전히 보수적이고, 학교에서건 가정에서건 성교육 기회가 적기 때문에 상대의 성뿐 아니라 자신의 성 생리도 모르고 있는 경우가 많다. 그래서 성을 죄책감이나 두려움과 연결시켜 생각하는 사람이 많은데, 그런 경우 첫 섹스에 만족은커녕 성공하기도 쉽지 않다. 또 성에 부정적이고 보수적인 가정에서 자라 억압이 심한 여자일수록 죄책감과 불안이 높아서 섹스라는 행위에 두려움을 가지고 있다. 그래서 삽입이 두려워서 중간에 그만두는 경우도 적지 않다. 심한 경우는 '질경련'이라고 남자의 성기는커녕 작은 면봉조차 아파해서 질 속에 넣지 못하는 경우가 있다. 물론 이런 경우는 병적 증상이라 보아서 성 의학전문가와 성 심리상담자에게 치료와 도움을 받아야 좋아진다.

남자의 경우도 올바른 성 정보를 가지고 있어야 발기부전이나 조루, 지루 같은 성적 어려움이나 잘못된 행위를 피할 수 있다. 결국 남녀 모두 서로의 성 생리나 심리, 반응 등 정확하고 긍정적인 정보를 알면 알수록 더 행복한 시간을 즐길 수 있다는 것이다. 성에 대해 잘 알면 알수록 만족스럽고 즐거운 인생을 살 수 있다.

파트너에게 하지 말아야 할 말들

첫 경험을 만족스럽게 하는 이들은 생각보다 많지 않다. 충분하게 흥분이 안 되었거나, 기대보다 빨리 끝나는 등 멋진 경험이 아니었다 할지라도 상대가 무안하지 않도록 배려하는 것은 무척 중요하다. 실망스러운 표정을 짓거나 말을 하면 상대는 더욱 위축된다. 앞으로 더 잘못할 가능성이 커진다는 거다. 기대와는 다른 서투른 섹스를 했더라도, 첫 경험을 함께한 것을 축하하고 만족하는 마음이 되면 좋을 것이다. 또 애쓴 상대를 꼬옥 안아주며 칭찬하는 것이 앞으로의 즐거운 성생활에 도움이 된다.

반대로 첫 섹스가 잘 된 경우라 해도 "완전 경험 많은 거 아냐?" 같은 말을 농담으로라도 하지 말아야 한다. 방금 둘이 협조해 멋진 경험을 한 커플이 할 말은 아니다. 또 두 사람이 처음 하는 섹스뿐 아니라 언제든 섹스 후에 '넌 너무 작은 것 같아', '네 가슴이 생각보다 좀 빈약하네' 등 상대의 몸에 대한 부정적인 말은 절대 해서는 안 된다. 그것은 기본 예의이다.

섹스는 연인 간의 중요한 소통이고, 즐거움과 쾌감을 선사하고 나누는 쌍방향 행위이다. 다시 말하지만, 자신의 몸과 행위로 상대에게 극진한 사랑을 표현하고 확인하며 즐거움을 나누는 것이니 이를 행복하게 느껴보길 바란다. 🕊

속궁합이
안 맞아요

"속궁합이 중요하다는데 우린 속궁합이 잘 안 맞는 거 같아요. 몇 번을 해봐도 별로 좋지가 않거든요."

"요즘 커플이 헤어지는 가장 많은 이유가 성격 차이라는데요. 그 성격 차이가 사실은 성기 규격 차이라면서요?"

커플을 대상으로 강의하다 보면 꼭 등장하는 질문 중의 하나가 '속궁합'에 대한 것이다. 지구 위로 셀 수도 없이 많은 위성이 떠다니고, 화성 탐사니 지구를 닮은 행성을 찾았다느니 하는 뉴스가 놀랍지도 않은, 그래서 밤하늘에 반짝이는 것이 별인지 인공위성인지 모르는 시대인데도 여전히 궁합이며 속궁합에 대한 믿음은 확고한 것 같다. 특히 요즘은 속궁합을 궁합보다 더 관심 있게 여긴다 해도 과언이 아니다.

속궁합이 뭔가? 그것은 '두 사람이 즐겁게 성생활을 할 수 있는가'를 말하는 것이다. 누가 이런 이야기를 시작했는지 모르지만, 성 전문가로서 나는 그런 이들에게 "속궁합은 있지만, 궁합처럼 운명적으로 정해진 게 아니라 노력으로 얼마든지 더 좋아질 수 있는 것"이라고 말해 주곤 한다.

속궁합을 맞춰가는 재미

속궁합에는 무엇이 포함될까? 하고 싶은 횟수와 시간 등 성욕의 크기, 성기의 규격과 느낌, 애무 스타일, 섹스 취향 등 속궁합의 세부 사항은 무척 많다. 그런데 이것들을 잘 살펴보면 타고나는 것은 성기의 크기 정도이고 나머지는 소통하면서 얼마든지 조정과 발전이 가능하다. 성기의 규격 또한 서로 편안하고 즐거운 체위를 찾는 것 등으로 보완할 수 있다.

실제로 처음부터 섹스가 아주 잘 맞는 사람들이 있는가 하면, 깊이 사랑하는 데도 섹스의 느낌은 좋지 않다고 고민하는 이들도 많다. 사람의 성기는 부피와 길이가 있는 '실재하는 것'이기 때문에 처음부터 잘 맞는 경우도 있을 것이다. 그런데 많이 알고 있는 것처럼 섹스는 몸의 감각기관, 말초기관만 작용하는 것이 아니라 사실은 '뇌가 거의 모든 것을 한다'고 말할 수 있을 정도로 통합적인 부분이 크다. 마음과 태도 역시 무척 중요한 영향을 미친다.

분명히 상대를 많이 사랑하는데도 섹스가 좋지만은 않다면 그것은 성감이 미처 개발되지 않았거나 기술 부족 같은 이유가 있기 십상이다. 상대를 많이 좋아하지만 말하는 기술이 매끄럽지 못해서 속마음을 표현하기 어렵고, 그래서 오해를 받기도 하는 것처럼 말이다.

속궁합이 좋아지려면 서로를 알아가려는 노력이 필요하다. 어디를 만지면 좋아하고, 어떻게 만지면 더 흥분하는지 서로를 탐색하고 또 파트너에게 '어떻게 만져주면 더 좋은지' 등을 잘 알려주는 것이 필요하다. 대화도 자주 만나고 속마음을 잘 표현하는 사람과 하기가 쉽듯이 속궁합, 섹스도 마찬가지이다. 그래서 나는 섹스야말로 강력한 소통(커뮤니케이션) 방식이라고 말한다.

우리 사회는 성교육을 활발히, 그리고 구체적으로 하는 나라가 아니고 표면적으로 아주 보수적이기 때문에 어렸을 때부터 성에 대한 정확한 정보를 얻기가 참 어렵다. 어른이 되고도 건강한 성담론을 나누기보다는 친구들끼리 은밀히 잘못된 정보를 공유하거나 포르노 등을 보면서 과장되고 왜곡된 정보를 사실인 양 아는 사람이 태반이다.

실제 상담실을 찾는 성 관련 문제를 가진 부부들에게 제대로 성교육만 해도 문제의 60%는 개선된다고 해도 과언이 아니다. 여자와 남자의 성 생리와 심리는 같으면서도 다르고, 성 반응도 마찬가지로 양상이 다르기 때문에 서로의 성 차이만 알아도 많은 문제가 좋아진다.

섹스도 해야 는다

섹스는 상대에 대해 알면 알수록 더 멋있고 황홀하게, 또 점점 더 잘하게 될 수 있다. 즉 속궁합은 '성기 규격의 문제'가 아니라 두 사람의 사랑의 크기, 성 경험 유무나 소통 및 섹스 기술의 문제라 보는 것이 더 정확한 말이다.

섹스는 성기 삽입만이 아니라 서로를 바라보고, 입 맞추고, 어루만지는 과정을 다 포함하는 것이다. 심지어 커플이 마주 앉아 다정하게 대화하는 것조차 좋은 섹스라고 할 수 있다. 어떤 경우에는 삽입보다 더 강한 오르가슴을 가져오는 것이 부드러운 애무나 키스, 오럴섹스 혹은 사랑이 담긴 극진한 칭찬이라는 것을 생각하면, 성기 규격 등은 그렇게 중요한 문제가 아니다.

그래서 '섹스'를 우리는 '몸과 마음과 영혼으로 하는 소통'이라고 부른다. 처음 몇 번의 성 경험으로 "속궁합이 안 맞는다"고 하는 것은 어떤 사람을 몇 번 만나 보고 그 사람과의 관계를 속단하는 것과 마찬가지다. 어떤 사람과 친한 관계가 되려면 자주 만나고, 함께 음식도 자주 먹어 보고, 이런저런 주제로 이야기도 해보고, 여러 곡절을 거쳐야 깊은 관계가 될 수 있는 것과 조금도 다르지 않다.

이와 반대로 처음엔 속궁합이 아주 좋았는데 점점 나빠지고 싫어지는 경우도 있다. 그것은 매번 똑같은 방식으로 해서 지루해지거나 관계의 질이 그만큼 나빠지고 있다는 증거다. 아무리 성기 규격이 잘 맞아도, 아무리 섹스의 기술이 좋아도 그 사람에게 거듭 실망하게 되면, 사람이 싫어지면 섹스는 사라진다.

상대의 행복에 관심을 가지면 속궁합은 좋아진다. 속궁합의 즐거움은 상대에 대한 관심과 사랑의 표현에 비례한다. ✄

내 성기를
보셨나요?

성교육 강의를 할 때 "자기 성기를 꼼꼼히 보신 분? 손 들어 보세요" 라는 질문을 던지곤 한다. 그러면 남자들은 어리둥절해하고, 여자들은 난감한 표정이 된다. 여자들 중에선 두어 명쯤이 쭈뼛쭈뼛 주변의 눈치를 살피며 손을 들었다 얼른 내린다. 이 질문을 해온 지 20여 년이 넘었지만 지금도 여전한 모습이다. 손을 든 여자 대부분은 갑자기 외음부가 너무 가렵거나, 좋지 않은 냄새의 분비물이 흘러서 보았다고 한다. 자기 성기가 어떻게 생겼는지 궁금해서 봤다는 사람은 손에 꼽을 정도로 드물다. 남자들은 당황스러워하지 않지만, 비뇨기가 아닌 성기로 본다는 것은 역시 낯설어한다.

그런데 엉덩이, 발바닥, 심지어 두 개의 거울을 이용해야 볼 수 있는 뒤통수까지 보는 여자들이 왜 자기 성기는 볼 생각을 안 하는 걸까? 또 자기 몸의 일부인 성기를 보는 것에 대해 왜 불편하다는 생각, 죄책감, 혹은 변태 같은 느낌을 받는 것일까?

〈성과 문화〉수업에서는 남녀 성 생리를 배운 후 과제로 성기 관찰을 해보도록 한다. 일단 남자와 여자의 성기 구조와 기능을 자세하게 설명한 후이니 자기 성기를 관찰한 다음 그 느낌을 써 오도록 한다. 그러면 적지 않은 여학생 얼굴에 황당해하는 표정이 스친다. '뭐 이런 변태 같은 숙제를…', '거길 어떻게 봐요?' 하는 얼굴이다.

성기 관찰을 강조하고 또 과제로도 내주는 이유는 바로 그런 생각을 깨주려는 의도도 있다. 몸의 다른 부분은 다 봤는데 성기만 보지 못하는 그 마음 말이다. 여자들이 성기를 보지 않는 이유는 구조적으로 거울을 이용하지 않고는 볼 수 없기도 하지만 사실 마음이 불편해서 못 보는 경우가 더 많다. 우리는 대부분 아주 어릴 때부터 성과 관련된 것들을 금기로 배워 왔다. 무심코 손이 성기 근처에 닿기만 해도 어른들은 질색하며 야단을 친다. "왜 거길 만져?", "지지야, 지지!" 특히 여자들은 성에 관해 더 보수적인 교육을 받아 왔다.

물론 남학생들도 이 숙제에 대해 당황하기는 하지만, '뭘… 굳이… 새삼스럽게…?'라는 느낌이지 여자들처럼 '어떻게…?'라는 표정은 아니다. 성기가 노출되어 있는 탓에 남자들은 자기 성기를 안 본 사람이 결코 없다. 소변을 볼 때나 자위행위를 할 때 수시로 보니 자기 성기의 생김새는 잘 알고 있지만, 정작 생식과 쾌감의 통로로 볼 때 느낌은 또 달랐다고 남학생들은 말한다.

성기를 봤을 때 자신에게 일어나는 감정은 매우 중요하다. 예쁜지 혹은 징그럽다고 생각하는지가 결국 그 사람이 성에 대해 가진 가치관을 반영할 때가 많아서이다. 보통 보수적이거나 성에 부정적인 가치관을 가진 이들은 성기가 '징그럽다', '이상하게 생겼다' 같은 부정적 느낌을, 개방적이고 성을 긍정적으로 생각하는 이들은 '예쁘다', '신기하다', '귀엽다' 같은 긍정적 느낌을 표현할 때가 많다.

성기 관찰이 필요한 이유

성기 관찰은 몇 가지 중요한 이유로 꼭 해 볼 필요가 있다.

첫 번째로 자기 몸의 모든 부분을 잘 알고, 청결하고 적절하게 관리하는 것이 성 건강 측면에서 중요하기 때문이다. 평소에 자기 성기의 생김과 색깔, 분비물을 잘 알고 있으면 뽀루지가 났다든지, 냄새나는 분비물이 나온다든지 하는 이상이 생겼을 때 금방 알아차리고 의학적인 조치를 취할 수 있다.

요즘 성기를 '소중이'라고 부르는 것을 자주 듣는데 나는 우리 몸의 모든 부분이 다 소중한데 성기만 그렇게 부르는 게 오히려 좀 우습다는 생각이다. '소중이'라고 부르지만 오히려 성기를 너무 특별한 곳으로 생각해(사실은 금기의 영역으로 생각해서) 보지 못하고, 손으로 만지지도 못해서 두려움을 갖고 있기도 하다. 또 그러다 보니 위생적으로 관리가 잘 안 되기도 한다. 어떤 여자는 심지어 손을 대기가 꺼려져서 샤워 물줄기로만 씻는다는데 이렇게 하면 깨끗이 구석구석 씻어내기가 어렵다. 남녀 모두 성기에는 주름이 많고, 늘 축축하며 소변 찌꺼기와 속옷 먼지 등이 쌓여서 냄새가 나는 노르스름한 '치구'가 끼이기 쉬운데, 이를 제거하려면 손가락으로 깨끗이 문질러 씻어야 한다. 거울로 자기 성기를 잘 살펴본다면 나름 깨끗이 한다고 해도 치구가 살 틈에 끼어 있는 것을 발견할 수 있을 것이다.

두 번째는 심리적인 이유이다. 성기를 잘 관찰하고 씻고 관리하다 보면 성기도 나의 몸 다른 부분처럼 자연스럽게 받아들여진다. 그리고 이런 받아들임은 특히 여자에게 중요하다.

'성적 자기결정권'이라고 자기 몸과 마음에 대한 권리를 자주 말하지만 적지 않은 여자들이 성적 권리를 주장하기 어려워한다. 심지어는 남자친구에게 자신의 몸과 마음에 대한 권리를 이양하기도 한다. 그래서 나의 성기를 자주 보고 잘 관리하면서 온전히 나의 몸, 나의 성적 자기결정권 안의 영역으로 받아들여야 성행위를 시작하는 시기, 상황, 방식, 피임 등도 주도적으로 정할 수 있다.

성기 관찰하기

여자

- 깨끗한 손가락으로 멍울, 쥐젖(유두 모양의 갸름하고 작은 사마귀) 이나 물집, 뾰루지 등이 있거나 새로 생기진 않았는지 만져도 보고 눈으로 잘 살펴본다.
- 피부색의 변화가 없는지 살펴본다.
- 분비물의 색깔이 평소와 다르게 누렇거나 푸르스름하진 않은 지 색깔과 냄새, 농도는 어떤지 살펴본다.

남자

- 성기 끝 귀두의 피부나 틈새가 청결한지 살펴본다
- 성기 끝에서 노랗거나 푸르스름한 분비물이 나오는지 확인한다.
- 소변을 볼 때 타는 듯한 느낌이 들거나 아프지는 않은지 살펴본다.
- 성기가 붓거나 냄새나는 뾰루지, 물집, 사마귀가 있는지 살펴 본다.
- 성기에 단단하지만 통증은 없는 덩어리가 만져지는지 확인한다.

성기 씻기

여자의 경우 미지근하고 깨끗한 물로 손가락을 이용해서 씻는다. 비누는 사용하지 않는 것이 좋은데, 월경 때 특유의 냄새가 걱정되면 무색무취의 순한 비누를 사용해 씻어준다. 그리고 하루에도 여러 번씩 너무 자주 씻을 필요는 없다. 성기를 강박적으로 자주 씻는 것은 오히려 좋지 않은데 피부가 건조해지기 때문이다. 성기는 그렇게 더러운 곳이 아니다. 아침에 샤워할 때와 자기 전 정도로 하루에 두어 번 씻는 것으로 충분하다. 세정제 역시 굳이 사용할 필요가 없는데, 특히 질 안쪽까지 씻는 것은 질내 환경을 산성으로 유지하는 자정작용(질 속의 유해균과 유익균이 균형을 맞추는 조건)을 깨서 오히려 자주 질염을 일으키는 원인이 되기도 하니 질 안쪽까지는 절대로 닦지 않도록 한다. 항문을 닦을 때도 여자는 질과 항문까지의 거리가 짧기 때문에 꼭 앞에서 뒤로, 질에서 항문 쪽으로 닦아야 하며 항문 쪽만 비누를 사용하면 된다.

남자 역시 꼭 비누를 사용할 필요는 없지만 깨끗하고 따뜻한 물로 잘 씻는다. 포경수술을 하지 않았다면 포피를 약간 뒤로 밀어서 귀두와 포피 안쪽을 잘 씻어주어야 한다. 귀두포피염이 자주 생기는 사람이라면 연한 소금물로 포피 안쪽까지 씻는 방식으로 자주 깨끗이 관리하거나 그것이 어려울 때는 포경수술을 하는 것도 좋겠다.

성기를 관찰하고, 잘 관리하도록 하는 것은 '나'라는 존재를 인식하고 소중하게 생각하는 기본적인 일과 연결된다. 내 몸을 잘 알고 잘 관리하다 보면 나 자신에게 자신감과 애정이 생긴다. 그 애정이 바로 '자존감', 나를 귀하게 여기는 마음의 토대가 되는 것이다. ✎

성적 자기결정권

성적 자기결정권은 자신의 육체와 마음을 내가 원하는 방식으로 표현하고 행동할 수 있는 권리이다. 우리나라에서는 이 권리를 주로 성행위나 성기 중심으로 해석하는 경향이 있어서 섹스를 언제, 누구와 할 건지를 위주로 설명하지만, 사실 성적 자기결정권은 이보다 더 큰 의미이다. 넓게는 내가 염색을 무슨 색으로 할 건지, 머리 모양은 긴 생머리로 할 건지 짧게 할 건지, 피어싱을 몇 개나 할 건지, 타투를 할 건지 말 건지 같은 표현과 선택방식에 대한 몸(육체와 마음)의 자율권에 대한 것이다. 세세하게는 성행위를 할 건지, 성행위의 내용은 어떤 방식으로 할 건지, 또 피임이 필요하다면 어떤 피임법을 사용할 건지 등을 포함한다고 하겠다. 결국 성적 자기결정권은 자신의 사적(private) 영역에 대한 전적인 권리이다.

남자의 성기,
얼마나 커야 평균인가요?

2021년 세계 성 건강 학회(WAS:World Association for Sexual Health)에서 핀란드의 성교육자 오스모 박사가 〈소년들의 성교육〉에 대해 발표하면서 "소년들에게는 그들의 지대한 관심사인 성기 크기와 기능에 대한 구체적인 정보를 주는 것이 중요하다"고 강조했다. 소년뿐일까? 동서양과 연령대를 막론하고 남자들은 성기 크기와 기능에 관심이 많다.

내 유튜브 채널에도 '성기 크기'에 대한 영상을 올리기만 하면 조회 수와 그 댓글들이 관심을 대변한다. 얼마 전 성기 크기에 대한 영상에서 "발기되어 5cm만 되고 기능상 문제가 없으면 걱정할 필요 없다"고 했더니 '그걸 말이라고 하냐?', '당신이라면 만족하겠냐?', '위로받고 싶지 않다'라는 격앙된 댓글들이 쏟아졌다. 하지만 분명한 건 성 과학에서는 "발기되어 5cm만 되면, 그리고 발기와 사정의 기능이 잘 되면 아무 문제 없다"라는 것이 의학계의 정설이다.

그런데 남자들은 왜 그리 성기 크기에 흥분하는 것일까?

이는 아마도 여자들과 달리 성기가 노출되어 있어서 쉽게 비교가 가능하기 때문일 것이다. 또 세계 어느 곳이나 옛날부터 성기 크기가 성적 능력에 비례한다고 믿어 왔기 때문일 것이다. '큰 성기는 강한 남성성'을 대변해서 폼페이의 벽화에도 자신의 커다란 성기를 저울에 올려놓은 그림이 있을 정도이다. 중세에는 남성들이 타이츠 같은 바지 안에 음경보호대라는 명목의 헝겊 조각을 넣어 음경 크기를 강조하고, 지금도 아마존의 어느 부족은 음경에 보호대 명목의 기다란 나무통을 씌워 자신의 남성성을 과시하기도 하지 않나?

남자들의 성기는(여기서는 음경을 말함) 인종에 따라 다른데 대체로 흑인종, 백인종, 황인종 순으로 음경 크기를 말하고, 강직도는 흑인종, 황인종, 백인종의 순이라고 한다. 물론 개인 차이가 있으며 키나 체중과 비례하지 않는다. 그러나 비만한 사람은 성기가 배에 파묻혀 더 작아 보이기도 하니 성기가 커 보이려면 뱃살을 빼라는 말이 있을 정도이다.

동물의 세계에서도 음경의 차이는 흥미롭다. 코끼리나 말, 고래 같은 것은 당연히 성기의 크기도 크다. 그러나 유인원의 경우는 침팬지가 가장 큰 편이고, 덩치가 큰 고릴라는 가장 작다. 고릴라는 발기했을 때 3~5cm 정도 된다고 하는데 진화심리학에서는 이것을 파트너를 얻기 위해 경쟁해야 하는지 아닌지에 달려 있다고 말한다. 이른바 페니스 경쟁설이다. 경쟁상대가 많은 경우에 음경이 길어야 자신의 정자를 경쟁자의 것보다 암컷에게 더 깊이 넣을 수 있어 생식에 유리했을 것이라는 이론이다. 그래서 힘센 수컷이 여러 마리의 암컷들과 경쟁 없이 교미하는 고릴라는 음경이 그렇게 길어야 할 필요가 없고, 난교하는 경향이 있는 침팬지는 음경이 꽤 긴 편이라고 한다. 사람도 몸 크기에 비하면 음경이 대체로 큰 편인데, 아마도 오랜 옛날에는 난교를 했기 때문이 아닐까 한다.

사실 남자의 정력을 이야기할 때는 음경의 크기보다는 고환의 크기가 더 의미가 있다. 고환은 남성호르몬인 테스토스테론을 만드는 세포와, 정자를 만드는 세포를 갖고 있는데 커다란 고환은 정자를 더 많이 생산하므로 생식 성공률을 높인다. 또 테스토스테론 분비에도 작은 용적의 고환보다는 큰 고환이 훨씬 유용할 것이다. 같은 이유로 침팬지는 고환이 꽤 큰 편이다. 어쨌든 한국 남자의 음경 길이는 평상시 7.4cm, 발기 시 12.7cm 정도 된다.

성기 크기에 대한 설왕설래 중에 '크기인가 두께인가?' 논쟁도 있다. 사용자인 여자들이 어떤 부분에서 더 흥분과 만족을 느끼는가는 사실 사람에 따라 다르다.

내가 2006년에 제주도의 〈건강과 성박물관〉 초대 관장으로 전시물을 만들면서 조사한 바로는 당시 기네스북에 오른 세계 가장 거대 음경은 53cm였다. 지금도 그 기록은 깨지지 않았을 것 같지만, 이렇게 큰 음경은 실제 섹스에서 어려움이 많다. 여자의 질이 그렇게 깊기 어려울 뿐 아니라, 남자로서도 발기 각도를 조절하기 힘들기 때문이다. 그 긴 음경을 무리하게 삽입할 수도 없기에 오히려 섹스에서 남녀 모두 만족도가 훨씬 낮을 것이 분명하다.

한국 여자의 질의 깊이는 평균 8~14cm 정도 된다고 한다. 결국 한국 남자 성기 사이즈와 얼추 잘 맞는 크기이니 걱정하지 않아도 된다. 또 자신의 음경은 내려다보기 때문에 실제의 70% 정도로 보이고, 남의 음경은 옆에서 사선으로 빗겨 보기 때문에 더욱 커 보인다.

실제 섹스를 할 때 여자에게 중요한 것은 음경의 주인이 누구냐 하는 것이며 크기 부족은 애정과 기술로 얼마든지 상쇄할 수 있다.

여자들은 어떤 성기를 좋아할까?

몇 년 전 내게 미국에서 한 다큐멘터리 영화 촬영팀이 찾아왔다. 주인공 패트릭과 감독 등 제작팀이었는데 '여자들은 남자의 음경 크기에 대해 어떤 생각을 가지고 있는가'를 알아보려고 전 세계를 돌고 있다는 것이었다. 사연은 패트릭이 여자친구에게 청혼했는데, 그녀가 패트릭의 성기 크기를 문제 삼으면서 거절했다는 것이다. "너를 사랑하지만 섹스의 즐거움도 포기할 수 없다"면서.

패트릭은 그녀의 말에 큰 충격을 받았다. 그리고 생각해 보니 그전의 연애는 다 짧게 끝났는데, 그 이유가 성기 크기 때문이었는지 알고 싶어졌다. 패트릭은 영화를 만드는 친구에게 찾아갔고, 이 주제에 흥미를 느낀 제작사와 연결되어 영화를 만들기 시작한 것이다. 패트릭은 한국 여자들은 어떤지 궁금해했고, 내가 수업하는 강의실에서 학생들과 만나 대화를 나눴다.

과학자들도 이 문제가 무척 흥미로운 것 같다. 영국의 셰필드 대학의 캐반 와일리Kevan Wylie 교수는 남녀 5만 명에게 음경 크기와 만족도를 알아보는 연구를 진행했다. 그런데 여자 85%가 파트너의 음경 크기에 만족한다고 대답했다. 캐반 교수는 이 연구를 통해 '음경의 크기보다는 단단함이 더 중요하고, 전희나 발기 지속시간, 다양한 체위가 여자에게 오르가슴을 선사한다'는 것을 알아냈다.

또 비슷한 여러 연구에 의하면 음경이 길수록 질 오르가슴에 도움이 되는데 특히 자궁경부를 자극하는 오르가슴을 좋아하는 여자에게 더욱 그렇다. 아무래도 음경 길이가 길면 질 깊숙이 자궁경부까지 자극할 수 있기 때문에 그럴 것이다. 또 질이 채워지는 느낌을 좋아하는 여자라면 음경이 두꺼운 모양을 선호할 것이다. 하지만 여자들이 오르가슴을 느끼는 경로는 참으로 다양하다. 대체로 여자들의 성기는 질 앞쪽 1/3 부분에 신경이 많이 분포되어 있기 때문에 음경의 길이와 상관없다는 이들도 많다. 또 상대가 장기적인 파트너냐 아니냐도 영향을 끼치는데, 단기적인 경우는 좀 더 큰 성기를 원했지만, 장기적인 상대라면 성기의 크기보다는 마음의 크기에 더 점수를 주는 경향이 있었다.

삽입 시 느끼는 오르가슴도 음경의 크기와 그렇게 밀접하지 않다는 것이 정설이다. 그뿐 아니라 작은 음경이나 큰 음경이나 발기하면 비슷한 크기가 된다니 자신의 음경이 좀 작다고 하더라도 걱정할 필요는 없다. 실제로 미국의 UCLA 대학의 니콜 프레이즈 교수의 연구에 의하면 여자들은 평균보다는 $1cm$쯤 큰 것을 선호했지만, 자신의 남자친구라면 좀 더 작은 크기를 골랐다고 한다.

여자들에게 감각이 중요하지 않다는 것은 결코 아니지만, 여자들은 익숙한 상대에게서 더 자주 오르가슴을 느끼며, 심리적인 안정감이 중요하다고 입을 모은다. 결국 섹스의 만족도는 성기의 크기가 아니라 사랑하는 상대, 원하는 섹스에 대한 솔직한 대화와 다정하고 열렬한 애무, 좋아하는 체위에 달려 있다는 것이다. 상대를 사랑하고 상대의 인생을 격려하고 응원하며 잘 돕는 남자야말로, 여자에게는 거대 음경을 가진 이보다 믿음직하고 사랑스럽다. 🍃

여자 성기에 대한
오해와 편견

오밀조밀 모여있는 여자의 성기, 외음부

여자의 외음부에는 대음순, 소음순 그리고 클리토리스라고 불리는 음핵, 요도구와 질구가 있다. 대음순은 외음부의 도도록한 부분으로 여성호르몬이 풍부한 젊은 여자는 통통하지만, 폐경이 지나면 점점 납작해진다. 이 또한 에스트로겐의 작용 때문이다. 소음순 역시 사람마다 그 생김이나 길이, 두께가 다르다. 흔히 포르노에서 보는 짧은 소음순은 여자의 성기가 적나라하게 보이기를 원하는 영상 특성상 그렇게 수술한 경우가 많다. 또 메이크업을 해 분홍색으로 보이기도 하는데 실제 성기는 남녀를 불문하고 나이가 들어갈수록 색이 진해지는 게 자연스러운 현상이다.

여자의 질은 탄력이 좋은 조직이다. 그래서 출산하면서 아기가 나올 정도로 늘어났던 질이 얼마간의 기간을 지나면 다시 예전으로 돌아가 좁아진다. 질은 신축력이 좋은, 바람 빠진 풍선 같은 모양의 통로이다. 이 말은 그 부피가 정해진 것이 아니라 어떤 사이즈의 음경도 받아들일 수 있다는 것이고 신축력 또한 다시 회복되며 유지된다는 것이다. 그러나 아무래도 질 조직도 다른 피부조직처럼 노화에 의해 조금씩 늘어진다. 특히 아기 출산을 많이 하게 되면 나이 들어 더 그럴 수 있다. 이때 질이 헐거워졌다며 이쁜이 수술 같은 것을 권하기도 하지만, 이쁜이 수술을 해서 질을 축소시켜도 다시 늘어나게 된다. 그보다는 평소에 케겔운동을 자주 하면 질의 탄력을 유지하는 데 도움이 되고 요실금 예방에도 효과가 있다.

한때 처녀막이라고 불렸던 질주름

'처녀막 신화'에 대해 들어 본 적이 있는가?

첫 경험 때 출혈이 있어야 순결한 여자라는 이 어처구니없는 신화 때문에 얼마나 많은 여자가 억울한 이야기를 들어야 했을지 생각하면 헛웃음이 난다. 얼마 전 검색을 하다가 문득 '요즘 젊은 사람들은 성 관련해서 무엇을 궁금해할까' 알고 싶어서 한 포털의 질문 응답 코너에 들어갔더니 맙소사! 21세기를 사는 현재도 처녀막 때문에 겁에 질린 질문들이 많이 올라와 있다.

"어릴 때 운동하다가 처녀막이 파열된 것 같은데, 남친과 곧 첫 잠자리를 하게 될 것 같아요. 아직 성 경험이 없긴 한데 출혈이 없어도 괜찮겠죠? 요즘엔 이런 거 상관없다고 하지만 신경이 조금 쓰이네요."

"처음 딜도를 사용해서 자위행위를 했는데, 그 때문인지 질염이랑 처녀막 손상까지 콤보로 온 것 같습니다. 걱정돼서 처녀막 손상에 대해 검색을 해 봤더니 신경 쓰이면 다들 수술하는 거 같더라고요. 처녀막이 손상되면 안 좋나요?"

처녀막이라고 불리는 부위는 질 입구를 불완전하게 막고 있는 주름막 같은 조직이다. 보통 첫 삽입섹스에서 파열되는 구조기 때문에 경험이 없는 여자만 가진 '처녀막'이라고 불렀다. 요즘은 그 이름이 편견을 부른다고 해서 질주름이라고도 부르는데 사실 주름이라고 하기도 어렵다. 이 질막의 두께와 생김 역시 사람마다 다 다르다. 조직의 두께가 두껍고 신축력이 강한 경우 몇 번의 삽입섹스에도 출혈이 조금씩 계속되는 경우가 있다. 반대로 아주 얇거나 흔적만 있는 경우는 다리 찢기, 발차기, 자전거 타기 등의 운동을 통해서도 쉽게 파열되고 피도 거의 나지 않는다. 보통 삽입섹스를 통해서 파열되어도 50%는 피가 밖으로 보이지 않는다고 한다.

과거에는 서양에서도 이 처녀막을 순결의 증표로 여겼다. 그래서 결혼식 다음 날 신랑이 피 묻은 시트를 창밖으로 흔들기도 했고, 첫 날밤에 출혈이 없을까 봐 신부 어머니가 작은 피주머니를 몰래 챙겨 주기도 했다. 참으로 이 처녀막 신화는 많은 여자를 조바심 나게 한 악습이며 재산을 친자식에게 상속하기 위해, 아내가 성 경험이 없어야 아기가 자기 소생임을 확인한다고 생각한 가부장제에서 태어나고 강화된 것이다.

첫 번째 질문은 운동으로 처녀막이 파열되었을 거라며 남친과의 첫 섹스를 두려워하고 있다. 첫 관계 시 출혈이 없으면 무슨 일이라도 일어난다는 걸까? 섹스는 사랑의 표현일 뿐이다. 그리고 자신의 순결 여부는 본인이 가장 잘 알고 있지 않은가? 또 순결은 삽입을 경험했는가 아닌가에 좌우되는 것일까? 삽입하지 않았어도 오럴섹스며 드라이 섹스, 모든 깊은 애무를 경험했다면 순결한가? 육체의 순결과 마음의 순결은 다른가? 순결은 처녀막이 아니라 마음에 달린 것이라고 나는 생각한다. 그 사람을 온전히 사랑하는 마음 말이다. 순결은 한 번의 경험으로 파기되는 것이 아니다. 한 사람과의 섹스는 매번 순결해야 하며, 누구와의 섹스도 그를 향한 순정한 마음 안에서 이루어진다면 그것이야말로 순결한 섹스이다.

두 번째 질문인 처녀막 수술에 대해서도 보자. 몇 년 전만 해도 처녀막 복원수술에 대한 상담이 꽤 있었지만, 최근은 섹스가 좀 더 쉬워져서인지 전과 같지는 않다. 그럼에도 위의 질문이 여전한 걸 보니 마음이 좀 답답해진다.

성 가치관은 원가족에게서 학습되는 경우가 많아서 보수적인 가정에서 자라면 자기도 모르게 보수적이고 부정적인 가치관을 갖게된다. 요즘은 오히려 성 경험이 전혀 없는 여자를 부담스러워하는 남자들도 꽤 많다. 섹스의 경험이 너무 많아서 다른 이와 비교당하는 것도 유쾌한 일은 아니지만, 섹스를 전혀 몰라서 처음부터 다 가르쳐 주어야 한다는 게 부담스럽다는 것이다.

첫 경험에서 정작 걱정해야 할 것은 지금 이 순간, 원치 않은 임신과 성병으로부터 나를 안전하게 보호하고 있는가, 내가 지금 섹스를 원하고 있는가 등의 마음가짐이다.

음핵(클리토리스)의 비밀

남자의 성기 중 가장 민감한 부분인 귀두와 비교되는 곳이 여자의 음핵(클리토리스)이다. 귀두에는 4,000여 개의 신경다발이 분포되어 있어 성감이 가장 예민한 부위인데, 사실 음핵은 그보다 훨씬 더 자극에 예민하고 쾌감을 생산해 내는 부위이다. 남자의 음경과 여자의 음핵은 상동기관이다. 발생 계통이 같다는 것이다. 그런데 정액 분출 외에도 소변을 방출하는 음경과 달리 음핵은 오직 쾌감에만 기여하는 성적 즐거움의 본류 같은 곳이다. 남녀를 통틀어 몸에 성적인 기능으로만 맞춤한 부위는 여기가 유일하다.

여자의 소음순이 시작되는 곳에 작고 동그스름한 머리를 내민 음핵은 그야말로 민감한 부위이다. 음핵은 그 뿌리까지 대략 2.6cm 정도 되는 크기이며 성적으로 흥분하면 피가 몰려 충혈된다. 여자의 음핵에는 남자 귀두의 2배가 넘는 신경다발이 분포하고 있어 너무 강하고 길게 자극하면 쾌감을 지나 통증이 느껴질 정도다. 음핵은 밖으로 노출된 부분이 조그만 팥알보다 작은 머리지만 몸속으로 뻗은 두 갈래의 뿌리는 성적으로 흥분하면 피가 몰려 들어가 발기되어 더욱 커진다. 발기되면 남자의 발기하지 않은 음경 크기 정도인 경우도 있다고 한다.

음핵의 크기가 성감과 비례하지는 않는다. 이 음핵은 여자에게 가슴과 함께 일차적인 성감대이지만, 훨씬 더 큰 쾌감을 주는 곳이다. 여자들이 자위행위를 할 때 음핵을 자극하면서 하는 경우가 많은데, 삽입섹스를 경험하지 못한 여자도 음핵을 애무하며 오르가슴을 느낄 수 있다. 그래서 프로이트는 성 경험이 없는 소녀들조차 느낄 수 있는 음핵 오르가슴은 '성숙하지 못한 오르가슴'이라 불렀고 삽입 오르가슴이 더욱 성숙한 오르가슴이라 주장했다. 하지만 그 말은 틀렸다. 여자의 온몸이 오르가슴을 불러일으킬 수 있지만(심지어 머리카락 애무나 상상만으로도), 음핵의 오르가슴이 선행될 때 모든 오르가슴이 극대화된다 해도 과언이 아니다.

여자들 모두 음핵을 애무하면 강력한 쾌감을 느끼며, 음핵의 자극으로 강한 쾌감을 느끼는 경우, 남자가 삽입해서 몇 초 안 되어 사정한다 해도 90% 넘는 여자들이 오르가슴을 경험한다는 연구 결과도 있다. 남자들이 가장 궁금해하는 G 스폿 오르가슴도 학자에 따라서는 음핵의 뿌리 부분일 거라고 주장하기도 한다. 뭐라 해도 여자의 음핵은 그야말로 여자가 느끼는 쾌감의 보고이며 오르가슴의 도화선임이 틀림없다.

소음순 성형수술

성기는 기능상 심각한 문제가 없는 한 손을 대지 않는 게 좋다. 특히 소음순 수술은 크기를 줄이기 위해서 가장자리를 제거하는 경우가 많은데 성 의학 전문가들의 이야기를 들어 보면 소음순의 가장자리는 예민한 신경이 모여있는 곳이라 수술 후에 성감을 많이 잃게 된다고 한다.

한 산부인과 여의사에게 들은 이야기다. 어떤 젊은 여자가 상담을 청했다. "소음순 수술 때문에…"라고 이야기를 시작하는 환자에게

"저는 소음순 성형수술은 하지 않습니다" 하며 상담을 마치려고 했단다. 그랬더니 "그게 아니라 제가 이미 소음순 성형수술을 했는데 목욕탕이나 수영장에 가면 물이 들어오는 느낌이 들어요. 질염도 전보다 자주 걸리고, 좀 끼는 바지를 입거나 하면 쓰라려서 힘들어요" 라며 어려움을 호소하더라는 거다. 하지만 이미 너무 짧게 잘라버린 소음순을 어떻게 해 줄 수가 없어서 답답했다며 성교육 때 이 이야기를 좀 전해 달라고 부탁했다.

여자들은 성기가 노출되어 있지 않기 때문에 다른 사람의 것과 비교할 수 없다. 성기 관리에 대한 정확하고 충분한 정보도 얻지 못한다. 그래서 자기 성기가 정상인지 모양은 괜찮은지 불안해하는 것이 이해가 안 가는 바도 아니지만, 얼굴이 제각각이듯 사람의 몸은 다 다르게 생겼다. 또 다르게 생겨야 정상이며 나름의 존재 이유가 다 있다. 기능에 문제가 없다면 섣불리 손대지 않는 것이 옳다. ✍

가슴은 여자의
또 다른 성기

사람마다 다른 가슴 크기와 유두 색깔

가슴이 여자의 또 다른 성기라고 하면 의아해할 사람이 많을 것이다. 그러나 여자의 가슴은 생식과 쾌락 양면에서 무척 중요한 성기이다. 이를 좀 불편해할 사람이 있을지는 몰라도 여자의 가슴은 분명 아기 양육에 가장 유용한 기관이자 뛰어난 성감대이다.

가슴은 사춘기 때 2차 성징을 거치면서 발달하는데, 여성호르몬의 영향을 받으므로 월경주기에 따라 커지기도 하고 작아지기도 한다. 여자의 가슴은 대부분이 지방조직이므로 살이 찌면 당연히 커지고 살이 빠지면 작아진다. 아주 마른 몸매인데도 가슴이 풍만한 경우가 있기는 하지만, 이는 예외적인 경우라고 할 만하다. 가슴의 크기와 모양은 사람들의 얼굴만큼 다양하다. 크고 넓은 가슴이 있는가

하면 납작한 가슴도 있고, 사발을 엎어놓은 듯한 봉긋한 가슴도 있다. 가슴이 작다고 나중에 출산 후 젖량이 모자랄까 봐 걱정하는 이들도 있지만, 크기와 젖량은 비례하지 않으니 걱정할 필요는 없다. 함몰유두인 경우 수유를 걱정하기도 하지만, 출산 전 남편이 빨아주거나 적절한 관리를 한다면 수유할 수 있다.

가슴의 생김새는 유전적인 영향을 많이 받는다고 하는데, 왼쪽 가슴과 오른쪽 가슴이 완벽한 대칭인 경우는 거의 없고 대체로 왼쪽보다 오른쪽이 크다. 유두의 색깔도 인종과 사람마다 다른데 보통 피부 색깔과 관련 있다. 피부가 밝은색이면 유두도 색이 연하고, 피부색이 검으면 유두 색도 그렇다. 유두 크기도 마찬가지이다. 성 경험 유무나 횟수와는 별로 상관이 없다는 게 정설이다. 물론 임신하면 가슴과 유두가 커지고 유두의 색이 더 진해진다.

성감은 유두보다는 유륜의 크기에 비례

성감은 유두의 크기보다 유두를 둘러싼 유륜(젖꽃판)에 더 좌우된다. 사춘기부터 자라기 시작하는 가슴은 21세까지 커지고, 이후에도 여성호르몬인 에스트로겐의 영향을 받아 임신 중이나, 월경 직전에 커진다. 또 앞서 말한 것처럼 체중이 늘면 가슴도 커진다. 남자가 성적 홍분을 느끼면 성기에 피가 몰리는 것처럼 여자도 마찬가지로 가슴과 성기로 피가 몰려 커진다. 성적인 홍분을 느끼면 유두가 꼿꼿하게 발기하는 것을 알 수 있다. 여자의 유두를 자극하면, 옥시토신이라는 오르가슴에 관계된 호르몬의 분비가 촉진된다. 그래서 유두를 애무하면 오르가슴에 빨리 도달하거나 더 강한 오르가슴을 느낀다고 말하는 여자들이 많은데, 이는 옥시토신이라는 호르몬이 자궁 수축을 촉진하기 때문에 그런 영향을 미치는 것으로 보인다.

아름다운 가슴을 수술로 망치지 말길

남자가 성기 크기에 민감하다면 여자는 단연 가슴 크기와 모양에 민감하다. 어쩌면 여자들의 성기는 평소 보이지 않기 때문에 비교하기 어려운 데 반해, 가슴은 잘 보이기 때문인지도 모르겠다. 사실 여자의 가슴은 남자들의 관심도 많은 곳이다.

여자의 가슴은 남자들이 선망하는 부분이다. 혹자는 이것이 모든 아기가 엄마의 가슴에 안겨 젖을 먹었기 때문에 생기는 애착이라고도 하지만, 사실 여자의 가슴은 심미적으로 참 아름다운 기관이며 성적으로도 매우 민감한 부분이다. 대부분의 여자가 연인이 가슴을 애무해 줄 때 강한 성적 홍분을 느끼고, 특히 유두 애무는 오르가슴을 강하게 유인한다.

　시대에 따라 가슴만큼 다양한 대우를 받은 부위도 없다는 생각이
들 만큼 여자의 가슴은 납작 눌려 존재를 지우려 하거나, 때로는 떠
받쳐 강조되기도 했다. 오늘날은 성형으로 모양과 크기를 바꾸기도
한다. 최초로 가슴 성형수술을 한 사람은 독일의 빈센트 체르니라
는 의사인데 1895년에 한 가수의 엉덩이 지방을 가슴에 이식했다고
한다.

　최근의 가슴성형은 실리콘이나 식염수 보형물을 넣는 것으로 이
런 보형물은 몸의 입장에서 이물질이기에 지속적인 관리가 필요하
다. 또 나이가 들어 가슴 크기나 모습이 변하면 재수술이 필요하다.
가슴성형 후에는 가슴을 마사지해서 보형물이 딱딱해지지 않도록
해야 한다. 자가지방을 넣는 경우도 염증이 생겨 고름 주머니가 만
들어지거나, 조직이 석회화될 수 있는 위험이 있다. 임신 계획이 있
다면 복부 자가지방으로 가슴수술을 하는 것은 임신 후 문제가 생길
수 있어 추천하지 않는다. 또 식염수든 실리콘이든 보형물을 넣었다
면 MRI검사(보형물이 터졌을지도 모르기 때문에)를 규칙적으로 해야 하
며, 보형물이 조영술을 방해하기 때문에 유방암 검진 시 어려움을
각오해야 한다.

　2022년 7월, 미국의 한 성형외과 의사는 35년 전 가슴성형을 한
환자의 보형물을 제거한 뒤 자신의 SNS에 공유해 충격을 주었다.

그는 "실리콘 보형물을 10년 이상 유지해서는 안 되며 규칙적으로 MRI검사를 해야 한다"고 권고했다. 그리고 수술로 인한 유두 감각 이상으로 성감을 잃을지도 모르며, 수유에 어려움을 겪을 수도 있다는 점 역시 간과해서는 안 된다. ✑

유방암 자가진단

우리나라는 최근 20년 사이 유방암 환자가 무려 4배 이상 증가했는데 특히 50대 미만의 '젊은 유방암' 발병률이 높다. 유방암 예방을 위해서는 국가건강검진을 잘 받고 자주 자가진단을 해야 한다.

① 매달 월경이 끝난 3일 후 가슴이 부드러울 때 손가락 3개로 양쪽 가슴 부위를 3개의 원을 그리듯 만지며 덩어리를 확인한다. 유방암은 통증보다 덩어리를 발견하는 것이 더 중요하다.
② 유방암은 후천적 요인이 95%로 출산 여부, 첫 출산 나이, 모유 수유 여부, 스트레스, 폐경기 후 여성호르몬 보충 요법, 비만, 방사능과 화학물질에의 노출, 알코올 섭취 등이 영향을 미친다.
특히 서구화된 식습관, 고지방 식사는 유방암의 위험을 높인다. 식사관리는 필수다.

스킨십, 몸과 마음을 여는
시동 버튼

쓰다듬기, 어깨 감싸 안기, 허리 휘감아 자기 몸에 밀착시키기, 상대의 뒤에서 다가가 안기, 얼굴 만지며 키스하기 등 육체 접촉은 커플의 애정을 표현하고 확인하는 중요한 소통 방법이다. 만약 커플 간 육체 접촉이 줄어들기 시작했다면, 점점 관계가 멀어지고 만지거나 만져지는 것을 피하는 습관이 생길 수 있다. 스킨십이 없어진다는 것은 관계의 경계경보가 켜지는 것이므로 긴장해야 할 일이다.

한번은 사랑의 경험이 많고, 그래서 섹스 파트너가 많았던 사람에게 "사랑이 없어지는 것을 어떻게 아느냐"는 질문을 던진 적이 있다. 그의 대답은 "애인과의 섹스가 재미없어지고, 만지고 싶지 않으면 사랑이 사라졌다고 느낀다"였다. 결국 스킨십이 없어지면 사랑은 사라지고 있다는 징후라고 할 수 있다. '몸이 멀어지면 마음이 멀어지고, 마음이 멀어지면 몸이 멀어진다'는 말은 그래서 진리다.

육체 접촉이 없어지는 원인은 아주 다양하다. 먼저 두 사람이 너무 친숙해져서 사랑하는 연인이라기보다는 친구나 남매 같은 느낌이 들어서일 수 있다. 또 어쩌다 거절했는데(또는 거절당했는데) 나중에 다시 하려니 왠지 어색해서 그만두었고 그러다 아예 스킨십을 안 하게 된 경우도 있다. 몸이 너무 피곤해서, 내일의 업무 일정 때문에, 상대가 스킨십 뒤에 섹스를 요구할까 봐 부담을 느껴서 스킨십을 거절하거나 자리를 피하는 경우도 있다. 이런 거절이 잦아지면 상대는 더 이상 육체 접촉을 시도하지 않을 것이다. 말로 하는 거절도 상처를 주기 쉽지만 섹스, 애무, 키스 등의 성적 행위에 대한 거절은 여간 부드럽게 하지 않으면 자신의 존재 전체를 거부당하는 것 같아 큰 상처를 받게 된다. 어떤 젊은 부부는 남편의 요구를 아내가 단 한 번 강한 어조로 거부했을 뿐인데 남편이 자존심을 크게 다쳐 그 후로 섹스를 요구하지 않았고, 결국 갈등이 깊어져 이혼하고 말았다.

사실 커플의 친밀감을 높이는 데 애정이 담긴 스킨십만큼 효과적인 것은 없다. 살이 닿으면 닿을수록 서로의 심리적 거리는 가까워지고, 심리적 거리가 가까워지면, 육체적 거리도 가까워진다. 서로의 살을 맞댈 때 외로움이 줄어들고 상대와의 친밀감은 깊어진다. 그래서 행복한 연인이 되려면 자주 만지고 만져지는 것에 익숙해질 필요가 있다.

스킨십에 자연스러워지려면 가장 쉬운 방법이 따뜻한 손으로 상대의 손을 애무하는 것이다. 손은 노골적인 성적 부위가 아니라서 마음의 경계가 낮아지며, 이런 접촉에 익숙해지면 다음의 좀 더 깊은 접촉이 쉬워진다. 손가락으로 연인의 손을 천천히 부드럽게 어루만지되 마음으로는 '당신은 정말 내게 소중해', '나는 당신을 정말 사랑해'라는 말을 떠올린다. 놀랍게도 마음의 기운은 손으로 전해진다. 손을 문지르고, 꼭 잡기도 하고, 누르기도 하고, 깍지를 끼기도 하면서 손가락을 하나하나 어루만져 보자.

이때 말을 하기보다는 조용히 침묵 속에서 마음이 전해지기를 바라면서 천천히 손을 어루만지면 더욱 효과가 크다. 상대도 집중할 수 있기 때문이다. 이러한 작은, 그러나 다정하고 조용한, 성적인 스킨십은 상대의 몸과 마음을 여는 시동 버튼을 누르는 것과 같다.

실제로 이런 손 애무를 육체 접촉에 불편해하는 상대에게 시도했더니 "손으로도 멋지게 섹스하는 느낌을 가질 수 있다는 걸 처음 알았다"며 그 후로는 스킨십에 있어서 훨씬 자연스러워졌다는 경험을 전해 온 이도 있다.

연인과 손이나 팔을 잡고 걷기, 어깨로 팔을 돌려 감싸주기, 키스하기, 머리와 볼과 등을 다정하게 자주 쓰다듬기 등을 한다면 당신은 상대의 몸과 마음을 여는 열쇠를 가진 것과 다름없다. 🐾

남자와 여자의
같은 듯 다른 섹스

"남자친구와 건널목을 건너는데, 맞은편에서 가슴골이 보이게 깊게 패인 옷을 입고 한 여자가 오는 거예요. 그녀가 우리 옆을 지날 때 남자친구 눈동자 굴러가는 소리가 들리는 줄 알았어요. 그 여자 가슴에서 눈을 못 떼더라고요."

남자는 시각적으로 예민하고 보는 것만으로 성적 자극을 강하게 받기 때문에 여자의 맨살을 볼 때 흥분을 느낀다. 길을 걷다가 위의 경우를 당하면 상대 여자에게 성욕을 느낀다기보다 성적 자극을 받았다는 것이 더 정확한 표현이다. 그런데 여자는 시각적으로 즉각적 자극을 받기보다 후각, 청각, 촉각의 복합적인 자극이 성욕과 성 흥분을 불러온다. 이렇듯 남녀의 성 반응은 기저는 같지만 나타나는 양상이 다르기에 흥분과 만족의 단계를 맞춰가기가 쉽지 않다.

성적으로 흥분하면 남자와 여자 모두 성기로 피가 몰려 들어가는 충혈현상이 일어난다. 이 충혈현상은 발기로 이어지는데 남자에게는 성기의 빳빳한 강직함과 발기를 가져오고 여자에게는 유방 및 성기의 발기와 함께 질 윤활현상을 이끈다. 그래서 여자가 충분히 성적으로 흥분하면, 질액이 충분히 나와 윤활작용을 해줌으로써 아프지 않고 부드럽게 삽입과 피스톤 운동이 가능하다.

호르몬이 결정하는 남녀의 성 심리

육체와 마음이 동시에 만나는 섹스는 남녀의 성 생리가 다른 관계로 심리가 다르고, 심리가 다르기에 서로에게 맞추기가 쉽지 않다. 오죽하면 존 그레이 박사가 1992년에 쓴 《화성에서 온 남자 금성에서 온 여자》라는 책이 오랜 세월 동안 베스트셀러 자리를 지키고 있을까. 서로의 몸과 마음을 잘 이해할 수 있다면 우리의 인생은 좀 더 달콤한 것이 됐으리라.

남녀 모두 성 생리뿐 아니라 성 심리에 강한 영향을 미치는 것은 성호르몬이며 대표적인 것이 테스토스테론과 에스트로겐이다. 생리는 그렇다 치더라도 심리까지 호르몬이 좌우한다는 게 믿어지지 않을 수도 있지만, 우리의 심리상태도 호르몬이 많이 관여한다. 마음이나 정서가 호르몬에 의해 움직인다는 거다. 사춘기를 돌아봐도 그렇게 웃고, 우울하고, 화나는 다양한 정서를 갖고 겪는 것은 성호르몬이 왕성하게 작용을 시작했기 때문이다. 앞으로 다가올 폐경기나 갱년기의 급격한 감정 변화도 마찬가지이다.

성욕을 일으키는 호르몬인 테스토스테론은 대표적인 남성호르몬이다. 이 호르몬은 남자의 고환이나 전립선 등 생식기관의 발달이나 근육·골격의 발달에 관여하지만 성욕을 부추기고, 경쟁하고, 공격성을 갖고, 성취하도록 하는 데도 기여한다. 남자뿐 아니라 여자에게도 성욕을 일으키는 호르몬인데 남자에게는 여자보다 평균적으로 7~8배, 많이 나올 때는 20배가 넘는 테스토스테론이 분비된다. 또한 남자는 성적으로 주도적이 되어야 하는 수컷으로서의 생리적 욕구 외에도, 성 충동 표출에 관대한 사회문화적 학습을 받아 왔기에 남자에게 성욕 유무나 발현은 늘 중요한 관심거리다. 그런데 이 남성호르몬은 30대가 넘어가면서 1년에 1~3%씩 떨어지기 시작한다. 또 노화 때문이 아니더라도 테스토스테론의 수치가 낮아지면 성욕이 안 생기고 매사에 재미도 없고 무기력하고 짜증이 난다.

남자에게 성욕이 안 생기고 일상생활에 활력이 없어지면 일단 자신의 성호르몬 수치를 체크해 볼 필요가 있다. 만약 호르몬 수치가 너무 낮다면 남성호르몬 보충 요법을 의사와 상의하는 것도 필요하다. 이러한 육체적인 요인 말고도 과도한 스트레스나 수면 부족, 인스턴트 음식, 섹스보다 재밌는 다른 여러 가지가 성욕을 떨어뜨리거나 대체한다.

남자는 섹스를 생각하면 벌써 발기가 되는 등 몸의 준비가 되지만 여자는 그때부터 시작이다. 여자가 충분히 흥분하려면 처음에는 꽤 인내력 있는 애무 시간이 필요하다. 보통 남녀의 흥분 시간은 20분의 차이가 있다고 하는데, 점점 경험이 쌓이면서 그 시간은 짧아질 수 있다. 특히 지난번 섹스가 좋았다면 기대가 더해져서 애무 시간이 짧아도 여자는 충분히 흥분할 것이다. 그러려면 여자들은 자신의 요구와 상태를 연인에게 부드럽게 알려줄 필요가 있다.

여자는 오르가슴에서 스스로 노력해야 할 부분이 있다. 상대가 나에게 하는 애무와 자극 외에도 자신이 섹스에 집중하고 쾌감을 느끼려고 노력해야 한다는 것이다. 옷도 남자가 벗기고 애무도 남자만 하고, 여자를 흥분시키기 위해 남자 혼자 모든 것을 해야 한다면(그 반대의 경우도) 그 섹스는 점점 흥미를 잃고 일처럼 되어 버릴 것이다.

섹스하면 누가 더 좋아?

"여자는 남자보다 성욕이 낮을까요?"

"제 여친은 섹스를 그리 좋아하지 않는 것 같아요. 분명 여자가 더 좋을 것 같은데…. 여자는 거의 남자의 서비스만 받잖아요!"

사실 여자들도 남자만큼 멋진 사랑을 나누고 싶다. 열정적으로, 황홀하고, 달콤하게! 그 섹스가 정말 만족감을 준다면 마다할 이유는 없을 것이다. 물론 피임도 없이 진행되어 불안과 공포만 안겨 주었다면 그런 생각은 결코 안 들겠지만.

남자들은 여자들이 자신과 같은 속도로 흥분하고 오르가슴에 이르기 쉽지 않다는 걸 잘 모른다. 그러나 유감스럽게도 남자와 여자의 성 반응 속도는 정말 다르다. 사랑하는 그녀를 만족시키려면 남자는 많은 노력을 해야 한다. 다정한 속삭임, 섬세하고 부드러우면서 강렬한 애무가 필요한 것이다.

이는 여자의 성 능력이나 반응이 남자보다 둔하고 떨어져서가 아니라, 인간 여자의 생식생리 때문이다. 여자의 생식생리는 섹스가 가져다주는 책임과 보상에 따라 발전해 왔는데 섹스 한 번으로 9개월 반의 임신 기간과 목숨을 건 출산, 미숙한 상태에서 태어난 아기의 생존을 위해 전제돼야 하는 밀착 돌봄, 긴 육아 기간 등이 줄줄이 따라온다. 그런 면에서 여자에게 섹스는 결코 무게가 가볍지 않다. 그래서 여자들은 섹스를 결정할 때부터 육체적 감각뿐 아니라 심리적·정서적 관계가 만족되어야 했던 것이다. 따라서 여자들이 '섹스에 더욱 신중하도록' 진화해왔다.

사실 남자와 여자의 생리적인 성 반응은 크게 다르지 않다. 오히려 여자의 흥분이 길고 더 다채롭다고 알려져 왔다. 강조하지만 여자에게 질액이 분비되는 현상은 이제 흥분이 시작됐다는 신호다. 또한 번에 남자의 사정처럼 '울컥' 쏟아지는 것이 아니라 질 점막에 땀처럼 배어 나온다. 그래서 멋진 자극을 받으면 윤활액도 계속 분비된다. 그런데 애무하면서 달콤한 밀어를 속삭이고, 삽입도 하는 동시다발적인 행동이 남자에게 쉬운 일은 아니다. 또 함께하는 섹스의 경험이 많아지면서 서로의 성감이나 반응에 익숙해지면 연애 초반보다 애무에 불성실하게 하기 쉽다.

남녀가 사랑을 나누면 누가 더 좋을까? 이 질문을 던지면 '여자다', '남자다', '둘 다 좋다'에서부터 '귀 후빌 때 면봉이 시원하냐?'는 우스개 답변까지 나온다. 그리스 신화의 제우스와 헤라 역시 "섹스하면 당신이 더 좋지 않냐"며 싸웠는데, 헤라가 물러서지 않자 제우스는 반은 여자로 반은 남자로 살았던 테이레시아스를 불러 섹스하면 누가 더 좋은지 물어보았다. 그러자 테이레시아스는 주저 없이 "여자로 살 때 9배나 좋았습니다"라고 대답했다는 것이다. 제우스는 자기 말이 맞아서 기뻤겠지만 내심 여자가 부러웠으리라.

많은 연구와 경험자들의 대답에 따르면, 섹스 쾌감에 더 축복받은 쪽은 여자다. 생식과 육아에 다른 종보다 훨씬 많은 책임이 요구되는 여자에게, 커다란 쾌감과 위안으로 유혹하여 섹스를 원하게 하려는 섭리이기도 하고 보상이기도 할 것이다.

좀 거칠게 말하면 남자가 목표하는 섹스는 기본적으로 여자를 만족시키는 일에 다름이 아니다. 물론 섹스가 일방적인 서비스나 노역은 아니기에 궁극에는 자신 역시 만족하는 것이지만, 기본적으로 남자는 자기 만족보다 여자를 황홀하게 만들었는가에 더 목숨을 건다. 남자들이 이타적이어서가 아니라 성 능력을 남성성의 증거이자 능력이라고 생각해 온 탓이기 때문이다. 또 유전자를 보전하는 생식이 자기 몸에서 일어나지 않기에 그렇기도 할 것이다.

남자에게 자신이 섹스를 주도했는지, 여자에게 얼마나 기쁨과 쾌감을 선사했는지, 그래서 그녀가 남자의 힘과 능력을 인정했는지는 너무나 중요하다. 그래서 남자들은 섹스할 때도 눈을 뜨고 한다. 특히 다른 남자와 오르가슴을 못 느꼈던 여자가 유독 자기하고는 매번 절정을 느끼면 가장 큰 성공의 기분을 느낀다. 반대로 파트너가 지금까지 다른 남자와는 오르가슴을 느낀 것 같은데, 자기하고는 한 번도 못 느끼는 것 같으면 큰 실망감과 함께 자신감을 잃는다. 심할 때는 이런 경우 남자가 성적 장애를 갖게 될 수도 있다.

남자들은 여자의 오르가슴을 가장 만족스런 성 경험으로 인식하고, 자신감과 성취감을 얻는다. 그러므로 남자들은 섹스가 끝나고 나서 "좋았어?"라고 묻기 전에 자신이 그녀에게 충분한 애무와 사랑의 속삭임을 선사했는지를 헤아려볼 일이다. 만약 그랬다면 어렵게 물어보지 않아도 그녀는 "Yes, Yes, Yes!" 외칠 것이다. 🐌

따로 또 같이,
성감대 지도를 그리자

여자는 복합적으로 자극해야 성 흥분이 잘 되고, 자극을 멈추면 또 너무 쉽게 흥분이 사라진다. 남자들로선 참 부담스런 이야기일지 모르지만, 다르게 생각하면 노력에 따라 선사할 즐거움의 크기가 달라진다는 점에서 더 멋진 일이 될 수도 있다. 여자도 남자의 애무를 받기만 하지 말고, 함께 적극적으로 움직여서 상대에게 멋진 섹스를 선사하면 좋겠다. 강조하지만 섹스는 함께 즐기며 결속감을 높이는 커플만이 할 수 있는 정말 좋은 소통이기 때문이다.

여자의 성감대는 목, 가슴, 유두, 음핵 등이라고 말하지만 개인마다 좋아하는 느낌과 영역은 다르다. 머리카락을 만지거나 발가락, 쇄골 애무, 심지어 상상만으로도 여자는 오르가슴에 오를 수 있다. 남자도 마찬가지다. 대체로 사타구니, 허벅지 안쪽이나 무릎 뒤, 옆구리처럼 부드러운 곳이 성감대이다. 여기서 흥미로운 것은 민감한 성감대가 여자나 남자나 그때그때 옮겨 다닌다는 것이다. 그야말로 '오늘의 수프'가 아니라 '오늘의 성감대' 찾기가 필요한 이유다.

남자의 발기는 혼자 힘으로도 충분히 해낼 수 있지만 흥분상태(발기상태)를 유지하려면 상대의 협력이 필요하다. 남자의 애무에 만족하고 흥분하고 있다는 신호로 여자가 신음을 낸다든가, 그런 몸짓을 보여주는 것은 남자의 흥분 유지에 도움이 된다. 그러니 여자가 이불로 목까지 꽁꽁 감추고 수동적으로 있기보다는 적극적으로 섹스에 참여할 필요가 있다. 많은 여자가 자신의 몸이 너무 마르거나 뚱뚱해서 감추려는 경우가 많은데 남자들은 대부분 연인의 몸을 좋아하고 만족해한다. 사실 남자를 흥분하게 하는 것은 모델 같은 몸매가 아니라 내 연인의 흥분한 모습, 만족하는 몸짓이다.

여자나 남자나 성감을 높이려면 적극적인 태도와 연습이 필요하다. 처음엔 성적 자극을 받을 때 좋은 건지 간지러운 건지 알쏭달쏭한 느낌이 들기도 하지만, 감각에 집중해서 잘 느껴 보려고 애써야 한다. 두 사람이 굳이 섹스하는 것은 사랑을 표현하고 즐거움을 나누고 싶어서이지 않나? 그러니 커플은 서로의 몸을 긍정하면서, 좋으면 좋다고 아낌없이 표현해야 한다. 어디를 만지면 좋고 싫은지 최선을 다해 몸과 표정, 언어로 알려주고 물어봐야 한다. 그렇게 서로의 성감대를 공유하고 소통하다 보면 섹스의 질은 점점 좋아질 것이다.

남자의 고환(음낭) 부위는 너무나 예민하다. 그래서 음낭은 부드럽게 애무하는 것이 좋다. 너무 거칠게 만지거나 장난으로라도 때리면 극심한 고통을 느끼게 되니 조심해야 한다. 자신에게 정말 혐오스러운 것이 아니라면 오럴섹스는 서로의 성감을 자극하는 데 효과적이다. 당연히 여자에게도 오럴섹스는 삽입보다 부드러우면서도 훨씬 자극적이고 오르가슴을 느끼는 데 효과적이다. 물론 둘 다 즐긴다면 그렇다는 거다. 남자나 여자나 상대의 성기가 더러울 것이라 생각하는 이가 있는데, 성기는 잘 씻기만 한다면 손이나 입보다 깨끗한 기관이다.

보수적인 환경에서 자란 여자들은 자기 성기를 본 적도 없고, 자기 몸을 좋아하지도 않는다. 남자가 오럴섹스를 해 주려고 하면 '나쁜 냄새가 날까 봐' 기를 쓰고 방어하는 여자도 적지 않다. 그런데 이렇게 몸에 금기가 많으면 섹스가 어려워지고 수동적이 된다. 그러니 부끄러움이 많은 여자라도 조금씩 터부를 깨뜨리는 연습을 할 필요가 있다. 또 성 경험이 적으면 자신이 어디가 예민한지 어떤 느낌의 애무와 터치를 좋아하는지 잘 모르는 경우가 많다. 상대의 애무가 부족하고 아쉬워도 정확하게 자신이 원하는 바를 말할 수 없는 것이다.

그리고 자신은 오럴섹스를 받는 걸 좋아해 상대에게 요구하면서 해 주는 것은 거부하는 이기적인 사람도 있는데 사랑은 공평하게 주고받아야 더욱 애정과 신뢰가 커진다. 또 섹스라는 소통에서 상대의 의견과 취향을 존중해야 하지만, 때로 용기를 내 새로운 행위를 시도해 보는 것도 몰랐던 즐거움을 찾는 방법이다.

익숙해지면 관계가 흘러가도록 내버려 두는 커플이 많다. 그런데 사랑도 사람의 일이라 관계가 쉬 변한다. 사랑은 화단 같아서 돌보지 않으면 황량해진다. 사랑의 구체적인 표현이면서 접착제 역할을 하는 섹스에 무심하거나 매번 똑같은 행사처럼 치른다면 점차 상대에게 냉담해진다. 섹스는 서로의 사랑을 붙들어주는 가장 강력한 방법이다. 섹스만큼 서로에게 본질적으로 접근하고 친밀하게 관계를 창조하는 행위는 없기 때문이다.

또한 개인이 가진 윤리나 종교 등 가치관에 따라 성 경험의 정도에 차이가 많다. 그래서 경험을 통해 성 정보를 얻는 것도 쉬운 일은 아니다. 게다가 사람은 다 다르다. 상대를 좋아하면서도 관계가 늘 미진하다면 방법을 좀 더 배워야 할 필요가 있다. 무엇보다 상대와의 섹스를 통해 배워야 한다. 상대가 어떤 분위기와 애무 방식을 좋아하는지 서로 표현하고, 확인하고, 대화를 나누어야 한다. 성적 대화는 사실 평소에도 많은 대화를 스스럼없이 나누는 커플이어야 잘할 수 있다. ✌

여자가 섹스에서
바라는 열 가지

미국의 저널 〈메디컬 뉴스 투데이(Medical News Today)〉에 '여자가 원하는 것'이란 제목으로 흥미 있는 글이 실렸다. 여자가 섹스에서 바라는 것이란 통계였는데, 미국 내 자료지만 우리 사회의 통계라 해도 별로 달라질 것 같지 않다.

① 가장 바라는 것은 삽입섹스(69.9%)

이 결과는 여자가 삽입보다 애무를 더 좋아한다고 하는 통설을 뒤집은 것처럼 보인다. 하지만 당연하게 여자도 흥분하면 삽입을 간절하게 원하게 된다. 그것은 아마도 21세기 사람들이 섹스에서 생식을 없애버리고(출산을 많이 하지 않고) 쾌락을 더 중요하게 여기는 것 같아도 섹스라는 행위의 기저에는 '생식' 목표가 숨어 있기 때문일 것이다. 또 많은 여자가 질 입구의 음핵 애무로도 오르가슴을 느끼지만, 삽입으로 더욱 강한 쾌감을 느끼고, 자궁경부를 자극하는 방식의 섹스에서 강력하게 오르가슴을 느낀다고 말한다.

② 더 나은 애무

애무는 입으로도, 손으로도, 성기로도, 심지어 성대로도 할 수 있다. 때로는 거친 듯 때로는 부드럽고 달콤하게 할 수도 있다. 여자들은 남자들과 달리 '벗은 몸을 보는' 시각적 자극만으로는 흥분하기 어렵다. 그리고 여자의 흥분이 중요한 이유는 그것이 '즐거움 추구'라는 섹스의 효용 때문인 것 같지만, 사실은 무엇보다 생리적인 필요 때문이다. 삽입섹스를 하는 종이라면 수컷은 삽입이 가능하도록 성기가 강직돼야 하며, 암컷은 삽입이 부드럽게 되도록 질내 윤활작용이 이루어져야 한다.

③ 섹스 중에 키스를 더 해 주는 것

연인들은 보통 키스를 열정적으로 나누며 섹스하지만, 오래 사귄 커플이나 부부는 섹스 중 키스를 하지 않는 이들이 많다. 특히 우리나라는 평상시는 물론이고 섹스 중에도 키스를 나누지 않는 경우가 많은데, 사실 키스는 삽입섹스보다 더 은밀하고 관능적인 섹스이다. 입을 열어 상대를 받아들인다는 것은 사랑에의 초대이며 확인이다.

섹스 중에 키스를 자주 하는 커플은 분명히 더 열정적인 사랑을 유지하는 경우가 많다.

④ 달콤한 말 속삭여 주기

앞에서 애무의 방법으로 성대를 이용할 수 있다고 했는데, 사랑의 말을 속삭여 주는 것은 서툰 애무보다 더 효과적으로 여자를 흥분시키고 만족시킬 수 있다. 남자도 그렇지만 여자는 '나를 예뻐해 주는 것'을 확인할 때 더욱 사랑의 마음이 우러난다. "사랑해"라는 말도 좋지만 "당신의 눈빛은 참 아름다워", "당신의 피부는 정말 매끄러워" 등으로 좀 더 상대를 구체적으로 칭찬한다면 그녀의 만족도는 더욱 높아질 것이다.

⑤ 섹스 전에 마사지 받기

마사지는 몸의 긴장을 푸는 데 유용하다. 실제로 섹스리스 부부나 남자의 발기가 잘 안 되거나 강직도가 쉽게 약해지는 부부에게 치료 방법 중 하나로 추천하기도 한다. 피부의 접촉이 많아질수록 덜 외롭고(혼자라는 생각을 덜 하게 하고) 서로의 친밀감은 더 깊어진다. 커플 마사지를 할 때는 순서를 정해 상대의 몸을 만져준다. 마사지 오일을 사용하면 더욱 좋은데 오일을 몸에 직접 붓지 않고 손바닥에 부어 따뜻하게 한 뒤, 몸에 바르듯이 문지르는 것이 좋다. 또 마사지할 때는 손끝, 머리끝, 발끝처럼 심장에서 가장 먼 쪽부터 시작하는 것이 좋다. 마사지하는 손가락 끝이나 손바닥에 애정어린 마음을 실어야 더욱 효과가 좋다. 때로 마음은 몸으로, 접촉으로 느껴진다.

⑥ 부드럽게 섹스하기

말할 것도 없이 여자는 부드러운 섹스를 좋아한다. 여자에게 만족을 주는 섹스는 '부드럽게, 천천히'가 슬로건이 되어야 한다. 포르노에서 본 거친, 기교적인 섹스는 잊는 게 좋다. 물론 아주 가끔 역할극처럼 그런 장면을 연기해 보는 것이 신선할지 모르지만, 당신의 연인이 '거친 것을 질색하는 타입'이라면 절대 시도하지 말아야 한다.

⑦ 오럴섹스 해 주기

상담을 하다 보면 남자 중에 오럴섹스를 받는 건 좋아하면서 여자에겐 안 해 준다는 사람이 많다. 성기에서 냄새가 날까 봐 싫다는 사람도 꽤 있는데, 자신이 원하는 대로 상대를 대접하라는 말은 여기서도 진리다. 거의 모든 여자가 오럴섹스로 오르가슴을 느낄 수 있다. 왜냐하면 음핵은 너무 예민한 성감대라 부드럽게 자극해야 하는데 오럴섹스는 '강하게', '빠르게', '천천히', '부드럽게', '간질이면서' 등 강도 조절이 훨씬 쉽기 때문이다.

⑧ 로맨틱 영화 함께 보기

여자들도 야한 영화를 좋아한다. 낭만적이고 섹시한 사랑 이야기를 보면 자신도 그런 감정에 빠져들고 싶다고 느낀다. 남자들의 포르노가 대체로 거칠고 상대를 제압하고, 자극적인 기교나 직접적인 성기 중심의 장면이 이어진다면 여자들의 포르노는 이야기가 있으면서 관능적이다. 그러므로 여자의 성욕을 자극하고 멋진 사랑을 나누고 싶다면, 로맨틱하고 관능적인 영화를 선택해 함께 보는 것이 더 효과적이다.

⑨ 침실 분위기를 더 로맨틱하게 꾸미기

여자들은 낭만적인 분위기에 좌우되는 경향이 있다. 실제로 한 침구회사가 '어떤 색의 침구가 가장 로맨틱하고 섹스를 더 자주 하게 하는가'에 대한 연구를 한 적이 있다. 여자들의 답변은 빨간색 혹은 핑크빛 침구가 아닌, 옅은 갈색이거나 하얀색 침구라는 대답이 가장 많았다고 한다. 결국 우리가 좋아하는 고급 호텔의 침구를 생각하면 된다. 그런 깨끗하고 보송한 침구에 향긋한 초라든가 달콤한 음악, 낮은 조명의 스탠드 같은 것이 여자의 성욕을 부추긴다.

⑩ 섹시한 속옷 입기

커플이 같이 잘 때 가장 좋은 것은 벗고 맨살이 닿게 자는 것이다.

그러면 아무래도 스킨십의 기회가 늘고, 섹스로 이어지는 경우가 많아진다. 또 매끄러운 피부색의 슬립은 상대에게도 섹시해 보이고, 입은 사람으로서도 그런 감정에 빠지게 한다.

결국 여자가 섹스에서 원하는 것은 로맨틱한 침실에서 사랑에 관한 영화를 보며, 자신을 사랑한다고 속삭이고, 부드럽게 만지고, 또 사랑스러워 못 견디겠다는 듯 열정적으로 키스를 퍼붓는 자기에게 빠져버린 그 사람이다.

이외에도 청결한 몸으로 하기(때로는 갑자기 일어나는 섹스가 흥분되지만, 그렇다 해도 섹스하기 전에 손과 입, 그리고 성기는 깨끗이 씻는 것이 위생상 좋다), '좋았느냐'고 매번 묻지 않기, 사정까지의 시간을 잘 조절하기, 다양한 체위로 하는 것 등을 여자들은 원하고 있다. 그리고 콘돔 등 정확한 피임을 준비하고, 편안하고 안정적인 분위기에서 섹스할 수 있다면 여자들은 더 집중하고 즐기는 섹스를 할 수 있을 것이다. 🖋

남자가 섹스에서
바라는 네 가지

남자들이 섹스에서 어떤 걸 원할까?

남자들은 어느 사회나 시대를 막론하고 섹스에 여자보다 너그러운 문화 속에서 살아왔다. 성욕을 일으키는 성호르몬 분비도 여자에 비해 높다. 남자에게 섹스와 사랑의 거리는 훨씬 가깝고 때로 분리되어도(사랑 없이 그저 성행위로서 집중해도) 용인되어 온 게 사실이다. 하지만 그럼에도 남성성이 늘 증명되고 발현되는 것을 요구받았기 때문에 현대의 남자들 역시 섹스라는 행위에서 그렇게 자유롭지는 않은 것 같다. '~해야 한다'는 자기검열이 많기도 하고, 섹스를 잘하고 자유로운 여자들과 경험해보지 못한 탓에 섹스가 발전하지 못한 경우가 많았다. 무엇보다 여자를 만족시켜야 한다는 강박이 눈치 보는 섹스를 하게 만들기도 했다.

다행히 요즘에는 여자들도 섹스 경험이 많아지고 있기에 과거보다는 능동적이고 훨씬 자유로운 상태에서 섹스와 소통이 가능해졌다. 이는 남자에게도 좋은 신호이다.

남자들이 원하는 섹스에 대한 질문에 그들은 어떻게 답할까?

① 시각적으로 자극받기

남자들은 시각적 자극으로 성적 흥분에 도달하기 쉽다. 아무래도 시각 자체가 작은 뇌라 불릴 만큼 즉각적인 것이라, 눈으로 자극받으면 빠르게 성기가 충혈되며 발기가 일어난다. 그러므로 남자의 성 흥분을 위해서는 시각적인 자극이 필요하다. 살의 노출이 많고 몸의 곡선이 나타나는, 그리고 벗기기 쉬운 예쁜 란제리 등에 자극을 받고 사랑하는 여자의 몸을 보는 것으로 흥분한다.

② 행위 자체에 집중하기

남자 역시 사랑하는 상대와 하는 섹스를 가장 열망한다. 그러나 남자는 여자보다 섹스라는 행위 자체에 몰입하는 경향이 있고 오르가슴이라는 목표를 향해 달려가는 경우가 많다. 이에 반해 여자는 섹스할 때 생각이 많고 산만해서 집중하지 못하는 경우가 많다. 남자가 원하는 섹스도 사랑이 밑에 깔려 있지만 좀 더 행위적으로 자극적이며 집중하는 섹스를 원한다. 몸을 달아오르게 하는, 몸이 만나는 섹스를 하고 싶어 한다.

③ 때로는 여자가 주도하기

우리 사회에서 섹스는 보통 남자가 주도하게 된다. 섹스에 적극적인 여자를 부정적으로 보는 사회적 통념이 존재했고, 여전히 그런 사회적 평판에 여자들이 주눅 들어 있는 경우가 많기 때문이다.

남자들은 매번 자신이 시작하고 이끄는 섹스가 부담스럽다고 말한다. 섹스는 두 사람이 하는 것인데 왜 한쪽은 수동적으로 받기만 하고 다른 한쪽은 늘 제안하고 만족시키는 역할을 해야 하냐는 것이다. 일면 정당한 요구이기도 하다. 매번은 아니지만 여자가 먼저 섹스를 시작하는 것, 갑자기 열정적인 키스와 애무를 퍼붓는 것은 남자를 흥분시킨다. 다소곳하게 누워있는 것만이 아니라 여성상위 같은 체위를 시도하기도 하는 주도적인 섹스를 누구나 기대할 것이다.

생각해 보면 데이트 때마다 자기가 항상 식사 메뉴를 결정하고 제안해야 한다면 좀 피곤하다. 상대는 내게 메뉴 선택이나 결정을 미루면서 마치 모든 우선권을 주는 듯하지만, 매번 결정하고 주도하는 것은 부담스럽고 짜증이 나기도 하는 일이다. 때로는 자유여행 말고 패키지여행을 따라다니는 것이 마음 편한 것과 비슷하다.

그런데 무엇보다 여자가 섹스를 주도하려면 침대에서 자유로워야 한다. 요즘은 남자들도 성 경험이 없는 여자를 부담스러워하는 것 같지만 아직 갈 길이 멀다. 조신해야 하고 성 경험이 많은 것처럼 보이면 안 되는 사회적 제약에서 벗어날 수 있어야 하고, 그런 여자를 자연스럽게 인정하고 존중하는 모습을 보여준다면 그녀는 더욱 자유롭고 주도적으로 섹스에 참여하게 될 것이다.

④ 적극적인 피드백을 주는 여자와의 섹스

남자들에게 물어보면 '신음을 잘 내는 여자'와의 섹스가 최고라고 대답하는 경우가 많다. 그렇다고 영화에서 나오는 과한 소리를 연습하고 연기하라는 것은 아니다. 이 섹스가 나를 즐겁게 한다면 숨기지 말고 그 반응을 보여주라는 것이다.

우리나라 남자들은 확실히 다른 나라의 남자들보다 눈치 보는 섹스를 한다. 만족시켜 줘야 한다는 강박이 있기 때문인데, 당신의 행위로 내가 즐겁고 황홀하다는 반응을 보여주고 들려주는 것은 남자를 더욱 행복하게 할 것이다.

서양의 성 치료사들은 오르가슴을 잘 느끼지 못하는 여자들에게 "신음을 녹음하고 들어 보라"는 요구를 하기도 한다. 자신의 신음에 스스로 흥분하기도 하고, 상대를 격려하고 흥분을 독려하는 신음을 좀 더 섹시하게 내도록 연습하라는 의미도 있다. 섹스는 사랑하는 두 사람이 함께 즐겨야 더 재미있다. 🐾

항문섹스

남자들 중 항문섹스에 환상을 가지고 있는 사람이 많다. 아마도 그것은 포르노와 과장된 섹스 괴담에서 비롯된 게 아닌가 싶은데, 성감은 개발되는 것이기 때문에 항문섹스를 통해 쾌감이나 오르가슴을 느낄 수도 있다. 하지만 항문섹스를 일상화하는 것, 혹은 상대가 원하지 않는데 시도하는 것은 진지하게 생각해 봐야 할 문제이다. 또 항문섹스를 다양한 섹스 정도로 여긴다 해도 건강상 꽤 위험도가 높은 방식이라는 건 분명하다.

일단 항문은 성기가 아니기에 흥분해도 윤활제 역할을 할 체액이 나오지 않는다. 그래서 무리하게 삽입하면 상처가 나거나 심한 통증을 느끼게 된다. 항문은 분명 아주 민감한 곳이고 괄약근은 남녀 모두 오르가슴을 느낄 때 근육 수축을 일으키기에 충분히 윤활제를 바른 후라면 쾌감을 느낄 수도 있다. 하지만 항문섹스를 일상적으로 하는 것은 여러 가지 주의할 점이 있다. 배변을 하는 곳이라서 대장균 등 균에 감염될 가능성이 크고, 쉽게 상처가 생기기 때문에 성병이나 감염에 취약한 부위라는 의미이다.

물론 사랑을 표현하는 데 터부시되는 부분은 없고, 항문도 깨끗이 잘 씻기만 한다면 애무하는 것을 금할 필요는 없다고 생각한다. 실제로 항문 애무는 무척 자극적이고 멋진 쾌감을 주기도 한다. 다만 삽입은 좀 다른 문제이다.

만약 섹스에 참여하는 두 사람 다 항문섹스와 삽입에 동의한 경우라면 충분히 윤활제를 발라야 하고, 반드시 콘돔을 써야 한다. 주의할 점은 콘돔이 질 삽입섹스를 할 때보다 항문삽입 시 더 찢어지기 쉽다는 것이다. 또 항문 자극을 한 부위는 손이든, 성기이든, 섹스토이든 반드시 깨끗이 씻은 후에 상대의 몸에 접촉해야 한다.

어떤 섹스 방식도 상대가 원하지 않는데, 자신의 욕구를 위해 강요해서는 안 된다. 반대의 경우도 마찬가지이다. 섹스는 자신의 사랑을 상대에게 표현하는 중요한 방식이기 때문에 더욱 그렇다. ◟

불만족 섹스의 시그널,
조루와 지루

"섹스할 때 사정 시간을 조절하기가 어려워요. 너무 빨리 사정해 버려요. 여자친구는 애써 실망한 기색을 숨기곤 하는데 그걸 보는 게 민망해요. 저도 좀 오래 하고 싶어요."

"언젠가부터 사정이 잘 안 됩니다. 처음엔 여자친구와의 섹스가 익숙해져서 잘하게 된 건가 했어요. 그런데 이게 제가 조절을 잘해서가 아니라 사정을 못 하는 거였어요. 시간이 길어지고 사정이 잘 안 되니까 여자친구도 저도 너무 힘들어요."

남자는 성적 흥분이 높아져서 절정감, 즉 오르가슴을 느끼게 되면 사정을 하게 된다. '남성 오르가슴 장애'라고도 불리는 '지루증'은 너무 빨리 사정이 되는 '조루'와 반대되는 증상으로 사정을 할 수 없거나 하기 어려운 경우다. 조루와 지루, 무엇이 문제일까?

조루

♥

모든 성적 문제는 육체적·심리적·관계적 문제들이 얽혀 있다. '조루증'은 너무 빨리 사정하는 것이다. '삽입 후 3분'을 기준으로 말하기도 했지만, 최근 비뇨의학과 의사들은 "자신이 조루라고 생각하는 사람은 모두 조루 환자"라고 말하기도 한다. 조루의 기준은 사실 일정한 시간보다 '자신이 원하는 때(자신의 기대와 만족)'가 기준이기 때문에 최근의 비뇨의학과 기준은 물리적 시간을 기준으로 하는 것보다 훨씬 적절해 보인다.

조루를 경험하지 않은 남자는 거의 없다. 상대를 너무 좋아하거나, 성 경험이 적거나, 그리고 젊을수록 마음과 귀두의 감각은 예민하다. 조루는 여러 원인으로 일어날 수 있는데, 무엇보다 중요한 건 조루에 너무 집중하지 않는 것이다. 여기에 온 신경을 쓰다 보면 오히려 만성적인 문제가 될 수도 있다. 어쩌다 빨리 사정했다 해도 너무 거기에 몰입하지 않는 게 좋다. 조루가 다시 일어날까 봐 걱정하지 말고, 그 스트레스에서 빨리 벗어나는 게 오히려 도움이 된다.

조루의 원인은 육체적인 적, 정신적인 것, 관계적인 것 등 다양하다. 그렇기에 먼저 원인을 찾아보는 것은 중요하다. 사실 조루는 많은 남성이 섹스를 더 오래 하는 것을 지향하고 문제가 생기면 병원을 찾는 경우가 많아서 치료 방법이 꽤 많이 개발되어 있다. 예민한 귀두를 둔감하게 만들기 위한 배부신경차단수술, 국소마취제를 도 포하는 법, 프릴리지 같은 먹는 약과 Stop&Start 법, 스퀴즈 법 등 행 동 치료법도 다양하다. 비교적 효과가 높다고 알려진 행동 치료법인 Stop&Start 법은 스스로 음경을 자극해서 절정감을 느끼기 전에 자 극을 멈추고 다시 자극해 절정에 가까운 느낌을 받으면 다시 자극을 멈추며 사정을 조절하는 연습이다. 혼자 자위행위를 통해서도 할 수 있고 상대의 도움을 받아 연습할 수도 있다. 스퀴즈 법은 절정감을 느낄 때 음경을 꼭 쥐고 비틀어 절정을 늦추는 방법이다. 귀두의 감 각이 너무 예민하거나 성 경험이 적어 조루가 되는 경우가 많은데 이 런 육체적인 원인이 아닌 상대와의 관계에서 오는 조루라면 심리상 담이나 커플 관계상담을 통해 문제를 해결할 수 있다. 또 자위행위 를 서둘러 마치는 습관이 조루를 불러오기도 한다.

조루라 느끼면 자신감을 잃게 되는 경우가 많은데 사실 "남자 스 스로 조루라는 걸 알면 파트너는 더 행복한 성생활을 한다"는 말도 있다. 자기가 빨리 절정을 느낀다는 것을 아는 남자가 삽입 전에 여 자를 충분히 애무해서 흥분과 오르가슴을 느끼게 해 주면 삽입 후 빠른 사정을 한다 해도 여자가 만족하는 경우가 많기 때문에 그렇 다. 성적 만족은 상대뿐 아니라 자신의 만족도 중요하기 때문에 조 루라는 문제는 당연히 해결하는 것이 좋지만, 너무 걱정에 얽매여서 자신의 성생활을 망치거나 중지할 필요가 없다는 뜻이다. 삽입 시간이 성 만족의 유일한 요소가 아니고 만회할 수 있는 여러 가지 방법들이 있다.

지루

지루증의 원인은 대부분 심리적인 것으로 알려져 있다. 커플 간의 갈등, 여자가 임신하는 것에 대한 두려움, 상대방에 대한 적대감과 증오심 등이 '지루증'을 유발할 수 있다. 또 성에 지나치게 엄격한 환경에서 성장했을 때도 성행위에 대한 죄의식이나 혐오감이 오르가슴을 무의식적으로 억압하기도 한다.

상대 여자가 성적 행위에 과도한 주문을 하거나 오르가슴 장애를 갖고 있는 경우도 남자에게 지루증 문제를 가져올 수 있다. 이외에 술, 항우울제, 항정신병 약물, 항고혈압제의 복용, 드물게는 음경 귀두의 피부가 두꺼워지는 질환 탓에 성감이 둔감해져서 '지루증'이 되는 경우도 있다.

병원을 빨리 찾아오는 조루증 환자들과 달리 지루증인 경우는 자신이 '무척 강하다'고 자신하는 경우가 많아 문제를 조기에 발견하지 못하는 경우가 흔하다. 의학계에도 자본주의가 적용되어 환자가 적은 분야는 약이나 치료 방법의 개발 또한 부족한 경우가 많다. 그래서 안타깝게도 지루증에 대한 적절한 치료는 선택의 폭이 넓지 않다.

자신의 조절 능력이 뛰어나 사정 시간을 길게 연장한다고 생각했던 지루증 환자들은 결국 사정이 잘 안 되는 것임을 알게 되면 좌절감과 분노를 느끼고 섹스를 피하게 된다. 또한 여자로서도 조루인 상대보다 지루인 경우가 더 힘들다.

모든 성적 장애는 상대와의 관계 개선과 협력이 꼭 필요하지만, 지루증 치료는 더욱 그렇다. 또 오르가슴을 높이는 자극적인 방법으로서의 체위와 기술 습득도 필요하다. 자위행위를 통해 스스로 오르가슴을 경험하며 불안이라는 감정을 조절하게 하는 것 또한 도움이 된다. ⟜

여자의 놀라운
오르가슴 능력

섹스 프러포즈는 대개 남자들이 하지만, 실제 섹스에서 남자는 전적으로 '을'이다. 기본적으로 남자의 섹스는 여자를 만족시키는 것이 자신의 만족과 직결되기 때문이다. 또 남자의 오르가슴은 사정이라는 현상으로 분명하게 확인할 수 있는 반면, 여자의 오르가슴은 확인할 수가 없기에 남자를 더 불안하게 만드는지도 모르겠다.

사실 여자의 오르가슴은 남자의 단순한 오르가슴에 비할 바가 아니다. 남자와 달리 오르가슴의 불응기가 짧을 뿐 아니라 오르가슴의 횟수도 적절한 자극이 있기만 하면 여러 번을 연이어 경험할 수 있는 '멀티 오르가슴의 능력'을 가지고 있다. 사정하면 다시 발기될 때까지 얼마간의 불응기를 기다려야 하는 남자와 달리(물론 20대 남자는 불응기가 짧아서 하룻밤에도 여러 번 섹스할 수 있다) 여자는 오르가슴 후 다시 적절한 자극이 가해지면 또다시 오르가슴에 오를 수 있다. 놀랍지 아니한가? 아마도 남자들이 가장 부러워할 여자의 성 능력 중 하나일 것이다. 물론 연구에 의하면 수십 번의 오르가슴을 경험하는 여자라도 첫 번째가 가장 강력한 느낌이라고 한다. 또 여자는 온몸을 통해, 상상으로도, 혹은 가슴의 애무로도, 음핵 자극이나 삽입, 오럴섹스로도 오르가슴을 경험할 수 있다고 하니 여자의 오르가슴 능력은 참으로 다채롭고 대단하다.

오르가슴의 진실

프랑스어로 '작은 죽음'이라 불리는 오르가슴은 성적 만족과 분명히 연관이 있다. 오르가슴은 '쾌감의 느낌'만이 아니라 실제 일어나는 육체적인 반응이다. 오르가슴을 느끼면 혈압과 심장박동 수는 2배 이상 올라가고(다른 장기에 산소를 대량으로 공급하기 때문에 신진대사에 도움이 된다), 호흡이 가빠진다. 촉감의 민감성이 높아지면서 통감 반응치는 낮아져서 진통 효과가 생긴다.

특히 여자의 경우 질을 자극해 오르가슴을 느낄 때 동공이 확대된다. 동공 확대는 강한 자극과 흥분을 느끼는 지표로 인간에게 일어나는 독특한 반응이다. 그리고 가슴에 붉은 반점이 생기기도 하고, 자궁 수축이 일어난다. 자궁 수축은 여자 자신에게 오르가슴의 느낌이기도 하지만 생식에도 크게 기여한다고 알려져 있다.

또한 오르가슴을 느끼면 곧 사정으로 이어지는 남자와 달리 여자의 오르가슴은 훨씬 복잡하고 다양하다. 성기 오르가슴도 여자의 경우 음핵 오르가슴, 질 오르가슴, G 스폿 오르가슴으로 나누는데, 음핵 오르가슴보다 질이나 G 스폿 오르가슴이 훨씬 강력하다고 경험자들은 말한다.

여자의 세 가지 성기 오르가슴: 음핵, 질, G 스폿

음핵은 소음순이 시작되는 곳에 있으며 뿌리까지 2.6cm 크기로 두 개의 뿌리(음핵돌기)를 가지고 있다. 음핵은 모든 여자에게 일차적으로 오르가슴을 느끼게 할 뿐 아니라 질 오르가슴, G 스폿 오르가슴으로 확장될 가능성을 가진 보고라고 할 수 있다. 음핵은 남자의 음경과 상동기관인데, 음경의 귀두에 4,000여 개의 신경돌기가 분포돼 있는 데 반해 여자의 음핵은 이의 2배인 8,000여 개의 신경돌기가 분포한 극도로 예민한 부분이다. 여자가 성적으로 흥분하면 남자와 같이 성기에 충혈현상이 시작되는데 음핵 역시 몇 배로 커진다.

질 오르가슴은 남자가 성기를 삽입해서 피스톤 운동을 할 때, 질의 공간을 채우고 마찰하며 느껴지는 감각과 자궁경부를 자극하는 데서 일어나는 오르가슴을 말한다. 대부분의 여자가 음핵 오르가슴을 느끼면 삽입 욕구를 강하게 느끼고, 삽입을 요구하기도 한다.

그리고 독일 의사 그레펜베르크 박사의 이름을 따 'G 스폿'이라 불리는 곳은 여자의 질 입구 안쪽 3~4cm쯤에 위치하는 부위로 좀 더 강하게 자극해야 느껴지는 오르가슴 부위이다. 질 입구 가까이 있기에 남자의 성기보다는 손가락으로 자극해야 쾌감을 느끼기 쉽다. 지금까지 해부학적으로 밝혀진 바는 없지만, 주로 여자 성학자들에 의해 그 존재가 이야기되고 있는 강력한 쾌감 부위다.

G 스폿은 의견이 분분하다. 남자의 전립선 같은 성감대라 말하는 학자도 있고, 음핵의 뿌리 부분이라고 말하는 학자도 있으며, 그저 예민한 섹스존이라고 말하는 이도 있다. 지금도 여전히 많은 연구가 진행되고 있으며, 여자의 중요한 오르가슴 중 하나임은 분명하다. 모든 여자가 'G 스폿' 오르가슴의 가능성을 가지고 있지만, 특별히 성감대로 개발되는 기회가 있어야 비로소 경험할 수 있다.

세 가지 오르가슴을 경험한 여자들은 음핵 오르가슴이 짜릿하고 화려한 오르가슴이라면, 질 오르가슴과 G 스폿 오르가슴은 몸 전체로 퍼져 나가는 묵직하고 강력한 오르가슴이며 이 모두가 혼합된 오르가슴이야말로 최상의 경험이라 입을 모은다.

여자 사정

"여자도 사정을 하나요? 듣기로는 여자도 강력한 오르가슴을 느끼면 하얀 액체를 소변보듯이 뿜는다고 하던데요."

"제 여자친구는 섹스할 때 사정을 해요. 시트가 다 젖을 만큼요. 그건 그만큼 흥분했다는 증거겠죠?"

여자가 오르가슴을 느끼면 남자처럼 사정을 하느냐는 질문을 자주 받는다. 포르노에서 단골 메뉴처럼 등장하는 여자 사정 장면은 남녀 모두 도달하고 싶은 판타지 같다. 마치 사정하는 여자는 뛰어난 성감을 가졌고, 그런 경험을 하게 하는 건 상대 남자의 능력에 비례한다고 믿지만 사실 웃픈 오해이다.

여자 사정은 G 스폿을 자극해 얻는 오르가슴 끝에 일어나기도 하는(모두에게 일어나진 않는다) 현상이라고 하는데, 실제로 사정이라고 부를 수는 없는 것이 이 액체에 정자가 없기 때문이다. 하지만 마치 남자가 오르가슴 순간에 정액을 방출하듯 요도구를 통해 우윳빛 액체가 사출되기 때문에 여자 사정이라 부른다. 이 여자 사정에 대해 "소변이다", "질액이다", "남성의 전립선액과 같은 성분이므로 사정액이라 봐야 한다" 등 이론이 많지만, 여러 연구를 통해 전립선액의 성분과 비슷한 액체라 하여 여자 사정이라 불리고 있다.

그런데 오르가슴을 느낄 때 이렇게 많은 액체를 분출하는 여자의 쾌감이, 그렇지 않은 여자보다 특별히 더 강하다는 증거는 거의 없다. 또 오르가슴이란 감각의 정도가 지극히 개인적이라 비교하기가 쉽지 않으며, 흥분이 잘 되어 질액이 흥건하게 나오는 경우도 있으니 여자 사정 자체에 너무 목을 맬 필요는 없어 보인다.

오르가슴을 자주 느끼면 조산율, 사망률, 유방암 등의 암 발생률, 심장병 발병률, 스트레스를 낮춰주고, 월경통, 편두통 등에 진통 효과가 있으며 결속감, 친밀감, 행복감을 높일 뿐 아니라 자존감까지 높여준다. 특히 오르가슴을 자주 느낄수록, 오럴섹스를 많이 나눌수록, 다양한 섹스를 할수록 여자의 성적 만족도는 높아진다. 성적 만족도가 바로 오르가슴이라고 말할 수는 없지만, 오르가슴의 잦은 횟수와 분명 연관이 있다. 무엇보다 여자는 섹스 시 파트너와 마음이 잘 맞고 하나가 됐다고 느낄 때 '최고의 극치감'을 경험했다고 하니 정서적 안정감을 느끼게 해 주는 일, 섹스 후의 교감, 높은 소통 능력이야말로 '멋진 섹스'가 되는 필요충분조건이다.

거짓 오르가슴은 인제 그만

거짓 오르가슴은 실제로는 오르가슴을 느끼지 못했지만 느낀 것처럼 연기하는 것이다. 이 거짓 오르가슴을 잘 표현한 영화가 〈해리가 샐리를 만났을 때〉다.

당시 매력 있는 여자의 대명사였던 맥 라이언이 연기한 샐리는 해리와 대학 동창이다. 이 둘은 썸의 순간이 여러 번 있었지만 그때마다 엇갈리며 친구로 지낸다. 어느 날 샐리는 해리와 레스토랑에서 만나 '잘 지냈냐?'고 묻는다. 이때 해리는 자기는 다 잘 되고 있다며 사랑 전선도 이상 없다고 답한다. "여자친구가 만족하는지 어떻게 알아?"라는 샐리의 질문에 해리가 자신 있게 "그걸 왜 몰라, 나는 다 알아" 하고 답하자, 갑자기 샐리가 엄청난 오르가슴을 느끼는 듯 소리를 지르기 시작했다. "오, 오, 예스, 예스! 그래, 거기예요."

식탁을 두드리며 눈을 감고 입술을 떨면서 흥분한 샐리의 모습에 당황한 해리는 어쩔 줄 몰라 하고 오르가슴에 떨던 샐리는 갑자기 아무 일도 없었다는 듯 식사를 시작한다. '어때? 여자들은 다 이렇게 거짓 오르가슴을 연기하지. 여자친구가 진짜 오르가슴을 느끼는지 넌 모를걸?' 하는 표정으로!

오르가슴은 커플 모두 원하는 바지만 사실 우리는 거짓을 연기할 때가 자주 있다. 연구 결과에 의하면 여자들은 대략 80% 넘게 거짓 오르가슴을 연기해 본 적 있으며, 남자들도 40% 넘게 해 본 적 있다고 답했다. 여자들이 오르가슴을 열심히 연기하는 것이야 많이 알려져 있지만 남자들도 연기한다니 좀 놀랍다.

남녀 모두 거짓 오르가슴을 연기하는 이유는 비슷하다. 상대의 자존심을 살려 주려고, 빨리 끝내게 하려고, 자신이 잘 느끼는 사람이란 걸 보여주려고 연기하는 것이다. 상대를 격려하는 차원이라 해도 거짓 오르가슴이 습관이 되면 안 된다. 그건 거짓말을 하는 것과 같다. 관계에 거짓이 쌓이면 결국 깨질 수 있는 것처럼 섹스에도 마찬가지다. 거짓 오르가슴은 거짓 정보를 줌으로써 상대가 더 잘할 기회를 뺏는 것이며 스스로도 감각은 뒤로하고 연기에 집중하게 되니 섹스의 질은 점점 더 나빠질 수밖에 없다.

사랑하는 사람과 섹스한다 해도 매번 오르가슴을 느끼는 것은 아니다. 섹스할 때마다 오르가슴을 여러 번 강력하게 느끼는 사람도 있지만 한 번도 못 느껴본 사람도 있고, 어떤 사람은 자신이 느끼는 쾌감이 오르가슴인지 모르겠다는 이도 있다. 물론 섹스에서 강력하고 멋진 오르가슴을 느끼는 것은 대환영이다. 하지만 못 느꼈다 해도 거짓 연기를 거듭하면 결국 두 사람 모두 만족감 낮은 섹스를 하게 된다는 걸 명심할 일이다. ✍

여자들이여,
자위하라

유튜브에 '여자 자위'를 주제로 영상을 올리면 언제나 반응이 폭발
적이다. 아마도 남자의 자위행위는 일상화된 반면 여자의 자위행위
는 여전히 호기심의 영역처럼 느껴지기 때문인 것 같다.

여자 자위에 대한 관심은 어디에서 기인하는 것일까. 아마도 남자
들의 성적 판타지 중에 '여자의 자위를 보는 것'이 항상 상위를 차지
하고 있고, 여자들 역시 성 정보와 경험이 예전보다 많아진 지금, 실
제로 자기 만족을 위해 자위행위를 하는 사람들이 많아진 탓이 아닌
가 짐작해 본다.

자위행위는 말 그대로 나 스스로를 위안하는 행위이다. 좀 더 구
체적으로 말하자면 성 욕구에 따라 자기 몸을 자극하고 그를 통해 쾌
감과 만족을 느끼는 '자율적인 섹스'다. 아주 어린 아기들도 자신의
성기를 만지면서 즐거움을 느낀다. 이는 그저 자연스러운 일이다.

거의 모든 남자가 청소년기를 거치면서 자위행위를 경험하고 즐긴다. 오죽하면 "남자는 97%는 자위행위를 하고 나머지 3%는 거짓말을 한다"라는 농담이 있을까? 내 생각에는 3%는 더 넘는 남자가 가치관이나 종교적 이유로 자위행위를 하지 않는다고 생각하지만. 어쨌든 자위행위를 변태가 되는 길이라 인식했던 과거에는 동서양 할 것 없이 엄격하게 금했다. 자위행위를 하면 뼈가 삭는다고 겁을 주기도 했고, 서양에서는 간질이나 정신병에 걸린다며 혹독히 훈계하기도 했다. 심지어 정신병원에 가두기도 했다. 다행히 지금은 그렇게 금기시하지는 않지만 일부 학부모들은 여전히 자녀의 자위행위를 강박적으로 걱정하기도 한다.

요즘의 청소년들은 과거보다 훨씬 어린 나이에 자위행위를 시작할 것이고 더 많이 할 거라 짐작한다. 그 이유는 스마트폰이나 컴퓨터 사용으로 성적 흥분을 유발하는 포르노물을 어릴 때부터 쉽게 접하고 친구들과 경험을 공유하기도 하기 때문이다. 그러나 지나치지만 않다면 청소년기에 스스로 성행위를 연습하고 성감을 개발하며 성적 긴장을 해소한다는 점에서 자위행위는 건강한 육체적·심리적 배출 방법이다. 또 최근에는 남자들의 자위행위는 상대 유무와 상관없이 쉽게 오르가슴을 느낄 수 있는 성행위로 자연스럽게 받아들여지고 있다. 그에 반해 여자들의 자위행위에 대해서는, 더 구체적으로는 여자들이 자위행위를 통해 쾌감을 얻는 것에 대해서는 여전히 금기와 거부의 시각이 공존한다.

그래서 여자 자위에 대한 괴담에는 자위행위를 많이 하면 성기, 특히 음핵의 모습이 변한다든지, 색이 짙어진다든지 하는 것들이 많다. 하지만 남녀를 불문하고 성숙할수록 성기의 색은 짙어진다는 것이 정설이다. 많이 만져서 짙어지는 것은 아니란 뜻이다.

'여자가 성에 대해 많이 알거나 적극적이면 밝히는 여자'라고 바라보거나, '자신의 유두, 소음순의 색이 짙다'며 '남자친구에게 성경험이 많은 것으로 오해받으면 어쩌냐'는 등 여자가 성을 바라보는 방식조차 남자의 시각을 염두에 두는 경우가 많으니 여자가 성적 자기결정권을 행사하기란 아직도 요원한 일일지도 모르겠다.

대개 여자들은 유아 자위에서 시작하지 않는 한, 포르노물을 접하거나 남자친구가 생겨 스킨십에 욕구가 생길 때 자위행위를 시작하는 경우가 많다. 물론 우연히 성기가 이불이나 어떤 모서리에 스치면서 쾌감을 느껴 시작하기도 한다.

젊은 여자들이 선호하는 자위행위는 질 안으로의 삽입보다는 대체로 음핵과 그 주변을 자극하는 것이어서 남자 성기 모양의 딜도보다 바이브레이터(진동기)를 더 많이 이용한다. 흥미로운 것은 여자들은 남자와 달리 성기뿐 아니라 자신의 가슴을 함께 만지면서 자위행위를 하는 경우가 많다는 것이다. 여자의 가슴은 또 하나의 성기라 불릴 정도로 성적 자극에 민감하고 예민하며, 가슴 애무만으로 오르 가슴에 이르는 경우도 많다.

성에 대해 보수적이고 구체적인 정보가 거의 없는 우리 사회에서 여자들의 자위행위는 더욱 유용하다. 자위행위는 그야말로 섹스의 연습이라 성기의 어느 부분을 어떻게 만지고 문지르면 쉽게 흥분하는지, 또 적어도 쾌감에 이를 수 있는지를 알게 할뿐 아니라 성감 개발도 되기 때문에, 실제 파트너와의 섹스에서도 흥분과 만족을 쉽게 이끌 수 있다. 성 상담 현장에서는 파트너와의 섹스에서 오르가슴을 못 느낀다는 여자들에게 자위행위가 치료 방법으로 권해진다. 또 성 흥분이 잘 안 된다는 커플에게는 상대의 자위행위를 보거나 때로는 서로 자위행위에 참여함으로써 상대의 성 흥분을 끌어내는 방법을 익히게 하기도 한다.

섹스란 사랑하는 사람과 함께하는 즐거움 넘치는 춤이다. 혼자서 여러 동작을 미리 연습하면 상대와 춤을 출 때 더욱 능숙하고 멋진 춤사위를 즐길 수 있는 것처럼, 자위행위도 그렇다. ✎

벗어나기 힘든
섹스 중독

섹스 중독 때문에 상담을 요청하는 이들이 꽤 있다. 특히 남편이 포르노를 매일 보면서 자위행위를 하고 정작 부부관계는 하지 않는다는 아내, 스트레스가 쌓이면 포르노를 보며 자위행위를 하다 보니 정작 사람과는 섹스할 수 없게 됐다는 남자가 적지 않다.

오늘 아침에도 '자신이 자위 중독이라면서 상담이 가능한지'를 물어오는 남자의 메일을 받았다. 자위행위는 혼자 하는 섹스이고 실상 자위 중독은 섹스 중독이며, 포르노 중독을 동반할 때가 많다. 상담을 하다 보면 포르노와 자위행위에 중독된 남자들이 연인이나 아내에게 흥분이 안 되어 발기에 어려움을 겪는다는 경우를 많이 만난다. 포르노를 통해 아주 매력적인(생물학적으로 훌륭한?) 상대를 보며 강한 자극을 받아왔기에 익숙한 자극으로는 흥분이 안 된다는 것이다. 또 연인과의 섹스는 혼자 하는 자위행위보다 힘이 들고 신경도 많이 써야 하니, 점점 안 하게 된다고 고백한다. 섹스 자체에 중독돼 너무 잦은 관계를 원하는 바람에 여자친구가 자신을 동물 보듯 한다는 남자의 고민 상담을 받기도 했다.

영혼의 소통을 방해하는 섹스 중독

섹스 중독이란 알코올이나 담배, 마약 중독처럼 섹스에 의존해 긴장을 해소하고 섹스를 통해서만 위안을 얻는 증상이다. 그런데 섹스 중독은 술이나 마약 같은 물질 중독보다 치료하기가 훨씬 어렵다. 섹스 중독은 몸의 감각에 중독되는 것이기도 하지만 상대와의 관계에 의존하는 정서적인 것과도 연관되고 외로움, 고립, 불안 같은 감정에서 기인하기 때문이다. 섹스는 양날의 칼처럼 잘못하면 중독이 돼 일상생활에 지장을 받을 수 있지만, 잘 쓰면 더욱 건강해지고 행복해지는 미덕이 있는 행위이자 사람과의 관계 맺기의 중요한 방법이라 치료가 어렵다. 따라서 담배나 술처럼 무조건 끊는 것이 능사가 아니고, 좋은 사람과 적절하게 섹스를 통제할 수 있도록 하는 것이 치료 목표가 된다. 그런데 그것이 쉽지 않다.

술, 담배, 마약 등 어떤 중독도 결국 고립과 소외감에서 비롯된다.

섹스 중독도 마찬가지다. 상습적으로 바람을 피우는 사람들 가운데는 어린 시절 부모의 냉담이나 방치하는 양육 탓에 깊은 관계 맺기 연습이 안 돼서, 자신도 모르게 쉽고 짧게 만났다 헤어지는 책임 없는 관계를 원하는 경우가 많다. 그래서 어린 시절의 건강한 애착 관계는 무척 중요하다.

섹스는 친밀감을 높여주는 행위지만 감각에만 치중하게 되면 자극은 점점 더 강해져야 한다. 따라서 실제 몸을 만지는 등 접촉의 자극도 더욱 강해져야 하고, 시각적인 자극도 강화되지 않으면 흥분하기 어렵다. 이렇게 감각을 자극하는 말초적인 섹스만 탐닉하다 보면 그야말로 섹스로만 긴장이 해소되고, 나아가 매일 여러 번씩 섹스해야 되는 심각한 섹스 의존증을 불러올 수도 있다.

섹스는 감각의 문제이기도 하지만, 관계의 문제이기도 하다. 섹스는 몸만의 대화가 아니라 마음과 영혼의 대화이며 깊은 친밀감을 위한 강력한 소통 방법이다. 강한 자극만을 찾아 감각 개발만 하다 보면, 마음과 영혼의 교통이 막혀 버리고 서로에게 가졌던 애정의 기운조차 식어 버릴 수 있다. 중요한 건 사랑 없이 섹스라는 행위를 할 수는 있지만, 섹스의 중심에 사랑이 있으면 더욱 건강하고 튼튼한 자아를 가지고 단단해질 수 있다는 것이다. ✍

체위, 어떤 자세가
좋을까?

"제 남자친구는 늘 같은 체위만 고집해요. 그래서 전 이제 섹스가 점점 재미가 없어요. 다른 체위를 하는 게 이상한 건가요?"

"여성상위를 좋아하는데 여자친구는 별로 하고 싶지 않은가 봐요. 다들 여성상위가 여자에게도 더 좋다고 하던데요!"

여러 섹스 매뉴얼을 따르면 커플이 시도할 수 있는 체위는 1,000가지가 넘는다. 인도의 성전인 카마수트라에서도 64개가 넘는 체위를 설명하고 있다. 하지만 대체로 섹스 중 사용하는 체위는 보통 4개를 기본으로 한다. 체위는 두 사람의 상상력과 육체적인 조건, 심리적 상태에 따라 다양하게 할 수 있다.

기본체위는 남자가 등을 대고 누운 여자의 위에 있고 얼굴을 마주보는 정상위(유럽의 선교사들이 아프리카에서 원주민들에게 섹스하는 올바른 방법이라며 가르쳐서 '선교사 체위'라고도 한다), 얼굴을 마주하지만 여자가 남자의 위에 있는 여성상위, 여자의 뒤에서 하는 후배위, 다리나 몸을 엇갈려 하는 측위 등이 있다. 이런 각 체위에는 장단점이 있는데 정상위는 얼굴을 대면하기 때문에 섹스 중에도 친밀감을 나눌 수 있다고 하지만 보통 여자보다 남자가 체중이 더 무거운 데다, 여자가 등을 대고 누워 있기 때문에 여자의 움직임을 제어하며 몸의 각 부분을 애무하기가 어렵다. 또 허리가 아프거나, 다른 육체적인 문제가 있는 사람들은 정상위의 자세를 유지하는 데 어려움을 겪는다.

여성상위는 여자가 주도적으로 흥분을 유도하기 쉽고, 남자가 여자의 몸 다른 부분을 애무하기가 쉽다. 또 여성상위는 여자가 움직이기 때문에 남자는 좀 쉴 수 있고, 밑에서 여자의 몸과 움직임을 보면서 남자의 흥분이 더 지속된다고 한다. 여자로서도 자신이 움직이기 때문에 음핵을 쉽게 자극할 수 있고, 오르가슴도 더 잘 느낄 수 있다.

후배위는 여자의 뒤에서 남자가 삽입하는 야생의 동물들에서 많이 볼 수 있는 자세인데, 남자는 여자의 등과 엉덩이 등 뒷모습을 다볼 수 있는 데다 몸을 만질 수도 있고, 남자가 뒤에서 내려다보며 삽입하기 때문에 남자로선 정복 느낌을, 여자로선 지배당하는 느낌을 느낀다고 해 호불호가 갈린다. 후배위가 깊이 삽입을 할 수 있어서

이 체위를 선호하는 이들도 많다.

측위는 옆으로 눕거나 다리를 엇갈리게 하는 체위로 좀 더 많은 부분이 깊숙이 접촉된다.

체위에는 정해진 방식이 있는 것이 아니다. 다양한 체위는 자발적이고 창의적으로 재미있게 섹스하는 데 도움이 된다. 새로운 자세로 바꿔 보는 것은 둘의 쾌감을 올릴 수 있으며, 창의성이 흥분과 만족감을 더 가져오기 때문에 다양한 체위로 섹스를 즐겨도 좋을 것이다. 물론 여기에는 두 사람이 모두 원해서 즐긴다는 전제가 있어야 할 것이다.

마찬가지로 섹스를 꼭 밤에만 해야 한다는 법은 없으며, 아침이나 한낮에도 할 수 있다. 장소도 침대만을 고집할 필요는 없다. 매번 같은 방식은 성욕과 흥분에 재를 뿌린다. 커플이 창의성을 발휘하면 더 즐거운 섹스를 할 수 있을 것이다. ✑

지금도 여전한
혼전순결 고민

"혼전순결을 어떻게 생각하시나요?"

"혼전 섹스를 하는 건 너무 불건전한 것 같아요. 제가 너무 보수적인가요?"

"남자는 섹스를 하고 나면 금방 질려 하고 헤어지는 경우도 많다던데요?"

"연애 중 섹스가 그 만남을 계속하거나 사랑을 키우는 데 시너지 효과가 된다고 생각하시나요?"

강의 중 학생들로부터 여전히 받는 질문들이다.

사회가 성적으로 많이 개방된 것처럼 보이지만, 여전히 혼전순결을 지키고 싶다는 학생들이 있다. 또 혼전에 섹스를 하면 남자의 마음이 변해 헤어지게 되지는 않을지, 섹스를 거부하면 이 연애가 끝나지는 않을지, 결혼 후 배우자는 상대의 혼전 섹스 경험에 대해 어떻게 생각할지에 대해 고민하기도 한다.

결혼 연령이 늦어지고 그에 따라 금욕기간(?)이 길어지다 보니 혼전 섹스에 대한 갈등은 더 많아질 수밖에 없다. 연애는 빨리 시작하게 되고(워낙 성 행동을 부추기는 사회 아닌가?) 연애를 하다 보면 스킨십이 많아지고, 또 그러다 보면 섹스를 해야 할지를 고민하는 단계까지는 그리 멀지 않은 길이다.

젊은이들은 혼전순결, 혼전 섹스에 대한 의견은 '해도 된다', '하지 않아야 한다'로 크게 이분화된 듯하지만 각자가 가지고 있는 생각은 다양하다. "혼전에 섹스를 할 것인가? 아니 해도 되는가?"에 대한 질문을 하면 아마도 "사랑한다면 할 수 있다"는 대답에 가장 많이 'Yes'를 하겠지만, 'Yes'라고 대답하는 것과 실제로 섹스할 수 있는가는 크게 다르다.

즉 머리로는 대개가 진보적인 생각을 하고 있고, 대학생이나 미혼 성 의식 설문조사를 하면 사랑하면 섹스할 수 있다는 이들이 60%가 넘었느니 70%가 넘었느니 하면서 '요즘 젊은이들이 지나치게 개방적이다, 너무 방만하다'고 야단법석이지만, 생각과 행동은 차이가 있어서 실제 섹스하는 것은 아주 다른 이야기라는 것이다.

누군가를 사랑하게 되면 그 몸에 대한 욕구가 생기게 마련이다.

성이란 육체와 마음, 그리고 관계에 대한 것이 다 같이 가는 것인데 "사랑한다면서 정신만 사랑한다는 것이 진짜 사랑일까? 또 가능할까?" 하는 질문에서 자유로울 수 없다. 몇 년 전 학생들에게 '섹스와 사랑'에 대한 숙제를 내주었더니 아주 자유롭고 솔직한 의견들을 적어 냈다. 그런데 정작 나를 놀라게 했던 것은 남학생들의 반응이었다.

"제 여자친구는 혼전순결을 지켜야 한다면서, 제 성욕은 인정하니 자신이 섹스할 수 있을 때까지 성매매를 허용하겠다고 합니다. 저는 이것이 쿨하다고 생각하지 않아요. 그럼 저는 동물인가요? 나를 사랑한다면서 어떻게 다른 여자랑 섹스해도 괜찮다고 하는지 이해할 수 없습니다."

"여자친구가 혼전순결을 지킨다고 하기에 그렇게 하고 있습니다. 하지만 사실 전 화가 나요. 왠지 아직 있지도 않은 경쟁자에게 졌다는 생각이 들거든요. 그녀는 저를 사랑한다면서 아직 누군지도 모르는 남자를 위해 순결을 지키고 있으니 말입니다. 그녀가 정말 저를 사랑하고 있기는 한 건가요?"

이런 이야기를 읽으면서 나 또한 깊은 생각에 빠질 수밖에 없었다. '그래, 사랑이란 육체와 마음이 다 같이 가는 것이고, 그의 몸 또

한 사랑하는 것이 사랑의 온전한 모습 아닐까?' 하는 생각…. 그리고 아직 있지도 않은 경쟁자에게 진 것 같다는 질투를 가볍게 여길 수도 없는 게, 여자의 그런 선택이 정말 사랑인지 저울질인지 모르겠다는 생각들로 마음이 복잡해졌다.

물론 여자들의 생각은 또 좀 다르다. 여전히 사회는 여자의 성 경험을 민감하게 바라보기 때문이다. 또 남자들은 별로 사랑하지도 않으면서, 섹스를 위해 사랑한다고 믿도록 거짓말하는 경우가 지금도 적지 않다. 그래서 섹스 후에 쉽게 헤어지기도 한다. 그에 반해 여자는 섹스를 하고 나면 남자에게 기대고 의존하고 더욱 사랑한다고 믿는 경우가 많다. (물론 남자들이 모두 다 그렇다는 것은 아니다. 진실한 사랑이라면 섹스 후에 더 마음이 깊어진다고 나 역시 믿는다.)

또 임신과 출산, 양육에 많은 책임을 져야 하는 포유류 중에서도 인간 여자는 아주 미숙한 아기를 낳기 때문에 임신을 유발하는 섹스에 더욱 신중하지 않을 수가 없다. 어쨌든 일단 섹스를 하고 나면 남자가 책임질 수 있는 부분은 거의 없고 대개 여자가 책임지고 감당해야 하기 때문이다.

이렇게 사회적으로 생물학적으로, 섹스를 결정한다는 것은 남자보다 여자에게 더욱 조심스러운 일이다. 이 남자를 정말 사랑해서 섹스하게 되었더라도 헤어지고 만나는 경우가 다반사인 현대사회에서 섹스가 여자에게 주는 부담은 여전히 크다. 무엇보다 순결과정조에 대한 사회적 기준과 경제적인 지위 성취가 남녀 모두에게 똑같이 적용되어야 여자들의 고민이 좀 가벼워질 것이다.

육체적 안전을 위해 피임과 성병 예방 준비를 하고 정서적·심리적으로도 그 행동에 당당하고 책임질 수 있다면 섹스의 결정도 스스로 하면 된다. 반면 아무래도 자신 없고 섹스 때문에 불행해지고 관계에 갈등이 깊어질 것 같다면, 하지 않는 게 좋을 것이다. 그리고 무엇보다 섹스 경험은 내가 살아온 인생의 한 부분이기 때문에 누군가에게 고백하고, 나누고, 용서받아야 하는 게 아니라는 것이다. 순결함은 소중하다. 그리고 처음이라는 것도 소중하다. 하지만 어찌 생각하면 사랑의 대상이 바뀌었을 때 역시 그와 나누는 첫 섹스는 언제나 순결한 첫 경험이다.

이렇게 생각한다면 혼전이냐 아니냐가 문제가 되는 게 아니라, 내가 섹스를 할 만큼 그 혹은 그녀를 사랑하는가가 더 중요한 기준이 되는 것 아닐까? 또 내가 섹스를 결정할 정도로 그를 진정 사랑하고 그 사랑에 최선을 다하겠다는 생각 자체가 순결한 것 아닐까? 그리고 또 하나 정말 중요한 것은 이러한 결정이 나를 행복하게 하고, 앞으로도 행복하게 만들 수 있어야 한다는 것이다. 🐾

안전한 섹스를 위한
여덟 가지 조언

섹스는 무엇보다 안전해야 한다. 안전한 섹스를 하려면 어떻게 해야

할까?

① 섹스를 거부할 수 있어야 한다

특히 상대방을 잘 모르거나, 자신은 섹스를 하고 싶지 않을 때 상

황에 밀려서 하게 된다면 후회할 일이 더 많을 것이다. 내가 하고 싶

은지, 또는 하고 싶지 않은지 섹스 의사를 정확히 밝힐 수 있어야

한다.

② 섹스 상대의 수를 제한해야 한다

섹스 상대가 많을수록 많은 문제가 일어날 수 있다. 관계의 문제

는 물론이고 성병 문제, 원치 않는 임신 문제까지 말이다. 누군가와

섹스할 때 그 침대 위에는 두 사람만이 아닌 각자가 경험한 상대와의 문제도 함께 있다는 걸 명심하자.

③ 자기의 직관을 너무 믿지 말아야 한다

상대가 정직해 보인다고 해서 그가 안전한 사람이라고 속단하지 말아야 한다.

④ 낯선 사람이 주는 술이나 음료는 마시지 않아야 한다

상대를 잘 알지 못할 때 술을 마시면 더 위험한 섹스를 하게 될 수 있다. 맑은 정신이었으면 결코 응하지 않았을 행동도 술이나 약물에 취하면 하게 될 수 있다. 보다 안전한 섹스를 하려면 자신을 책임질 수 있어야 하는데 그러려면 명료한 정신이어야 한다. 도와줄 일행이 없는 낯선 술자리에선 조금이라도 꺼림칙한 음료는 마시지 않아야 한다.

로힙놀, 졸피뎀 같은 이른바 데이트 강간 마약은 여자들을 잠들게 하고 통제력을 잃게 만든다. 이것들은 주로 술에 섞어 사용하는데 이 마약은 맛이나 냄새가 없어 피해자가 전혀 느끼지 못한다. 약을 복용한 지 10여 분이 지나면 어지러움을 느끼고, 방향감각을 잃으며 아주 덥거나 아주 추워 한다. 마약 음료를 마신 여자는 말하고 움직이기가 어려워지는데 그러다가 기절하고 그간에 일어난 일을 어렴

풋이 기억하거나 전혀 기억하지 못할 수도 있다. 모르는 사람이 권하는 음료는 마시지 않는 것이 현명하며, 클럽에 가서도 컵에 담긴 음료를 남에게 부탁하지 않는다. 요즘은 음료뿐 아니라 사탕이나 젤리 같은 형태로도 만들어지니 모르는 사람이 주는 음식은 절대 먹지 않는 것이 좋겠다.

⑤ 안전한 섹스에 대해서 미리 연인과 이야기하자

데이트하면서 관계가 진전되는 것 같으면 안전한 관계와 섹스에 대해 이야기를 시작하자. 일단 스킨십을 시작하면 진도는 빨라지고 멈추기 어려워질 수 있다. 섹스를 하려는 순간에도 피임 등 안전에 대해 이야기할 수 있지만, 그보다 먼저 소통하면서 준비하는 것이 좋다. 데이트 상대와 평소에 성에 대한 대화를 솔직하고 자유롭게 할 수 있다면 더욱 좋겠다.

⑥ 콘돔을 사용하자

섹스를 하게 될 것 같으면 콘돔을 가방에 넣고 다닐 것. 유효기간과 적절하게 보관하고 있는지도 확인하는 게 좋다. 규칙적으로 섹스하는 여성이라면 호르몬제 피임약을 함께 복용하는 것이 더 안전하다.

⑦ 섹스를 하기 전에 상대를 많이 알아보자

섹스는 일어난다. 그러므로 상대와 관계가 진전되면 그 사람이 어떤 사람인지 더 많이 알아보려고 노력하라. 안전한 섹스를 하는 방법은 누군가를 잘 알게 되기까지는 섹스하지 않는 것이다. 데이트도 하고, 상대와 인생과 사랑에 대한 많은 이야기를 나누고 그가 어떤 사람인지 알아가야 한다. 두 사람 모두 상당히 안전하다고 판단되면 그때 섹스를 결정하는 것이 좋다.

⑧ 위험한 행동을 하지 말 것

아무런 보호조치 없는 오럴섹스, 항문섹스는 자신을 위험에 빠뜨릴 수 있다.

위험한 행동이라 느끼면 하지 말 것. 위험한 행동일수록 스릴을 느낄 수 있지만 한순간의 잘못된 선택이 자신을 위험에 빠뜨릴 수 있다. 스와핑을 비롯, 변태적인 섹스는 멋진 섹스가 아니다. ☙

똑똑하게
사랑하고
안심하고 즐기기,
건강 수업

피임을 대하는
청춘의 자세

피임은 말 그대로 '임신을 피하는 것'이다.

'노콘노섹(콘돔 없으면 섹스도 없다)'이라는 말을 구호처럼 말하지만 그럼에도 여전히 피임에 정확한 지식이 없는, 혹은 책임에 대해 깊이 생각하지 않는, 또 책임에 대해 생각하더라도 피임 이야기를 꺼내지 못해 준비 없이 섹스하는 게 정말 걱정이다. 강조하지만 섹스는 결과에 대해 평생 책임을 질 준비가 되어 있고, 기꺼이 질 사람과 하는 것이다.

피임의 방법을 얼마나 알고 있는가? 또 자신과 맞는 피임법은 무엇인가? 나는 섹스를 규칙적으로 하는 이들이라면 경구피임약과 콘돔을 동시에 사용하는 것을 권한다.

만감이 교차하는
콘돔 사 오기 과제

〈성과 문화〉 수업에서는 학생들에게 '콘돔 사 오기' 과제를 내준다. 학생들은 이 과제를 들으면 난감한 표정을 짓거나 '뭘 그런 것까지?' 하는 표정을 짓는다. 나는 콘돔을 살 때 자신의 감정이 어땠는지도 써서 제출하라고 한다. 처음에 대수롭지 않아 하던 학생들도 콘돔을 사는 과제를 하고 그때 기분이 어땠는지 학우들이 발표하는 걸 보며 생각하는 눈빛이 된다. 학생 대부분이 집에서 가까운 늘 다니던 편의점이나 마트보다 잘 들르지 않을 곳에까지 가서 콘돔을 사고, 일하는 직원이 동성인지 이성인지도 신경 쓰며, 구매 시간을 낮으로 할 건지 밤으로 할 건지 등도 고려한다. 그리고 콘돔만 사기보다는 여러 물건 속에 넣거나 친구들과 같이 가서 공동으로 구매할 때 끼워 넣기도 했다고 겸연쩍어한다. 또 콘돔을 사보지 않아 매대 어디 있는지 찾기 어려워도 직원에게 물어보지 못하고 앱으로 위치를 검색해서 구입했다는 학생도 있다.

이렇게 콘돔을 사 오게 하는 이유는 피임의 필요성을 알고 있지만 실제로 자기가 사보지 않으면 상대가 준비하지 않았을 때 대처하기 어렵기 때문이다. 또 자기의 성 건강은 스스로 책임져야 한다는 것을 알게 하기 위해서이다. 대수롭지 않아 보이는 콘돔 사보기는 학생들이 꽤 심경의 변화를 경험하는 과제이다. 이번 학기에 콘돔을 처음 사본 여학생은 기념으로 엄마와 두 개씩 나눠 가졌다고 특별하고 유쾌한 경험을 이야기했다.

피임은 두 사람 모두 능동적으로 준비하는 것

피임은 성행위를 하는 두 사람이 모두 책임감을 가지고 준비해야 한다. 한 사람에게만 미루면 정작 그가 준비하지 않았을 때 난감하게 되고 위험을 무릅써야 할 수도 있다. 그래서 남녀 학생 모두에게 콘돔을 사보게 하는 것이다. 상대가 준비하지 않았다면 나의 인생과 사랑을 지키기 위해 내 가방에서 꺼낼 수 있어야 비로소 '성적 자기 결정권'을 가지고 있다고 할 만하니까.

여자들에게 꽤 자주 받는 질문이 "섹스하는 도중에 느낌이 좋지 않다며 콘돔을 상대가 뺄 때 어떻게 해야 하느냐"는 것이다. '콘돔 없이는 안 한다'고 하면 분위기를 깨거나 상대를 불편하게 할 것 같아서 자기는 너무나 불안하지만 '이번만'이라는 단서를 달고 그냥 진행한다는 여자들이 대부분이다. 그런가 하면 적지 않은 남자들이 자신의 '느낌'을 포기하기 싫어서 섹스 도중에 콘돔을 빼 버리거나,

아예 처음부터 콘돔 없이 하는 경우가 있다는 이야기를 아무런 고민 없는 얼굴로 말한다. 임신이라는 일이 여자가 아닌 남자의 몸에서 일어난다면 그렇게 태평한 얼굴로 말할 수는 없을 것이다.

피임을 약속하고 섹스하다가 자신의 느낌 때문에 콘돔을 빼는 남자는 이미 약속을 위반한 것이고 상대의 안전, 나아가서는 둘의 관계 안전을 무시한 이기적인 사람이다. 이런 상황에서 여자는 떠밀리듯 내키지 않는 섹스를 하고 다음 월경 때까지 불안해 할 것이 아니라 그 자리에서 거절하고 "하지 않겠다"고 말할 수 있어야 한다. 또 행동으로도 단호함을 보여주는 것이 좋다. 그런 일이 계속되면? 당연히 '끝'이다. 상대의 마음과 안전을 고려하지 않는 사람은 사랑의 대상으로 삼기에 너무 위험하다. 그러므로 내 몸과 마음의 안전을 위해서, 함께 행복한 사랑을 위해서는 피임을 주장하고 스스로도 준비해야 한다. ✒

잘못된 상식이
피임을 망친다

인류의 역사가 시작되고 남자와 여자가 섹스하면 아기가 생긴다는 것을 알게 된 이후로, 사람들은 임신을 피하기 위해 정말 다양한 노력을 해왔다. 아무래도 임신 당사자인 여자가 피임에 더욱 간절했다. 옛날 이집트의 악어똥을 질에 삽입하는 피임제(최근에 이 악어똥 피임제가 질의 산성도를 높여 오히려 임신에 도움이 되었을 거라는 게 밝혀졌다)부터 최근 섹스 후에 차가운 물이나 콜라로 질 속까지 씻는 법까지 어처구니없는 처방도 많았다. 또 섹스 후 물구나무를 선다든지, 아랫배를 발로 찬다든지 하는 위험하고 잘못된 정보가 여전히 오간다. 첫 섹스에서는 임신이 잘 안 된다는 유래를 알 수 없는 낙관주의가 피임을 미루는 데 한몫을 하기도 했다.

지금도 많은 이가 오해하고 있는 잘못된 피임 상식을 알아보자.

질외사정과 질 세척

많은 이가 피임법으로 믿고 있는 '질외사정'은 피임법이 결코 아니다. 콘돔을 미처 준비하지 못했거나, 콘돔의 이물감을 좋아하지 않는 남자들은 이 질외사정을 자주 주장한다. 질외사정은 남자가 삽입섹스 중 사정하기 직전에 음경을 빼내어 질 바깥에 사정하는 것이다. 섹스하는 여자 중 절반 이상은 여러 이유로 한 번 이상 질외사정을 경험했다.

남자가 여자의 질내에 사정하지 않았으니 정자가 질내에 없을 것이라 생각되지만 사정하기 전에 요도로 나오는 쿠퍼액(Cowper's fluid)에 다량의 정자가 섞여 있을 가능성이 있다. 그보다 더 큰 문제는 많은 남자가 사정 전에 완벽하게 음경을 빼내기 어렵다는 것이다. 때문에 질외사정으로 피임한 여자 100명 중 22명이 첫 해에 임신한다. 또한 남자로서도 거듭된 질외사정은 성감을 떨어뜨리고, 성적 장애를 가져오기도 한다.

질 세척 역시 섹스 후에 아무리 빨리 질을 씻는다 해도 일부 정자들이 이미 자궁경부로 들어갈 수 있다는 문제가 있고, 오히려 질 세척으로 정자를 자궁경부에 밀어 넣는 결과가 되기도 한다.

자연피임법

오랫동안 전해진 피임법 중에 자연피임법이 있다. 여자의 월경주기를 이용해서 가임기(임신이 가능한 시기)를 피해 섹스하면 피임이 된다는 월경주기법, 여자가 배란기에 최소 1.8도 정도 체온이 높아지는 것을 이용해 가임기를 피한다는 기초체온법, 여자의 질액이 평소에는 희고 끈적이지만 배란기에는 묽고 투명하며 계란 흰자처럼 매끄러워진다는 걸 이용해서 하는 점액관찰법이 그것이다.

어떤 도구나 약을 사용하지 않는다는 점에서 건강에 이로울 것으로 생각되지만, 사실 이 방법들은 피임 효과가 높지 않다. 왜냐면 여자의 배란기는 365일이라고 할 정도로 돌발 배란이 알 수 없게 일어나며, 몸에 어떤 염증이나 이유로 미열이 일어날 수 있고, 점액 역시 질염과 호르몬 등에 영향을 받기 때문이다. 그래서 자연피임법은 정확한 피임법으로 사용하기 어렵다.

피임에 대한 오해들

피임에 대한 절실한 필요만큼이나 잘못된 오해가 많다.

① 첫 섹스에서 임신이 되지 않는다

생각보다 처음 섹스에서 임신하는 확률은 꽤 높다. 특히 젊은 여자일수록 임신이 잘 된다. 연구에 의하면 20대 초반에는 임신 확률이 85% 이상, 30대 초반에는 45%, 40대 초반에는 25%로 떨어진다고 한다. 물론 이 확률에는 나이뿐 아니라 개인의 건강과 환경, 생활 방식이 많은 영향을 미친다. 임신은 사람이 원한다고, 혹은 원하지 않는다고 되거나 안 되는 게 아니다. 그리고 첫 섹스라고 해서 그 확률이 낮은 것도 아니다.

② 월경 중에는 임신이 되지 않는다

보통 월경 중에는 난자가 이미 죽어서 떨어져 나온 자궁내막 조직과 함께 배출되기 때문에 임신이 안 될 거라고 생각하지만, 월경주기가 짧거나 알 수 없는 이유로 임신이 될 수도 있다.

③ 장기간 피임약을 먹다가 중지하면 불임이 된다

예전에는 호르몬 함량이 높은 약들이 많아 여러 부작용이 보고되기도 했지만, 요즘은 호르몬 함량이 많이 낮아져 피임약 복용을 중지하면 곧 임신이 가능하다.

④ 콘돔을 사용하면 100% 피임이 된다

'금욕' 말고는 100% 안전한 피임법은 없다. 콘돔은 정확하게 잘 사용하면 피임 효과와 성병 예방 효과가 꽤 높지만 100%라고 할 수는 없으며 다른 피임법을 병행하는 것이 좋다. 🖅

피임법의 종류와
사용 방법

현재 사용할 수 있는 효과적인 피임법으로는 호르몬 주사, 콘돔·페미돔·서비컬 캡 같은 도구 피임법, 먹는 피임약과 응급피임약, 피부 밑에 삽입하는 임플라논, 자궁에 넣는 IUD(Intrauterine device) 같은 피임법들이 있고 영구 피임법으로는 정관·난관수술이 있다.

피임법은 주로 여자를 대상으로 한 것이 많지만 최근에는 남자들이 사용할 수 있는 피임법 연구가 계속되고 있고, 얼마간의 성과도 보이고 있다. 남자 정액 속 정자의 양을 줄이고, 활동성을 떨어뜨리는 기능의 먹는 약도 개발되고 있어 남자들에게도 피임 선택지가 더 넓어질 것이다.

도구 피임법

콘돔

천연고무 또는 폴리우레탄 같은 것으로 음경에 딱 맞게 만들어졌으며 사정 후 정자를 가두어 여자의 자궁에 들어가는 것을 막는다. 콘돔은 피임뿐 아니라 거의 유일하게 많은 종류의 성병(100%가 아님을 주의)을 예방할 수 있다.

① 삽입하기 전에 발기된 음경에 콘돔을 착용한다. 먼저 콘돔 끝에 정액 주머니를 비틀어서 공기를 뺀 후 음경 귀두에 대고 끌어내려 씌운다.

② 사정이 끝나면 콘돔의 테두리를 잡고 음경을 질에서 뺀 후 콘돔을 제거한다. 사정 후 여자의 질 속에 삽입을 지속하고 있으면 발기가 사라지면서 콘돔이 빠지거나, 사정액을 질 안에 남길 수 있다.

③ 콘돔은 재활용하지 않는다. 섹스하는 동안 한 번 이상 삽입한다면 매번 새 콘돔을 사용해야 한다.

④ 콘돔의 유효기간을 확인한다. 고무 재질로 된 콘돔은 지갑 같은 따뜻한 곳이나 너무 차가운 곳, 빛에 노출되는 곳에 장기간 보관해서는 안 된다. 서늘하고 어둡고 건조한 곳에 보관해야 한다.

⑤ 구입할 때 콘돔 사이즈를 확인한다. 남자들은 흔히 자신의 음경보다 더 큰 사이즈의 콘돔을 사용하는 경향이 있다고 하는데, 그

러면 피임에 실패할 확률이 높아진다.

⑥ 고무 콘돔을 사용할 때 표면에 러브젤이 아닌 다른 용도의 기름 제품을 바르지 않는다. 베이비 오일, 올리브유 같은 식물성 오일, 수분크림, 핸드 로션, 바셀린 등을 바르면 콘돔의 표면이 녹아 사용 중 찢어질 수 있다.

⑦ 대개의 콘돔에는 윤활제가 발라져 있지만, 윤활제를 더 사용할 경우 수성 윤활제를 사용한다.

"삽입하지 않을게", "내가 완벽하게 조절할 수 있어", "느낌이 좋지 않아", "나는 성병에 걸리지 않았어", "당신이 나를 믿으면 콘돔은 사용하지 않을 거야" 같은 대사를 남자들은 하지 말아야 하고 여자들은 믿지 말아야 한다. 이런 말을 들었다면 "콘돔 없으면 섹스도 없다"라고 말하자. 믿기 어렵지만 '콘돔을 사용하는 남자는 가벼운 관계만 원한다'며 콘돔을 준비한 남자를 의심하는 여자들도 간혹 있다. 하지만 두 사람 간 관계는 섹스 전에 이미 파악했어야 하고, 원치 않은 임신을 피하는 것은 무엇보다 여자에게 유익함을 명심하자.

남자들은 콘돔이 성감을 떨어뜨린다는 말을 평소에 많이 들었기 때문에 더 콘돔 사용을 부정적으로 생각해서 실제보다 성감이 낮아지는 경우가 많다. 연구에 의하면 콘돔을 사용하는 남자는 안심하고 성감에 집중할 수 있으며, 좀 더 오래 지속할 수 있기 때문에 자신의 성 경험을 더 긍정적으로 평가한다고 한다.

페미돔(여성용 콘돔)

고무로 만든 주머니로 여자가 사용하는 콘돔. 두 개의 신축력 있는 고리가 있고 이를 질 내부에 고정하며 정자의 질내 진입을 막는다. 콘돔같이 일회용이며 사정 후 제거한다. 페미돔을 사용할 때는 콘돔을 함께 사용하지 않는다.

이외에 여자가 사용하는 차단식 피임법으로 자궁경부를 막는 다이어프램 페서리와 서비컬 캡, 피임 스펀지들이 있지만 의사나 의료 전문인의 도움을 받아야 하는 등의 번거로움으로 우리나라에서는 잘 사용하지 않는다.

살정제

살정제는 말 그대로 정자를 죽이는 약이다. 좌약이나 질정 형태로 섹스 시작 전에 질 속에 넣어두면 수 분 후 거품이 일어나거나 녹아서 질 속에 들어온 정자를 죽인다. 시간이 지나면서 효과도 떨어지는데, 단독으로 사용하기에는 적절하지 않다.

호르몬제를 이용한 피임법

먹는 피임약

전 세계적으로 1억 명 이상이 사용하는 가장 보편적인 피임법이다. 먹는 피임약은 복합호르몬제제로 배란을 억제하고 자궁경부의 점액을 끈끈하게 하여 정자가 자궁으로 들어가는 것을 방지한다. 그리고 자궁 내 수정란 착상을 방해한다.

보통 먹는 피임약은 21정 혹은 28정으로 포장되어 있으며, 28정 피임약은 의사 처방이 필요하다. 28정 약의 처음 24정은 여성호르몬이 포함되어 있으며, 나머지 4정은 철, 비타민, 유당 등을 포함한 위약(가짜 약)이다. 대체로 21정 약은 약국에서 구입할 수 있는데 7일간 휴약하는 기간 동안 월경을 하게 된다.

피임약은 여러 종류가 있는데 의사와 상의한 후 자신에게 가장 잘 맞는 약을 선택하는 것이 중요하다. 1960년대부터 사용되고 있는 먹는 피임약은 그동안 호르몬 함량과 부작용을 많이 줄여왔다. 피임약은 피임 효과가 높고, 남자의 의지와 상관없이 여자가 피임할 수 있으며 콘돔이나 살정제와 달리 섹스에 영향을 주지도 않는다. 먹는 피임약을 복용하는 경우 월경주기가 규칙적이 되며 월경 양이 줄고 기간도 짧아진다. 여드름 피부 또는 피지가 많은 지루성 피부나 털이 많은 다모증도 개선된다. 월경통이 줄어드는 경우도 있다. 또한 월경 과다, 질 출혈, 자궁내막증의 치료로도 사용되며 자궁내막암, 난소암의 예방 효과가 있다.

매일 같은 시간에 먹는다는 복용법만 정확하게 지키면 피임률은 거의 100%에 가깝다. 하지만 여러 종류의 항생제, 진통제, 진정제 등을 동시에 먹는 경우 피임 효과가 떨어질 수 있으며, 담배를 피우는 35세 이상의 여자는 먹는 피임약이 혈전을 생기게 할 수 있으니 복용하지 않는 게 좋다. 호르몬제제가 가지는 단점으로 메스꺼움, 적응 기간 동안 소량의 출혈, 체중증가가 있을 수도 있다.

피임약을 먹기로 결정했다면 매일 같은 시간에 먹어야 효과가 있기 때문에 하루라도 빼먹지 않고 복용하려는 의지와 태도가 필요하다. 또 피임약은 성병을 예방하는 효과는 없다.

유산 시에는 유산한 직후부터 피임약을 복용하는 것이 좋으며, 출산 후에 수유 중일 때는 피임약을 복용해서는 안 된다. 수유하지 않는 경우에는 출산 후 2~3주 후부터 피임약을 먹으면 된다. 그 외 자세한 주의점은 피임약 설명서를 충분히 읽어보고 숙지하는 것이 좋다.

응급피임약

섹스 전에 피임하지 못했을 때, 혹은 콘돔이 찢어졌을 때, 강간당했을 때 등의 경우에 원치 않는 임신을 막기 위해 응급으로 하는 피임법이다. 응급피임법으로는 먹는 약과 자궁내장치를 삽입하는 방법을 사용한다.

먹는 응급피임약은 우리나라에선 의사의 처방이 있어야 구입할 수 있다. 응급피임약을 먹으면 단기간에 호르몬이 폭발적으로 분비되면서 배란을 지연, 억제하고 수정을 방해한다. 또 자궁내막을 변화시켜 착상을 억제해서 임신을 피할 수 있게 한다. 배란 후에 난자는 정자와 수정된 후 난관을 따라 이동해 약 72시간 후에 자궁에 도착하며, 자궁 내에 도달해서도 내막에 착상되기까지 약 72시간이 걸린다. 즉 배란 후 착상까지 약 6일이 걸린다.

응급피임약은 성행위 후 72시간 이내에 복용해야 하며, 가능한 한 빨리 복용할수록 효과가 높다. 약을 먹은 후 3시간 이내에 토한 경우는 다시 먹든지, 자궁내장치를 삽입해야 한다.

응급피임약은 다량의 호르몬을 일시에 복용하는 것이기 때문에 (응급피임약 한 알이 보통 피임약 수십 알 정도를 한꺼번에 먹는 것과 마찬가지의 용량이다) 구토, 하복부 통증, 유방통, 월경 과다, 월경 지연, 설사 등 부작용이 심한 경우가 많다. 그래서 자주 이용할 방법은 결코 아니다. 또 응급피임약은 한 월경주기 중 단 1회의 섹스에만 효과가 있어서, 섹스 때마다 피임법으로 사용한다거나, 한꺼번에 많은 양을 먹는다면 효과를 볼 수 없다.

응급피임약을 먹는다는 건 정확히 말해 사전 피임을 하지 않았다는 의미이다. 일생에 한 번의 복용도 많다고 주장하는 전문의가 있는 만큼 정말 응급이 아닌 경우에는 사용하지 않아야 한다.

질링(누바링)

피임용 질링은 신축력 있는 가는 링 모양의 피임기구로 질 안에 넣어서 쓴다. 누바링은 의사의 처방을 받아 사용하는데, 본인이 링을 손가락으로 눌러 탐폰처럼 질 속에 삽입하면 되는 간단한 피임법이다. 먹는 피임약과 효과는 동일하지만 훨씬 간편해서 외국에서는 젊은 여자들이 많이 사용한다.

월경 시작일로부터 질에 삽입해 3주간 그대로 유지했다가 제거한 뒤 1주간은 사용하지 않는다. 1주일 후 새 질링을 질 속에 넣으면 된다. 콘돔처럼 재활용은 안 된다. 먹는 피임약과 동일한 부작용이 나타날 수 있고, 질염이나 질 분비물이 증가할 수 있다.

피임주사

'사×나'라는 이름으로 출시된, 3개월에 한 번씩 맞는 주사 피임법이다.

팔, 엉덩이, 복부 등에 시술하며 주사를 맞으면 온몸으로 호르몬이 방출되어 맞는 즉시 피임 효과를 낸다. 간혹 두통, 체중증가, 복부 불편감 같은 부작용을 겪는 경우도 있다. 이 주사도 월경 시작 5일 안에 맞아야 하며, 월경 양이 확연하게 줄어든다. 약효가 감소되는 3개월 이후에는 월경이 다시 시작되는데, 사람에 따라 그 기간이 조금 길어지기도 한다.

주사의 단점은 2년 동안만 연속 사용이 가능하고 투여 중 임신 시 자궁외임신이 될 수 있다는 것이다. 가능하면 젊은 여자에게 권하는데 장기간 노출될 경우 골다공증에 걸릴 확률이 높아지기 때문이다.

장치를 이용한 호르몬 피임법

IUD(자궁내장치)

IUD는 의사가 자궁에 삽입하는 다양한 모양의 작은 폴리에틸렌 장치로 수정을 방지하는 작용을 한다. 시술이 간단하고 한번 삽입으로 피임 효과는 5년간 유지된다. 전 세계적으로 먹는 피임약보다 더 많은 여자가 사용하는 피임법이다. 현재 사용되는 IUD는 구리 코팅된 IUD와 호르몬이 방출되는 미레나 IUD이다. 우리나라에서는 호르몬 방출 미레나 IUD를 더 많이 사용한다. IUD는 시술 비용이 높지만 장기적으로 사용하므로 피임 비용은 오히려 더 저렴할 수도 있다. 중국에서는 구리 코팅된 IUD 사용률이 90%를 넘는다고 한다. 피임 효과는 불임수술에 견줄 만큼 높다.

IUD를 시술하면 월경 양이 현저하게 감소하기 때문에 월경으로 인한 철 결핍성 빈혈을 예방할 수 있으며, 제거 후엔 즉시 월경이 정상 진행되고 임신 능력이 빠르게 회복된다. 월경통과 월경전증후군을 줄여주고 내막증식증, 자궁근종, 자궁선근증 등으로 인한 월경 과다나 월경통을 감소시킨다.

삽입 후 IUD가 제자리에 있는지 정기적으로 확인할 필요가 있으며, 시술 후 첫 3개월 동안 소량의 불규칙한 출혈이 있을 수 있다. 하지만 3개월 이내의 적응 기간이 지나면 대부분 사라진다.

임플라논(피하 이식 피임장치)

호르몬을 함유한 작은 막대기 형태의 피임기구로 여자의 팔 안쪽 피부 밑에 의사가 삽입하고, 3년간 유효하며 언제든지 의사에 의해 제거할 수 있다. 임플라논은 자궁경부 점액을 끈끈하게 하고 배란을 방지한다. 임플라논은 한 번 시술로 장기간 피임 효과를 볼 수 있으며, 에스트로겐으로 인한 부작용이 없다. 또 제거하면 바로 임신이 가능하며 월경통 완화, 개선 효과가 있다.

임플라논 시술로 월경주기가 바뀌기도 하며, 불규칙한 출혈이 일어날 수 있지만 의사 상담 후 해결할 수 있다. 시술 부위에 가벼운 자극감, 통증 및 가려움증이 생기기도 한다. 시술비용이 비싼 편이지만 장기간 사용할 수 있고, 피임 성공률이 높으니 경제적이다.

불임수술

정관수술

남자가 하는 불임 영구 수술. 정자가 이동하는 정관을 절제하거나 묶는 수술로 고환의 호르몬 분비나 정자 생성과는 상관이 없다. 정관수술을 해도 남성호르몬은 계속 생성되며(성욕이 생기며) 정자 또한 계속 만들어지지만, 정관을 통해 사정되지 못하고 몸으로 흡수된다. 사정액은 정자(2~5%)와 정낭액(65~75%), 전립샘액(25~30%)이 함께 나오는 것으로 정자가 안 섞인다 해도 사정량은 변화가 거의 없다. 다만 정관수술은 영구피임 수술이고 복원이 어려우므로 수술 전에 깊이 생각해 보고 결정해야 한다.

난관수술

여자가 하는 불임 영구 수술. 남자와 마찬가지로 난자가 이동하는 난관을 자르거나 막아서 정자와 난자가 만나는 것을 막는다. 남자의 정관수술보다 합병증이 우려되고 좀 더 복잡하다.

    정관수술과 난관수술은 둘 다 영구적인 피임법이다. 그러므로 더 이상 출산을 원하지 않을 때 해야 하며 복원이 어렵다. 여러 연구에서 이 영구피임 수술법이 심각한 합병증을 유발하지 않는다고 밝히고 있지만, 전문가로서 나는 가능하면 이 수술을 피임법으로 사용하지 않길 바라는 입장이다. 왜냐하면 난관수술을 한 여자들의 경우 자궁적출 수술을 하는 경우가 많다고 하고, 정자나 난자의 정상적인 생산과 배출은 자연스러운 일이기 때문이다. 다른 대안이 없다면 모르지만, 최근에는 효과적인 피임법의 종류가 많기 때문에 자신에게 맞는 적절한 피임법을 선택하면 더 좋겠다는 생각이다. ✎

임신 중지를 결정했다면
알아야 할 것들

유감스럽게도 100% 확실한 피임법은 없다.

콘돔을 정확하게 사용한다고 해도, 심지어 피임 성공률 98%에 달한다는 경구 피임약을 먹었더라도 임신 가능성은 있다. 금욕만이 100% 효과를 가지는 피임법이라 할만하고 여자의 가임기는 365일이라 할 정도로 임신 가능성은 예측하기 어렵다. 물론 요즘은 남자와 여자 개인의 건강 문제, 환경 호르몬 노출, 이상기후, 생활방식 등의 다양한 이유로 난임을 겪는 커플도 적지 않지만, 피임과 임신에 대한 우리 인간의 과학적 능력은 신의 능력을 뛰어넘을 수 없다.

원치 않는 임신을 했을 때 여자들이 선택할 수 있는 방법은 대략세 가지다. 아기를 낳아 기르거나, 혹은 낳아서 입양 보내거나, 임신을 인공적으로 중지하는 것이다. 기대하지 않았던 임신이 찾아왔을 때는 이 세 가지 중 어느 것도 무게가 가볍지 않다. 결혼한 상태에서도 원치 않는 임신은 난감한데, 미혼인 상태에서는 더욱 그렇다.

임신 중지를 반대하는 사람들은 '생명의 소중함'을 이야기하지만, 나는 임신한 당사자만큼 절실하게 생명의 소중함과 무게를 고민하지는 못할 거라고 생각한다. 임신 중지는 낙태 합법화가 된 곳이라 하더라도 사람들을 양극화시키는 주제이다. 생명을 보호해야 하는 것에 대한 우려와 개인이 결정한 권리에 대한 이슈로 나뉘는 것이다. 어쨌든 아기를 낳아 기를 경우나 입양을 보낼 경우라면 당연히 사회단체나 지자체의 도움이 정말 필요하다. 경제적으로 넉넉하지 못한 산모라면 더욱 그렇다.

정말 어려운 선택임에도 원치 않은 임신의 당사자들은 대체로 임신 중지를 선택한다. 거의 90% 이상이 임신 12주 내에 임신 중지를 한다. 임신 중지를 결정했다면 임신 초기에 실행할수록 여성의 불임, 유산, 자궁외임신, 저체중아 출산 등의 후속 위험을 피할 수 있다.

임신 중지 방법

임신 중지 방법은 크게 두 가지이다. 하나는 비수술적 방법으로 경구용 낙태약 미프진(미페프리스톤) 등을 복용하여 임신을 종료하는 방법이며, 다른 하나는 수술적인 방법이다. 약을 먹거나 수술을 하거나 모두 자궁내막을 떨어뜨리는 방법으로 임신을 종결하는데, 임신 기간이 길어질수록 방법이 어렵고 비용도 커진다.

약물을 이용한 임신 중지

미프진은 많은 나라에서 이미 수십 년간 안전하게 사용하고 있는 임신 중지약으로 마지막 월경 후 최대 8주까지 임신 중지를 유도하는 데 사용된다. 그러나 우리나라에서는 판매가 되지 않아 구할 수가 없다. 2023년 4월 7일 미국의 텍사스주에서 새삼 미프진의 식품의약국(FDA) 승인을 취소하라는 명령이 나와 많은 논란을 일으키고 있지만, 미프진은 비교적 안전한 약이라 알려져 있고 현재도 많은 나라에서 사용하고 있다. (미국 연방정부는 2023년 7월 기준으로 항소 중이다.) 어쨌든 한국에서는 미프진을 구하기가 어려워 해외직구를 하기도 하지만, 문제는 그 약이 진품인지 확인하기가 어렵다는 것이다. 그래서 복용 후 부작용을 겪거나, 임신 중지가 된 줄 알고 있었다가 계속 임신이 진행되어 출산하는 기막힌 사례들이 꽤 전해진다.

수술을 이용한 임신 중지

두 번째는 수술적인 방법이며 임신 초기라면 비교적 짧은 시간에 안전하게 진행할 수 있다. 임신 주 수가 많아지면 산모의 심리적·육체적·경제적 부담이 커진다.

임신 초기에는 주로 자궁소파수술이나 흡입술을 하게 된다. 임신 중기 이후에는 앞의 수술과는 다른 방식을 쓴다. 이 경우에는 출산처럼 태아와 태반을 나오게 하는 방법을 사용하는데, 임신 개월 수가 많아질수록 산모의 몸에 무리가 가니 임신 중지를 결정했다면 초기에 하는 것이 여러모로 좋다.

수술은 가급적 마지막 월경일로부터 10~12주 이내에 하는 것이 산모에게 조금이라도 더 안전하고 비용도 적게 든다. 하지만 임신 5주 전의 임신 중지 수술은 의학적으로 좋지 않다고 의사들은 말한다. 태아가 너무 작아 수술이 잘 되었는지 확인하기가 어렵기 때문이다. 산부인과 의사들은 임신 6~8주에서 10주까지가 수술하기 쉽고 부작용도 적은 시기라고 한다.

무엇보다 임신 중지 수술은 경험이 많은 의사가 있는 안전한 병원에서 받아야 한다. 이 수술은 눈으로 보면서 하는 수술이 아니기 때문에 의사의 경험 여부가 회복 및 자궁천공이나 자궁 무력증, 2차 세균 감염, 습관성 유산 같은 후유증 발생과 연관되기 때문에 더욱 그렇다. 어떤 사람은 임신 중지 수술로 인한 어떤 후유증도 없지만 또 어떤 사람은 영구 불임이 되는 경우도 있다. 그러니 섹스 때부터 정말 신중히 피임해야 하며, 피임 없는 섹스는 하지 말기를 간곡히 권한다.

어떤 여자도 임신 중지를
가볍게 겪어내지 않는다

우리나라에선 지난 2019년 낙태가 헌법재판소로부터 헌법 불합치 판정을 받고 국회는 관련법을 개정할 것을 촉구받았으나, 현재까지 아무런 진전이 없다. 참으로 답답하다. 국회는 모자보건법이나 관련법 개정을 서두르고 여자들이 안전하게 수술받을 병원을 안내해야 한다. 또한 합리적인 의료 수가를 정해 불법적인 수술이 이뤄지지 않도록 해야 한다. 그것이 국가의 역할이다. 하지만 그렇지 못해서 여자들이 이중고를 겪고 있으니 안타깝다.

넷플릭스의 〈오티스의 비밀 상담소〉라는 영국 드라마를 보면 피임을 했는데도 임신한 메이브의 에피소드가 나온다. 메이브는 임신 중지를 선택하고 병원에 가는데 보호자도 없이 혼자 수술을 기다리며 아주 복잡한 표정이었다. 그녀의 임신과 관계없는 오티스는 수술이 끝날 때까지 친구로서 병원 바깥에서 기다렸다가 그녀를 위로한다. 메이브는 오티스의 마음씀이 얼마나 위안이 되었을까?

우리나라도 연인이 보호자로 동행하기도 하지만 적지 않은 경우 여자 혼자서, 혹은 동성 친구가 동행해서 임신 중지 수술을 받는 모습을 본다. 임신도 혼자 할 수 없지만, 이렇게 힘든 결정을 하고 몸과 마음으로 겪어내는 연인을 홀로 두지는 않았으면 한다. 똑같이 임신에 기여했지만 임신 중지는 여자가 남자보다 훨씬 더 큰 육체적·심리적 상처를 입게 된다.

임신 초기에 중지 수술을 했더라도 며칠은 영양가 높은 음식을 먹으며 회복에 힘써야 한다. 죄책감과 자책감이 들 수 있지만 이미 결정한 일은 복기할수록 자신만 힘들게 할 뿐이다. 수술을 마치더라도 최소한 2주는 회복하는 시간을 가져야 한다. 어떤 여자도 쉽게 임신 중지를 선택하지 않기에 몸뿐 아니라 마음의 회복에도 관심을 기울여야 한다. 또 수술 후 바로 섹스해서는 안 되며 몸을 따뜻하게 하고, 무거운 것을 드는 등 무리해서는 안 된다. 그리고 한 달 후 월경을 잘 마칠 때까지 염증이 생기지 않도록 산부인과 치료를 받도록 한다.

임신 중지 이야기를 할 때마다 마음이 아프다. 생명의 소중함과 귀함은 두말할 필요가 없기에 더 그렇다. 그것이 태아이든 임신한 그녀이든 모든 생명은 더없이 소중하다. 그러므로 처음부터 피임을 확실하게 준비하는 것이 정말 필요하다. 또한 우리 사회에서 미혼모에 대한 부정적인 시각을 버리고 지원을 해 준다면, 더 많은 여자가 아기를 포기하지 않을 거라고 생각한다. 인공적인 임신 중지를 했던 수많은 여자가 죽을 때까지 그때 수술하지 않았다면, 그 아이가 지금 몇 살이라는 것을 기억하고 있다는 연구 결과가 그 모든 것을 대변한다. 🥢

임신 중지 수술 전 알아 두기

• 전문적인 기술과 자격을 가진 의사를 선택한다.
• 임신이 확인되면 수술 여부를 의사와 상의한다. 수술을 결정하면 필요한 서류와 수술동의서를 작성해 제출해야 한다. 현재의 건강 상태를 의사에게 점검받는다.
• 수술 전에는 깨끗이 목욕하고 수술 8시간 전부터 금식한다.
• 직접 운전하지 않는다.
• 옷은 입고 벗기 편한 것으로 입고, 콘택트렌즈는 빼야 한다. 반지나 목걸이도 착용하지 않는다.
• 생리대와 여분 속옷을 준비하는 게 좋다.
• 보호자와 동반한다.
• 수술 후 2주일 정도는 병원 치료 외에는 약속을 잡지 않는 게 좋다. 미리 스케줄을 정리해둔다. 영양가 높은 음식을 먹으며 안정하는 것이 중요하다.

임신 중지 수술 후 알아 두기

• 수술 후에 심한 복통이나 출혈이 있으면 병원에 빨리 가야 한다.
• 수술 후 최소 3~4일 내지 7일 동안은 병원에서 처방한 항생제 및 자궁수축제를 복용하고 정해진 예약일에 병원에 들러 반드시 소독 치료를 받으며 잘 회복되고 있는지 확인한다.
• 피임을 의사와 의논한다.
• 섹스, 탕 목욕은 최소 2주 후에 한다.

부부로 안정되었을 때
아기를 초대하기를

"되도록 허니문 베이비는 만들지 마세요!"

예비부부 교육이나 미혼 성교육에서 내가 자주 하는 이야기다. 이 말을 하면 교육생들은 좀 놀라며 이유를 궁금해 한다.

나는 젊은 커플들이 결혼하자마자 임신하는 것이나, 결혼 전에 아기를 갖는 것이 정말 걱정스럽다. 요즘은 연애 중에 섹스하거나 동거하는 커플이 많아서 아기가 생긴 후 결혼식을 준비하는 경우가 흔하다. 그래도 출산 전에 결혼하는 것이 다행이긴 하지만(아직 호적제도가 있는 우리나라에선) 되도록 결혼 생활을 어느 정도 한 다음 좀 더 안정된 분위기에서 임신하기를 권하고 싶다.

결혼 생활은 연애와 사뭇 다르다. 몇 년 동안 교제했다 해도 연애하는 동안은 나를 멋지게 포장할 수 있고 단점도 숨길 수 있어, 서로의 민낯을 보기 어렵다. 하지만 매일 함께 자고 일어나고 밥 먹으며 생활하는 결혼은 상황이 다르다. 그래서 결혼 초기에 그동안 자신이 생각했던 모습과 다른 배우자의 면모를 발견하고 당황하기도 한다.

결혼하면 세 단계의 적응을 해야 한다. 첫 번째는 당사자들인 두 사람이 서로를 더 알아가는 것이다. 두 번째는 배우자를 둘러싼 환경과 문화, 즉 상대의 가족, 친구, 직장 등에 익숙해지는 것이다. 그리고 마지막 단계가 두 사람의 결속감과 친밀감이 단단해진 후 새 가족을 맞는 부모 관계를 시작하는 것이다.

첫 번째 단계
서로를 알아가야 한다

결혼을 하거나 같이 살게 되면 아주 사소한 생활 습관 때문에 자주 부딪히게 된다. 양말이나 옷을 뒤집어 벗어 아무 데나 놓는다든지, 치약을 중간부터 꾸욱 눌러 짜 사용한다든지, 욕실을 건식으로 쓸 거냐 습식으로 쓸 거냐 하는 것들이 부부싸움의 주된 이슈들이다.

서로에 대해 잘 알지 못하고 환경에 익숙해지지도 않았을 때 덜컥 아이를 갖게 되면 진퇴양난이 된다. 여자는 임신하면 신체적·심리적으로 큰 변화를 겪는데 이것들을 어떻게든 받아들여야 하기 때문이다. 그러잖아도 낯선 문화와 생활에 적응하느라 스트레스가 쌓이는데 아기에 대한 책임까지 감당해야 하니 그야말로 엎친 데 덮친 상황이 된다.

신혼은 상대의 생활 습관, 꿈, 가치관, 인생관에 대해 많은 이야기를 나누고 서로를 이해하면서 연애를 이어가는 달달한 시기여야 한다. 이때 만든 알콩달콩한 추억들은 훗날 권태기 등으로 결혼 생활이 힘들어질 때 두 사람을 버티게 하는 힘이 되어 준다. 그래서 신혼 초기에는 낭만적인 추억을 많이 만들 일이다. 이른바 애정 통장에 애정을 저축해 두는 것이다.

두 번째 단계
배우자의 주변과 익숙해져야 한다

결혼 초 상대의 가족 관계와 문화, 원가족과의 독립 및 경계 여부, 일의 분담, 친구 등에 익숙해지고 그 가운데에서 새 부부가 원칙을 만들어 협상해 나가는 것도 큰일이다. 결혼하면서 쓸데없이 주변인이 흘리는 시가와 처가 괴담으로 무장해 무엇보다 가까울 수 있는 관계를 엉망으로 만드는 걸 자주 본다. 요즘은 차라리 멀리 살면서 서로 간섭하지 않는 것이 미덕이라고 공공연하게 이야기하지만, 부모 자식 간에 의절에 가까울 정도로 멀리할 필요는 없지 않을까? 결혼은 성인으로 독립한 두 사람이 새로운 인생을 함께 시작하는 것이니 부모가 두 사람의 사랑과 생활을 존중해야 하는 것은 기본이다. 또 새 부부는 내가 그토록 사랑해서 결혼한 배우자는 그 부모와 형제, 친구들의 사랑 없이는 지금의 그(그녀)가 될 수 없었다는 점을 기억하면 좋겠다. 무엇보다 긍정적인 마음으로 파트너의 주변을 받아들이려는 노력이 필요하다. 또 한편으로는 결혼을 한 후에는 그 어떤 관계보다 배우자와의 관계를 우선으로 놓아야 한다. 결혼은 부부가 한 팀으로 함께 뜻을 맞춰 일구어 가는 작은 나라이다.

세 번째 단계
새로운 부모 자식 관계에 적응해야 한다

마지막 단계는 부부에게 찾아올 축복인 자식에 대해, 즉 새로운 가족 관계를 준비하고 적응하는 것이다. 사랑하지만 낯선 남편과 아내가 서로 가까워지고 새로운 환경에 적응하고 나서 부모가 될 준비를 하면 좋을 것이다. 내 몸을 빌려 태어났지만, 자식은 온전한 한 사람이고 좋은 사람으로 키워내야 할 의무가 부모에게 있다. 몸과 마음으로 부모 준비를 한 가정에 자녀가 태어나면, 아기는 사랑을 듬뿍 받으며 건강하고 자존감 있는 존재로 자랄 것이다.

요즘은 30대 중반에 결혼하는 경우도 적지 않아서 첫아기부터 노산이라 걱정하기도 한다. 그래도 건강과 영양상태가 좋아졌으니 검진을 잘 받고 관리하면 임신과 출산이 어렵지는 않을 것이다. 다행히 현명한 요즘 젊은 커플들은 임신 전부터 술·담배를 멀리하고 규칙적인 운동을 하는 등 건강한 신체를 만들며 준비하는 경우가 많아졌다.

난 예비부부에게 말하곤 한다. "준비 없이 아기를 낳는 건 집안에서 폭탄이 터지는 것과 같다"고. 좀 과격한 비유지만 그만큼 아기가 태어난 후의 결혼 생활은 달라진다. 아기가 주는 즐거움과 행복과는 별개로 육아에는 마음과 몸, 그리고 환경의 준비가 필요하다.

엄마 아빠 모두 새로운 가족을 맞을 준비를 충분히 한 후 자녀를 갖는다면 아기는 안정된 환경에서 행복하게 자랄 것이다. 또한 부모도 양육의 기쁨을 온전히 느낄 것이다. 먼저 부부로 단단하고 행복하게 결속된 후, 아기를 초대하길 간곡히 권한다. 🕊

준비 없는 섹스의
부작용, 성병

"6개월 사귄 남친이랑 최근에 섹스를 했어요. 저는 첫 경험이었고요. 그리고 나서 성기에 물집 같은 것이 잡히고 앉을 수도 없이 너무 아픈 거예요. 병원에 갔더니 헤르페스에 걸렸다고 해요. 헤르페스는 불치병이라는데 어떡해요?"

평평 울면서 내게 상담을 해왔던 그녀는 결국 자기는 결백하다고 주장하는 연인과 헤어졌다.

성병은 '성병에 걸린 사람과의 성적 접촉(질, 항문, 구강성교)으로 인한 감염병'을 말한다. 그런데 이 성병은 꼭 문란한 관계를 가져서 걸리는 것이 아니라(섹스 상대가 많을수록 감염 위험은 더 높아지겠지만) 바이러스나 균, 기생충 등의 성병에 감염된 사람과의 성 접촉을 통해 옮는다. 단 한 번의 성 접촉으로도 성병에 걸릴 수 있다는 의미이다. 성병은 아주 오래전부터 있었으며 감염되는 통로는 성적 접촉이 가장 많지만, 공용으로 쓰는 주사기, 수혈, 출산 시 수직감염, 모유 수유 등 성 접촉이 아닌 방법으로도 전염된다.

최근 10년간 일본의 젊은 여자들에게 매독이 12배가 증가했고 영국에서도 임질이 22년 대비해 50% 이상 늘어나는 등 전 세계적으로 성병이 증가하고 있어 걱정이다. 특히 코로나 팬데믹 이후 우리나라에서도 HPV(인유두종바이러스) 감염, 헤르페스와 클라미디아 감염이 급증하고 있어 심히 우려된다.

임질

구약성서에도 언급된 임질은 아마도 가장 오래된 성 감염병일 것이다. 임균이라는 박테리아에 의해 발생하며 요도, 질, 직장, 입, 후두, 눈 등 따뜻하고 축축한 점막에 서식한다.

질 삽입뿐 아니라 입(오럴섹스)이나 항문섹스로도 전염되며 남자는 요도염을 일으킨다. 감염 후 노란 분비물이 나오고 요도 입구에 타는 듯한 자극이 느껴지며, 소변볼 때 확실한 통증이 있다. 10~35%의 남자는 무증상일 수 있지만, 무증상일 때도 상대에게 감염시킬 수 있다. 치료하지 않으면 전립샘과 부고환의 염증을 일으키고 불임도 초래할 수 있다.

대부분의 남자에게 임질이 고통스러운 증상으로 나타나는 반면 여자들에게는 무증상이 많다. 그래서 감염된 상대가 알려주지 않으면 여자는 모른 채 다른 사람에게 전염시킬 수 있다. 핑퐁처럼 임질을 주고받을 수 있다는 것이다. 여자에게 무증상이어도 임질균은 자궁과 난관까지 퍼질 수 있다. 복통과 발열 증상이 나타날 수 있고 불임을 초래할 수 있으며, 감염된 임산부가 출산 시 아기의 뇌에 감염되어 실명으로 이어지기도 하기 때문에 임질에 걸렸다면 완치 확인을 받을 때까지 반드시 치료해야 한다.

클라미디아

최근 가장 흔한 성병으로 임질보다 더 많다. 초기에는 증상이 거의 없거나 가볍지만, 치료하지 않으면 생식기관에 큰 문제를 일으킨다. 특히 여자의 90% 이상, 남자의 대부분이 증상이 거의 없어서 치료받지 않는데 누군가와 섹스를 하고 있는 사람이라면 반드시 클라미디아균 검사를 매년 정기적으로 해 볼 것을 권한다. 클라미디아를 치료하지 않으면 남녀 모두 불임의 원인이 될 수 있으며, 여자의 경우는 난관의 상처로 난관 임신의 위험이 높아진다. 또 클라미디아에 감염된 여자가 출산할 때 아기의 눈, 코, 인후에 감염이 될 수 있다.

매독

니체, 고흐, 고갱 등 역사적으로 유명한 사람들이 매독에 걸려 사망했다고 알려져 있지만, 실제 매독 감염에 대해서는 막연한 두려움에 그치는 것 같다. 매독은 역사 속으로 사라진 병이 아니며 여전히 꽤 많은 감염을 일으키고 있다.

매독은 치료하지 않을 경우 사망에 이를 수 있다. 특히 매독균은 상처가 있는 사람이 매독 감염자의 염증 난 상처 부위를 만지는 것만으로도 감염될 수 있다. 매독은 대체로 4단계로 진행되는데 1단계는 감염 2~4주 후에 음경, 자궁경부, 입술, 혀, 항문 등의 부위에 통증 없는 궤양(경성하감)이나 종기가 나타난다. 이때 전염성이 강한 박테리아가 궤양에 가득하지만 통증은 없어서 대개 치료받지 않는데, 일반적으로 10여 일이 지나면 궤양은 사라진다. 하지만 궤양이 사라져도 몸속에 들어온 세균은 혈류를 타고 온몸으로 퍼진다. 매독의 2단계는 궤양이 사라진 후 2~8주에 나타나는데 손바닥이나 발바닥, 혹은 온몸에 가렵고 통증 없는 발진이 나타난다. 인후통, 지속적인 미열, 메스꺼움, 식욕부진, 탈모 등의 증상이 나타나기도 하지만, 증세가 없는 경우도 있다.

이후 무증상 잠복기(3~4단계)로 들어가고 증상과 전염성 없이 몸속에서 박테리아가 심혈관, 뇌, 척수를 공격한다. 말기에 매독으로 인해 심각한 합병증이 생기는 경우 큰 궤양이 피부나 심혈관계에 나타나 손상시킬 수 있으며 심하면 사망에 이르기도 한다. 또 태아가 어머니로부터 감염되어 매독에 걸릴 수도 있다.

헤르페스

헤르페스는 피부 접촉으로 감염된다. 입 주변에 나타나는 1형과 성기에 나타나는 2형으로 분류되는 데 예전에는 1형과 2형은 각각 키스나 섹스의 다른 방식으로 감염된다고 알려졌었으나 현재는 이들이 교차 감염되는 것으로 밝혀졌고, 심지어 물집이나 어떤 증상 없어도 신경계에 침투한 바이러스에 의해 감염된다.

성기에 헤르페스 증상이 나타나면 배뇨가 힘들고 걷거나 앉아 있는 것조차 고통스러울 수 있다. 헤르페스 상처를 만진 손으로 눈을 만지게 되면 실명할 수 있기 때문에 상처를 만진 후 반드시 손을 깨끗이 씻어야 한다. 또 성기 헤르페스가 있는 임산부의 경우는 질로 분만하는 것이 아기에게 심각한 감염 우려가 있기 때문에 제왕절개로 출산하는 것을 권하고 있다. 입 주변에 헤르페스 증상이 있는 경우에는 아기나 다른 사람에게 키스하거나 애무하지 않아야 한다. 헤르페스 바이러스에 일단 감염이 되면 평생 신경세포 안에 살면서 면역력이 떨어질 때 재발하기 때문에 대증요법으로 치료할 수 있을 뿐이다. 자신이 헤르페스에 걸렸다면 증상이 발현하지 않도록, 면역력이 떨어지지 않게 관리하는 것이 중요하다.

인유두종바이러스(HPV)

최근 전 세계적으로 클라미디아와 함께 가장 흔한 성병이다. 우리나라도 다르지 않다. HPV는 생식기 사마귀라고 하는 곤지름을 유발할 수 있는데 사마귀는 가렵고 아프며, 출혈을 유발하기도 한다. 남자의 경우 사마귀가 음경, 음낭 및 항문 주변에 나타나고 요도 내에도 자랄 수 있으며 여자는 자궁경부, 질벽, 외음부, 항문에 나타날 수 있다. 질 분만 시 아기에게 감염될 수도 있다. 또 HPV에 감염된 여자는 자궁경부암 및 외음부암 발병의 위험이 높아진다.

다행하게도 현재 인유두종바이러스를 예방하는 백신이 있다. 가다실gardasil이라고 하는 이 백신은 남녀 모두에게 효과가 있고 자궁경부암, 항문암, 구강암, 인후두암을 예방한다. 완전하게 예방하려면 세 번의 백신을 접종해야 하며, 12세 미만의 청소년에게 접종을 권고하고 있다. 이뿐 아니라 현재 성생활을 하고 있는 성인남녀 또한 예방백신의 효과가 있다고 한다. 우리나라에선 예전에 자궁암 예방백신으로 권유한 바 있으나 HPV가 여자뿐 아니라 남자에게도 인후두암을 유발하는 만큼 최근에는 남자의 접종률을 높이기 위해 인유두종바이러스 예방백신으로 부르고 있다.

HIV 감염과 AIDS

1970년대 미국에서 HIV 감염으로 인한 후천성면역결핍증 환자들이 발견되기 시작하면서 그로 인한 후천성면역결핍증(AIDS)의 공포가 시작되었다. HIV는 감염된 사람의 체액 교환으로 감염되는데, 이때 체액이란 혈액, 침, 땀, 모유, 정액, 질액을 말한다. 하지만 이제까지 침이나 땀을 통한 감염 사례가 없어서 주로 혈액이나 젖, 정액과 질액 속 바이러스로 감염되는 것으로 밝혀지고 있다.

HIV는 감염된 사람과의 성적 접촉, 감염된 혈액에의 노출(주사기 공유나 수혈), 감염된 엄마로부터 출산이나 모유 수유할 때 아기에게 전염 등으로 퍼진다. 욕조나 화장실 같이 쓰기, 식사하기, 포옹하기 등의 일상적인 생활로는 전염되지 않는다.

예전에는 HIV에 감염되면 면역이 결핍되어 가벼운 질병으로도 사망하는 무서운 성 감염병으로 알려졌었으나, 최근에는 적절한 치료약을 먹으며 관리하면 자연사할 수 있는 만성병처럼 인식되고 있다. 오히려 에이즈 환자를 낙인찍기와 차별을 하지 않도록 하며, 사생활 보호와 평등한 대우를 해야 하는 대상으로 정하고 있다.

이외에도 성 감염병은 A·B형간염, 그리고 기생충에 의한 사면발니나 옴 같은 것이 있는데, 무엇보다 상대와 자신의 성 건강을 잘 지키는 안전한 성생활을 하고, 성 감염병에 걸렸을 때는 의료진으로부터 완치 판정을 받을 때까지 적극적으로 치료받고, 다른 사람에게 옮기지 않도록 주의해야 한다. 또 성병 증상이 나타날 때 혼자만 치료받으면 다시 상대와 감염을 주고받을 수 있기 때문에 반드시 두 사람 다 치료받아야 한다. 또한 성병을 가진 사람은 상처를 통해 다른 성병균에 감염되기 더 쉬우니 주의가 필요하다. �

성병에 걸리면?
① 즉시 의사의 진찰을 받고 치료할 것
② 성병 진단을 받은 후에는 완치될 때까지 섹스를 삼갈 것
③ 성병에 걸렸다면 섹스 상대에게 알리고 그들도 치료받아 다른 사람이 나 자신을 다시 감염시키지 않도록 할 것

치료하면 쉽게 낫고
방치하면 깊어지는 '질염'

여자에게 질염은 감기처럼 흔한 질환이다. 일생에 한 번 이상 질염을 경험하지 않은 여자는 없다. 질염은 신체나 마음의 균형이 깨져서 면역력을 잃으면 자주 발병한다. 일반적으로 질내에는 pH4~5 정도의 산성도를 유지하는 락토바실리Lactobacilli 같은 정상균들이 있는데, 정상균이 살 수 있는 환경을 유지하지 못할 때 질염이 발생한다. 스트레스, 영양결핍, 인위적 호르몬이나 환경 호르몬 유입, 피로, 과다한 당류 섭취, 세정제로 질 속까지 씻어내거나 과도한 사용, 임신, 축축한 속옷, 꽉 끼는 바지, 질내 이물질, 당뇨병 등이 그 원인이다. 이 모든 것이 질내 정상균의 균형을 깨뜨려서 질염의 원인이 되는 것이다. 질내 정상균이 부족하면 유산균 종류의 프로바이오틱스를 3개월 이상 충분히 먹는 것도 도움이 된다.

증상은 대체로 배뇨 중 불편함이나 통증, 가려움증, 불쾌한 냄새가 나는 색이 있는 분비물 증가 등으로 나타난다. 감염된 균 종류에 따라 분비물 색이 붉거나 푸른색 등 여러 가지로 나타난다. 외음부가 붓거나 빨갛게 되고, 심하면 외음부와 질에 물집이나 궤양 같은 것이 생기기도 한다. 청소년기나 폐경기 여자에게도 나타나지만 성생활이 활발한 가임기의 여자에게 흔히 발생한다. 질염도 성병의 경우처럼 대개 남녀 다 치료를 받아야 하지만 통상 어렵지 않게 완치된다.

트리코모나스 질염

트리코모나스 질염은 일반적으로 성 접촉에 의해 감염된다. 이 질염은 대개 노출 후 4일에서 1개월 사이에 증상이 나타나는데, 심한 질 가려움증과 함께 나쁜 냄새가 나는 녹황색의 거품 같은 분비물이 특징이다. 성기 통증이나 배뇨통, 하복부의 통증이 나타나기도 한다. 트리코모나스 질염은 남녀 모두 함께 치료받아야 한다.

칸디다 질염

칸디다 질염은 아주 흔하게 효모감염으로 발생한다. 재발이 잘되며 심한 가려움증과 치즈 으깨어 놓은 것 같은 흰색의 응고된 분비물이 보인다. 성 접촉으로도 감염되지만, 임신과 당뇨병 환자의 경우에 자주 발생하며 대개는 성적 접촉과 무관하게 감염이 일어난다. 피임약을 처음 먹을 때에도 호르몬의 변화로 이 질염이 발생할 수 있고, 지나치게 향기가 나는 여성용품이라든지 질 속까지 과도하게 씻어내는 것, 항생제를 많이 사용하는 것이 원인이 되기도 한다. 칸디다 질염은 남녀 간에 발생할 수 있고 오럴섹스로도 전염될 수 있으니 함께 검진받는 것이 좋다.

세균성 질염

이 질염은 여러 가지 박테리아에 의해 발생한다. 성 접촉을 통해 일어날 수 있기 때문에 콘돔을 사용하면 세균성 질염을 예방하는 효과를 볼 수 있다. 질 속까지 씻어내는 과도한 세정은 세균성 질염에 걸릴 위험을 높이므로 외음부만 깨끗한 물로 씻도록 한다.

비린내 같은 냄새가 나며, 섹스 후 냄새가 더 심하게 느껴질 수 있다. 비정상적인 분비물이 발견된다. 재발률이 높으며 골반염, 방광염, 자궁내막염, 조산, 조기 양막 파수, 출산 후 자궁내막염을 일으킬 수 있다. 전염되지는 않으므로 남자까지 치료받을 필요는 없다.

방광염

질염은 아니지만, 방광이 세균에 감염되어 발생하며 여자의 요도는 남자에 비해 많이 짧기 때문에 자주 발생한다. 배변 후 휴지를 사용할 때는 감염을 막기 위해 반드시 앞에서 뒤로 닦아야 하며, 씻을 때도 마찬가지이다. 방광염은 처음 섹스를 할 때 흔히 생기기도 하는데, 성행위를 하기 전에 두 사람 다 몸, 특히 손과 성기를 깨끗이 씻는 것이 중요하다. 증상은 소변이 자주 마렵고, 소변을 봐도 계속 요의가 느껴지는 것이다. 소변을 볼 때 통증이 느껴지고 피가 섞여 나오거나 아랫배가 아플 수 있다.

건강한 질 관리법

① 성기에 탈취제를 뿌리지 않기
② 거품 목욕을 피하고 정기적으로 목욕하고 수건을 함께 사용하지 않기
③ 외음부를 완전히 건조시키고 면으로 된 속옷을 입기
④ 몸에 꼭 끼는 옷 입지 않기
⑤ 향이나 색이 진한 여성용품을 사용하지 않기
⑥ 배변 후 앞에서 항문 쪽으로 휴지를 사용하고 씻을 때도 그렇게 하기
⑦ 섹스할 때 윤활제를 사용하는 경우 수용성 윤활제를 쓰기
⑧ 상대의 성생활을 잘 모를 경우 반드시 콘돔을 사용하기
⑨ 스트레스를 최소화하고 잘 먹고 충분한 수면을 취하기

오럴섹스만 하면
성병에 안 걸릴까?

〈탑건〉, 〈베트맨 포에버〉 등의 영화로 친숙한 할리우드 배우 발 킬머가 2017년 구강암에 걸렸다는 소식을 전해왔다. 이 사실을 밝힌 사람은 본인도 구강암을 앓았고, 고통스런 방사선 치료 등을 통해 완치되었음을 고백했던 미국 배우 마이클 더글러스였다.

2010년 당시 마이클은 자신의 구강암이 '오럴섹스 때문'이었다고 언론 인터뷰를 하면서 아내의 HPV 감염에 의한 것임을 시사했다. 이는 많은 사람에게 충격을 주었으며 결국 그의 발설로 잉꼬부부였던 그는 아내 캐서린 제타 존슨에게 별거 선언을 당해야 했다.

마이클 더글러스의 고백은 개인적으로는 아내에게 등돌림을 당하고, 그를 사랑하는 팬들을 실망시켰지만, 보건학 시각에서는 오럴섹스가 야기할 수 있는 병들을 대중에게 환기시켰다는 점에서 긍정적인 효과를 가져왔을 것이다.

오럴섹스는 말 그대로 성기와 입이 만나는 섹스로, 성기보다 훨씬 유연하며 강하기도 한 입과 혀를 효율적으로 사용해 상대를 만족시킨다는 점에서 많은 이가 선호하고 있다. 또 임신 걱정이 없는 성행위이기 때문에 미혼남녀가 즐겨 한다. 여자가 남자의 성기를 입으로 애무하는 것을 펠라티오(혹은 블로잡), 남자가 여자의 성기를 애무하는 것을 쿤닐링구스라 한다.

오럴섹스는 정말 안전할까?

오럴섹스를 즐기는 많은 사람이 안전성을 과신하는 것 같아 걱정이다. 성병을 염려하여 삽입섹스 때 콘돔을 사용하는 사람들조차 오럴섹스를 할 때는 완전한 무방비 상태일 때가 많다.

오럴섹스는 입과 성기가 만나는 행위이기 때문에 여러 가지 성병과 병균에 노출될 기회가 많다. 그뿐 아니라 입의 침 속에는 수많은 병균이 상존하고 상처가 나 있는 경우도 많기 때문에 오럴섹스를 즐기는 사람들은 인후염, 인후두암, 구강암 등에 감염되기 쉽다는 것을 간과해서는 안 된다. 또 평생 완치가 안 되는 헤르페스 같은 성병도 입과 성기의 접촉으로 인해 감염되기 쉽다.

앞장에서 설명했듯 헤르페스는 입과 성기 두 가지 유형의 바이러스가 있는데 최근 이 둘이 교차감염되는 것이 밝혀졌고, 심지어 증세가 없을 때도 감염 가능성이 있음이 밝혀졌다. 구강암 역시 섹스를 통한 HPV 감염이 원인이 될 확률이 높다고 여러 연구에서 밝혀지고 있다. 최근 알려진 구강암의 원인은 주로 흡연과 음주, HPV에 의한 발병이다. HPV는 여자에게 자궁경부암을 일으키는 중요인자 바이러스로 주로 성 접촉을 통해 발병한다. 섹스 파트너 수가 많을수록 당연히 감염 확률이 높아지고 남자의 경우는 대개 자연 완치되지만 일부 HPV는 남자에게 인후두암, 구강암, 항문암, 음경암, 곤지름을 일으킨다. 최근 스웨덴의 연구에 따르면 구강암 환자의 25%가 HPV와 관련 있으며, 인후두암의 35%가 역시 HPV와 관련이 깊다. 미국에서는 최근 20년간 인후두암 환자가 몇 배로 급격히 증가했는데, 이중 상당수가 HPV 감염에 의한 것이라며 주의를 요하고 있다.

그래서 오럴섹스를 할 때 청결하게 입과 성기를 씻는 것도 중요하지만, 상대의 성 건강 상태를 잘 모르는 경우에는 콘돔이나 댐(Dam, 오럴섹스 시 사용하는 얇은 라텍스로 만든 성 위생 도구)을 사용하는 등 적극적인 예방 조치를 취하는 것이 필요하다. 아니 무엇보다 상대가 어떤 성 행동을 하는 사람인지 모를 때는 섹스하지 않아야 한다.

섹스는 사랑의 표현이고, 상대를 보다 잘 알려는 행복한 소통의 방법이지만, 가장 밑바닥에는 자신의 생명과 상대의 생명, 또 태어나는 한 생명이 관련될 수도 있다는 것을 잊지 말 일이다. ✒

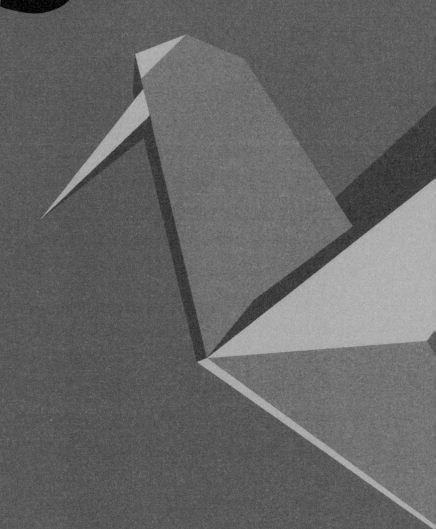

5

사랑과
섹스를 바라보는
마음이 중요해,
관점 수업

섹스에 대해
이야기합시다

" '섹스'라는 말을 들으면 제일 먼저 뭐가 떠오르나요?"

나는 강연이나 수업을 할 때면 앞자리 교육생에게 이렇게 묻곤 한다. 그러면 질문받은 사람은 대부분 '왜 내게 이런 난처한 질문을?' 혹은 '괜히 앞에 앉았네' 하는 표정을 지으면서 대답을 머뭇거린다. 그러고는 "여자와 남자요", "성스러운 거요", "아름다운 사랑이요" 라고 에둘러 답한다. 최근에는 거의 90% 이상이 "남녀의 성행위"라고 말한다. 이렇게 갑자기 대답하기엔 난감한 질문을 내가 매번 하는 것에는 두 가지 이유가 있다.

먼저 우리가 흔히 섹스Sex라고 말하는 단어에는 '성행위' 말고도 훨씬 더 포괄적인 의미가 담겨 있다. 그런데 어느 시기를 지나면서 '성행위'의 의미가 '섹스'란 단어를 통째로 먹어 버렸다. 그러면서 '남녀의 성별, 발달단계, 성 생리, 성 심리, 데이트, 연애, 사랑, 섹스, 이별, 결혼, 동거' 등 우리 삶에 일어나는 성(性) 의미들을 담기 어려워졌다. 그러나 성은 원래 이 모든 것을 품고 있다. 성은 우리가 사람으로 태어나고 살아가면서 겪고 성장하는 모든 것, 삶을 포괄하는 단어이다. 성이란 개념 속에 성행위는 $1/n$이다.

언제부터인지 우리나라뿐 아니라 전세계에서 섹스가 성행위로만 한정되어 사용되면서 성 교육자, 성 상담자, 성 심리학자들은 난관에 봉착했다. 그리고 대체된 단어가 섹슈얼리티Sexuality다. 결국 나는 섹스가 담고 있는 본래의 큰 의미를 새겨보기 위해 "섹스라는 말을 들으면 제일 먼저 뭐가 떠오르냐"는 질문을 던지는 것이다.

두 번째는 섹스를 말하려고 하면(여기서의 섹스는 성행위이다) 뭔가 민망해지고, 주변을 살피게 되고, 쑥스러워하며 심지어 '저급한 것', '천한 것', '욕구에만 집착하는 형이하학적인 것'으로 취급하는 분위기가 조성된다. 하지만 섹스는 우리의 자연스런 본능이며 이 행위를 통해 우리는 자손을 낳고, 사랑을 표현하고 결속한다. 숨기려고 하면 저급해지고 은밀한 금기가 된다. 하지만 건강하게 드러내면 삶의 한 부분으로, 사랑으로 당당히 자리 잡는다.

섹스의 첫 번째 정의를 말하고 난 후 나는 다시 묻는다.

"어떻게 이 세상에 오셨어요?"

그러면 좌중에 웃음이 터진다.

"음… 엄마에게서 태어났죠. 부모님의 사랑으로요."

그럼 나는 한 발짝 더 들어간다.

"어떻게 엄마에게 들어가셨어요?"

질문의 의도를 알아차린 교육생은 멋쩍어하면서 답한다.

"부모님의 섹스요."

그렇다. 우리는 부모님의 섹스를 통해 여기에 왔다. 부모님이 나눈 섹스는 저급하지 않았고, 부끄러운 것도 아니었고, 숨길 것도 아닌 건강한 사랑의 표현이자 확인이었을 것이다. 그 사랑 행위로 인해 두 사람은 더욱 결속하고 친밀해졌을 것이다. 그것이 우리가 섹스를 대해야 할 태도라고 생각한다. 섹스에 대해 말하는 것을 저급하다고 생각하고 '밝히는 사람'으로 매도하는 사람의 성 의식은 바로 그대로일 것이다. 섹스는 사랑하지 않고도 할 수 있지만, 대개 호감을 느끼고 사랑할 때 하게 된다. 우리가 섹스를 부정적으로 말하고 죄의식과 연결할 때 강박이 생기고, 그런 강박들이 모이면 사회가 변태스러워진다.

과거 빅토리아 여왕 시대 때 영국은 그야말로 엄격한 성윤리를 국민에게 요구했다. 부부간의 섹스도 아기를 낳는 목적이 아니면 금지했고, 도서관에 여자와 남자 저자가 쓴 책을 섞어 꽂지도 않았으며,

심지어 여자 앞에서 '다리'라거나 '가슴'이란 말을 할 수 없어서 '화이트 미트(white meat)'라고 말했다고 한다. 그래서 나라가 아주 성적으로 맑고 고결해졌을까? 오히려 숨기는 바람에 더욱 문란해졌다. 성매매가 가장 많았고, 매독 같은 성병이 창궐했다고 하며, 불륜이 유행처럼 쉬쉬하며 퍼졌다.

성에 대해 말해 봅시다

"자, 이제 식사도 마쳤고 하니 본격적으로 섹스에 대해 이야기해 봅시다. 누구나 다 섹스에 관심 많지 않나요?"

지인 혹은 막역한 친구 사이라 해도 여러 명이 모인 자리에서 어느 누가 이리 자연스럽게 성에 대한 이야기를 꺼낼 수 있을까? 실제로 이런 상황이 벌어진다면 다들 멋쩍어하거나, 서로 시선을 슬쩍슬쩍 던지며 불편해할 것이 틀림없다. 아니, 사실은 상상도 하기 어려운 아주 점잖지 못한 일이다.

성에 관한 이야기는 대체로 술자리에서, 누군가 내 이야기를 잘 기억하지 못할 순간 같을 때 농담처럼 시작되기 일쑤이다. 일단 이야기를 나누게 되면 모두가 귀를 쫑긋하고 기울일 거면서, 할 말이 많을 거면서 대개는 그렇다.

우리 사회의 성 문화는 참 이상하다. 겉으로는 점잖은 척하지만 실제 성 문화는 아주 난잡하기 이를 데 없다. 수많은 성매매·성행위 업소들이 거리를 넘어 학교 주변까지 들어오고 젊다 못해 어린 여자들의 반나체 사진을 담은 명함을 여기저기 뿌려 댄다. 키스방, 안마방 등 수많은 '방'들이 유행처럼 나타났다가 사라지고 모습을 바꿔 또 등장한다. 아침부터 '불륜' 천지인 막장 드라마를 방송하기도 한다.

성에 대한 언론의 태도는 더욱 수상하다. 건강한 성담론을 말하기는 주저하면서, 어린 아이돌의 눈빛이라든지 동작이 선정적이라며 카메라 앵글을 바짝 들이대고, 오늘날의 성 문화를 걱정하는 척하면서 오히려 부추긴다. 그 많은 인터넷 사이트에는 성폭력, 성희롱에 대한 걱정스러운 기사 옆에까지 이상한 문구를 단 여자들의 벗은 몸 사진이 빼곡하다.

몇 년 전 영국 BBC 방송에서 선정한 정욕의 나라 1위에도 모자라서(포르노 소비 1위국), '성적으로 가장 문란한'이라는 수식어도 함께 듣고 있는 나라. 그러면서 학교, 가정, 언론 어디서도 건강한 성담론은 쉽게 풀어 놓을 수 없는 나라가 바로 '대한민국'이다.

얼마 전 독일 유력한 신문의 주재 기자와 만나 꽤 오랜 시간 양국의 성에 대해 이야기 나눌 기회가 있었다. 그가 말하길 독일은 최근 청소년이 첫 성 경험을 하는 나이가 2~3년 늦춰졌다고 한다. 이유를 묻는 내게 그는 "요즘 독일은 열심히 성교육을 하고 있다"고 대답했다. 독일은 실제 성교육을 '민주시민교육'이라 말할 정도로 중요하게 생각하며 정부, 지자체, 학교, 가정이 함께 협력하여 적극적으로 성교육을 하고 있다. 언론과 학교, 부모가 성과 피임에 대해 말하는 나라의 미혼모 발생률은 아주 낮다. 성교육이 아주 구체적이고 실제적으로 어릴 때부터 어디서나 행해져야 하는 이유이다.

성에 대해 자유롭게 말하고, 건강한 성을 누리는 방법을 알려주면 사회는 훨씬 성적으로 자신을 잘 통제하는 사람들로 채워질 것이다. 그리고 어쩔 수 없는 사고에 대해서는 사회의 구제와 복지 인프라를 확충하고 잘 다듬으면 된다.

우리는 날 때부터 성적인 존재이다. 인간이 사랑을 원하고, 번성하고자 하는 것은 가장 기본적인 본능이자 욕구이다. 때문에 숨기고, 말 못 하게 하고, 저급하게 취급하면 곰팡이처럼 썩어 번성하게 된다. 금기를 어기려는 본능을 자극하는 가장 1순위가 성이기 때문이다. 건강한 성담론이 활발하고 자유롭게 여기저기서 펼쳐지길 소망한다. 🐦

건강한 자존감과
바디 이미지를 갖자

요즘 '자존감'이란 단어가 여기저기서 강조된다. '자존감'은 '자아존중감'의 줄임말로 말 그대로 '있는 그대로의 나를 존중하고 사랑하는 마음, 태도'를 의미한다. 자존감은 어렸을 때 소중하게 여겨지던 경험에 뿌리를 두고 있으며, 청소년기엔 외모의 매력이 자존감을 대신하기도 하지만, 성인이 되어가며 자신이 이룬 다양한 성취를 통해 영글어 간다. 그리고 이 자존감은 자기 몸에 대한 생각과 태도, 즉 '바디 이미지(body image, 신체상)'를 결정하는 데 기반이 된다.

아주 어릴 적엔 몰라도 나이가 들어가면서 얼굴과 몸은 내가 가진 가치관과 살아온 인생을 반영한다. 바디 이미지는 내가 내 몸을 외면적·정서적으로 바라보는 시각(생각과 느낌)을 의미하는 것인데 실제로는 주관적이기보다 타인의 시각에 영향을 받을 때가 더 많다. 특히 자유의사대로 살기 어렵고 평가하길 좋아하는 우리 사회에서 주체적인 바디 이미지를 갖고 살기란 쉽지 않은 일이다. 게다가 사회가 요구하는 바디 이미지도 있다. 선호하는 '몸'에 대한 시각인데 이는 시대에 따라 계속 변하며 우리 사회는 특히 몹시 기준이 높은 '외모추구형' 메시지를 강요한다.

패션처럼 사회의 바디 이미지는 유행이 빠르다. 아주 마른 몸매가 추앙받는 시대가 있었다가 몹시 풍만한 몸매로 아름다움의 기준이 옮겨가기도 하고 쌍꺼풀의 눈이 환영받는 시대, 길쭉하고 시원한 눈매가 아름답다고 여겨지는 시대도 있다. 그래서 나 자신이 주체적인 바디 이미지를 갖도록 꾸준히 시도해야 한다. 그러지 못하면 변화하는 유행에 따라 늘 불안하고 허둥대기 쉽기 때문이다.

바디 이미지는 사랑의 모든 과정에서 중요하다. 나의 몸을 긍정하고 아끼는 사람이 사랑 앞에서도 단단하고 당당하게 자신을 드러낼 수 있기 때문이다. 또 상대의 몸을 있는 그대로 아끼고 사랑해 줄 수 있다. 나의 얼굴과 몸이 부족하다 느낀다면, 내가 사랑받을 자격이 있는지 자주 의심하고 관계가 무너질 때 그 원인을 내 몸에서 찾으려는 경향이 있다. 그래서 이별의 이유가 외모 때문이 아닌데도 헤어짐 후에 성형이나 다이어트에 집착하기도 한다. 또 사회의 바디 이미지에 휘둘리는 사람은 내가 사랑하는 사람의 몸을 쉽게 평가(또는 비난)하고 바꾸려고 시도하면서 상처를 입히기 쉽다. 우리는 모두 독특하며 자신의 개성을 인식하고 사랑해야 한다. 그럴 수 있다면 다른 사람 또한 그렇게 대하는 능력을 갖게 된다.

바디 이미지가 건강한 사람은 자기애와 함께 당당함을 가지며 몸과 마음의 균형이 잘 맞는다. 그리고 타인의 평가나 유행에 흔들리지 않는다. 사람들은 사실 타인에게 관심이 없다. 그게 진실이다. 그러니 나를 잘 알지 못하고, 관심도 별로 없는 사람들의 미의식이나 가치관에 나를 욱여넣을 필요는 없다. 내가 나라는 사람을 믿고 잘 알고 있다면 진정한 칭찬과 비판, 경쟁은 내 속에서 다루면 된다.

진정한 경쟁은 과거의 나와 하는 것이지 남과 할 필요가 없다. 나의 부족한 점을 알았으면 채워 넣으면 되고, 다른 사람의 비난이 오해라면 내가 그것에 우울해하거나 책임질 필요 또한 없다. 분명한 것은 내일은 더 좋아질 거라는 긍정적인 믿음이 나를 단단하게 하고 성장시킨다는 것이다. 긍정적인 바디 이미지는 더 나은 성생활과도 연관된다. 우리는 처음에 멋진 외모 때문에 성적 매력을 느낄 수 있지만, 사랑이 진행되는 데는 목소리, 느낌, 미각, 냄새 및 그의 성격과 인품이 더욱 영향을 미치기 때문이다.

성형

언제부터인가 세계 최고의 미용성형률을 자랑하는 한국에서는 여자가 태어난 모습대로 곱게 나이 들어가는 것이 참 힘든 일이 됐다. 젊은 여자들의 성형 열풍에 이어, 청소년기도 채 지나지 않은 여자 아이들까지 'Before, After'의 놀림을 받지 않겠다며 얼굴에 손을 댄다. 게다가 이제는 50줄, 지천명의 나이에 들어선 중년 남녀들까지 성형 대열에 합류하는 중이다.

보톡스든, 필러든, 팔자주름 성형이든 모든 인위적인 성형술에는 부작용이 따를 수 있다. 실제로 간단하게 생각하고 받았던 성형수술이 잘못돼 몇 번의 재건 수술에도 불구하고 예전의 얼굴로 돌아가지도 못하고 살게 된 사례를 쉽게 찾아볼 수 있다.

또 우리나라에서 "어떤 보형물을 이용한 수술이든 10년 주기로 보형물을 교체해야 한다"는 미국식품의약국의 권고가 무시되기 일쑤다. 실제로 수술한 의사에게서 이런 당부를 들어 본 적 없다는 이들도 부지기수다.

원래 성형이란 기능에 문제가 있는 이들을 위해 시술돼 온 것인데, 이제는 멀쩡한 곳을 사회의 '외모 추구 메시지' 기준에 맞춰 자르고 늘이고 새로 만들어 넣는다. 게다가 미용성형이라는 것이 눈, 코, 입, 턱 등 얼굴의 각 부위에서부터 이쁜이 수술, 양귀비 수술, 음경확대술 등 성기에까지 그 범위를 넓혀 가고 있다. 특히 여성 성기를 성형하는 수술은 기능 회복이 이유가 아니라면 성기 훼손에 가깝다고 나는 생각한다. 오늘날 이렇게 미용성형이 번성하게 된 데에는 상업주의에 편승한 의료계와 언론, 그리고 개인에게 허약한 자존감을 가지게 한 교육 탓이 가장 크다.

성형은 돌아올 수 없는 강을 건너는 것과 같다. 자기 마음에 안 들어도 우리의 얼굴은 나름 균형과 조화를 이루고 있다. 그래서 작은 눈을 크게 만들면, 코도 입도 균형을 맞춰 수술해야 한다. 성형이 한 번으로 끝나는 경우가 거의 없는 이유이다. 나는 반복된 성형수술과 보톡스, 필러 시술로 과거의 개성 있고 아름다웠던 자신의 매력을 다 잃고 표정조차 다양하게 지을 수 없게 된 얼굴들을 방송에서 볼 때마다 안타깝기만 하다. 또 누가 누군지 구별이 어려울 정도로 찍어낸 것 같은 비슷한 외모를 가진 사람들로 거리가 채워지고 있다는 것은 문득 괴기스럽기도 하다. 지구상에는 70억 명의 개성 있는 사람들이 산다. 당신은 그 70억 명 중에서 유일하고 독특한 개성을 가진 얼굴의 주인이라는 것을 잊지 않았으면 한다.

다이어트, 다이어트!

체중을 조절하는, 정확하게는 살을 빼는 다이어트를 한 번도 해 보지 않은 사람은 없을 것이다. 우리 한국 사회는 5살배기 어린이부터 70대 노년들까지 다이어트 열풍에 휩싸여 있다 해도 과언이 아니다.

원래 다이어트는 '건강한 몸을 갖기 위한 식단'이었는데 요즘, 특히 우리나라에서는 '살 빼기'의 대명사처럼 되어 버렸다. 게다가 심하게 마르면서도 S라인을 가져야 한다니 얼마나 이율배반적인지 모르겠다.

외모의 롤모델이 되기도 하는 연예인들의 몸은 실제로 보면 너무 말라서 걱정될 정도이다. TV 매체가 실물보다 훨씬 확대되어 보이기 때문에, 또 마른 몸매가 더 젊어 보이기 때문에 연예인들은 더욱 마른 몸을 유지하려 애쓰고, 사람들은 그런 연예인들의 몸을 동경하며 닮고 싶어 한다.

외국 역시 다이어트가 없는 것은 아니지만, 우리나라 정도의 열정은 아닌 것 같다. 통통함을 넘어 풍만한 서양의 여자들은 스스럼없이 자신의 몸매를 드러내고 연인과 당당하고 즐겁게 시간을 보낸다. 우리나라에서라면 용기를 내야 할 비키니 차림도 서양 여자들은 거리낌 없이 입는다. 나이와 몸매를 떠나 입고 싶으면 입는 것이다. 그렇다면 이 살 빼기 다이어트는 전 세계 여자들의 공통선은 아닌 모양이다.

여자들의 살 빼기는 남자보다 어렵다. 몸의 구성 자체가 지방이 더 많기도 하고, 여성성을 좌우하는 여성호르몬 에스트로겐 때문이기도 하다. 여자의 몸은 너무 마르게 되면 경고 신호를 보낸다. 월경이 중지되기도 하는 것인데 몸 스스로 쇠약하고 위험한 상태라고 인식해 월경을 하지 않는 것이다.

최근 SNS에 "목표는 33kg, 같이 개말라 인간되실 분 구한다"는 글들을 쉽게 볼 만큼 지나치게 마른 몸매의 '프로아나(pro-ana, 마른 몸을 동경해 거식증을 자처하는 사람)'를 지향하는 청소년들이 많아져서 걱정이다. 그런데 프로아나는 정신의학적으로 거식증이라기보다 날씬해지고 싶은 욕망 때문에 거식증을 표방하는 것과 같다. 이런 먹고 토하고, 마른 몸매를 찍어 올리고, 식욕억제제를 처방받는 등의 행위를 계속하면 우선 토할 때마다 역류하는 위액 때문에 치아와 식도가 상하기도 하고 갑상선 기능저하증, 월경불순 등의 문제가 생길 수 있다. 또 진짜 정신의학적인 거식증 환자가 되기도 하며 심지어 사망하기도 한다.

마르려는 여자들의 욕망처럼 남자들도 근육질 몸매를 열망한다. 로마 검투사 같은 근육질의 몸매가 남성성의 상징처럼 여겨져 '초콜릿 복근', '강인한 등근육', '잔잔한 팔근육' 등을 갖기 위해 운동에 지나치게 매진하는 경우를 자주 본다. 건강에 관심을 갖고 운동을 열심히 하는 것은 좋은 일이지만 이것이 근육질 몸을 가지기 위한 목표가 되고 있는 건 아닌지 생각해 볼 일이다. 또 몸매를 위해 너무 단백질에 치중한 식단만을 고집하는 게 아닌지도 돌아보자. 쉽게 근육질 몸을 만들기 위해 스테로이드 약물을 사용하는 이들도 꽤 많은데, 이 약물은 근육을 만드는 긍정적인 효과도 있지만 발기부전, 고환 수축, 정자 수와 운동성 감소, 혈압 증가, 심장질환의 부작용이 있을 수 있다. 정신적으로도 불안과 공격성이 높아진다고 하니 남용해서는 절대 안 된다.

사람의 가장 기본적인 욕구는 식욕과 성욕이다. 그런데 우리 사회는 이 기본적인 욕구를 억압하는 데 망설임이 없고, 이러한 사회의 폭력적인 요구는 사람들의 가치관과 생활을 뒤틀리게 하며 결국 사회를 병들게 한다.

자신이 지향하는 어떤 몸매 때문에 먹는 데 두려움과 죄의식을 느낀다면 빨리 병원에 가야 한다. 그럴 지경까지는 아니지만, 원하는 몸매에 대한 추구로 이런저런 다이어트를 계속 무리하게 진행하고 있다면 누구를, 무엇을 위해서인지 잘 생각해 보기 바란다.

브라질리언 왁싱

"브라질리언 왁싱을 하려고 하는데 괜찮을까요?"

여름이 되면 왁싱, 그중에서도 브라질리언 왁싱에 대한 질문을 자주 받는다. 요즘은 여름이 아니더라도 노출이 심한 옷을 입을 기회가 많기에 계절과 상관없이 '털을 없애는 것'에 대한 관심이 높다.

무성한 수염과 겨드랑이털, 가슴털, 다리털이 남성성의 상징이던 시대도 있었다(변덕스러운 바디 이미지!). 그래서 얼굴에 털이 없는 남학생들조차 자꾸 면도를 해서 좀 더 뻣뻣한 털이 나오길 바라기도 했고 심지어 거뭇하게 음영을 그려 넣어 수염이 난 척하는 남학생들도 있었다. 하지만 요즘은 남녀 할 것 없이 전반적으로 털을 없애는 추세이다. 우리나라뿐 아니라 전 세계적으로 그렇다.

우리나라에서 여자들은 아주 오랫동안 머리카락 외에 다른 부위의 털이 보여지는 것이 금기였다. 그래서 매끈하게 보이려고 주기적으로 다리털을 면도하고 겨드랑이털을 밀었다. 급기야 음모를 정리하고 아예 왁싱이나 레이저로 다 뽑거나 태워 없애기 시작한 것도 꽤 오래전이다. 수영을 항시 할 수 있게 되면서 점점 깊이 패이는 수영복의 라인에 음모가 보이지 않게 하려니 그렇게 되었고, 언젠가부터는 외음부부터 항문까지의 털을 다 뽑는 브라질리언, 혹은 올누드 왁싱이 남녀 모두에게 유행하고 있다.

털은 나름 중요한 존재 이유가 있다. 특히 음모는 체취를 보존하여 상대를 유혹하기도 하고, 섹스 시에 피부 마찰에서 생기는 통증을 줄여주는 역할도 한다. 또 학자 중에는 음모의 존재 이유를 다 성숙한 성인이라는 것을 알게 하기 위해서라고 하는데, 지금은 옷을 벗고 다니지 않으니 그 이유는 실용적이지 않게 되었다. 어쨌든 털은 어느 부위든 피부를 보호하고 체온을 유지하며 피지샘에서 분비하는 기름기로 보습을 유지한다.

브라질리언 왁싱은 외음부 쪽의 털을 다 없애는 시술인데 요즘은 올누드라고 해서 항문 주변까지의 털을 완전히 없애는 것이 유행인 것 같다. 제모를 하면 더 깔끔하고 관리하기가 쉽다고 상업적으로 부추기는 영향도 있어 보인다. 제모하는 여자들은 월경 때 털에 월경혈이 묻지 않아 깔끔하다고 하지만 성학자로서 나의 의견은 '글쎄…?'이다. 뭐라 해도 제모 역시 유행으로 보일 뿐이다. 머리카락에 뭔가 묻으면 샴푸를 해서 깨끗이 씻어내지 삭발은 안 하지 않나?

브라질리언 왁싱 후에 심한 모낭염에 걸려서 무척 고생했다는 이야길 자주 듣는다. 모근이 있는 곳에 고름집이 생기고 가렵고 따가워서 소염제를 오랫동안 먹어야 했다는 것이다. 왁싱할 때 피부의 상피층에 상처가 나서 감염이 되기도 한다. 브라질리언 왁싱을 한다면 당연히 위생적으로 도구를 소독하고 관리하는 곳에서 해야 한다.

또 브라질리언 왁싱을 하면 털을 제모한 뒤 다시 자랄 때 그 털이 피부 안으로 휘어들어 자라는 인그로운 헤어가 되지 않도록 잘 관리해야 한다. 음모를 제거하면 접촉에 의해 감염되는 HPV나 헤르페스, 성기사마귀 같은 성병에 걸릴 위험이 더 높아지는 건 분명하다. 그래서 의사들은 브라질리언 왁싱을 권하지 않는 이가 많고, 의학적으로 얻을 것이 없다고 말한다. 나도 같은 의견이다. ✑

죽음을 무릅쓰고
항거해야 강간일까?

2023년 1월 26일, 여성가족부가 폭행과 협박 없이도 동의 없이 이뤄진 섹스라면 강간죄로 처벌할 수 있도록 하는 '비동의간음죄' 도입을 검토하겠다고 했다가 법무부 반대에 반나절 만에 철회했다 이는 법무부가 여전히 성폭력의 판단을 '여성이 그 성 행동을 동의했는가'의 성적 자기결정권 행사가 아닌 '여성이 얼마나 항거했는가와 폭력의 정도'로 기준을 삼겠다는 것을 보여주는 것이다.

우리나라는 1994년 '성폭력범죄의 처벌 등에 관한 특례법(이하 성폭력 특별법)'을 제정해 성폭력에 함의돼 왔던 '정조 개념'을 제거했다. 그동안은 강간당해도 가해자의 악한 의도보다는 피해자가 '정조'를 지키지 못했음에 더 방점이 찍혀 왔다 해도 과언이 아니었다.

나 역시 성폭행을 피해 빌딩 옥상에서 떨어져 자살을 택한 여학생의 소식을 전하며 공중파 방송의 기자가 '정조를 지키기 위해'라고 공공연히 말을 이어가던 뉴스를 기억한다. 그래서 성폭력을 당하고도 알리지 못하거나 피해자인데도 비난과 조롱의 대상이 되는 경우가 많았다. 이 법 제정 이후 '피해자는 보호되고, 가해자는 처벌돼야 한다'는 상식이 확산됐다.

하지만 이 성폭력 특별법이 제정된 지 이미 30년이 다 되어감에도 불구하고 우리 사회에서 여전히 성폭력 피해자는 스스로 자신을 지키려는 노력을 인정받지 않으면 그 피해에 대한 인정과 보상을 받기 어렵다. 왜냐하면 우리나라의 형법 297조 강간죄는 '폭행 또는 협박으로 사람을 강간한 자'에 대한 처벌을 명시하고 있기 때문이다. 이 법에 의하면 피해자의 반항을 불가능하게 하거나 현저하게 곤란하게 할 정도의 폭력과 협박이 있어야 강간이 인정된다. 현실의 법 집행은 사법부 판사 개인의 '성 인지감수성'과 '폭행 또는 협박'에 대한 인지 정도에 따라 그 판결이 달라졌기에 성폭력 피해자들과 그들을 돕는 사람들을 무력하게 했던 것도 사실이다. 대법원은 "강간죄가 성립하려면 가해자의 폭행·협박은 피해자의 저항을 불가능하게 하거나 현저히 곤란하게 할 정도의 것이어야 한다"는데, 이는 실제 법원 판결에서 쉽게 찾아볼 수 있다. 강간 혐의에 무죄를 선고한 판결문을 보면 "피해자의 의사에 반하는 정도의 유형력을 행사해 피해자를 간음한 것에 불과하고, 그 유형력의 행사가 피해자의 반항을 현저히 곤란하게 할 정도에 이른 것은 아니므로"라는 취지의 표현이 숱하게 등장한다. 그렇다면 강간을 피하기 위해 목숨이라도 걸어야 한다는 건가?

게다가 성범죄 기소 후 판결에는 심한 범죄 내용에 비해 초범이라든지, 반성문 제출이라든지의 이유로 턱없이 감형해 주는 것을 본다. 사법부가 얼마나 자주 피해자가 아닌 가해자에게 공감하며 면책과 관용을 베푸는지 법원의 판결에 의구심이 들 때가 많다.

여성가족부의 통계에 의하면 2018년 한 해에만 24만1,363건의 성폭력 상담이 이루어졌고, 2017년 한 해 동안 성폭력 사건이 3만 2,824건이 고소되고, 검찰에 의해 이 중 46%만 기소됐다(대검찰청, 2018년 범죄분석자료). 불기소의 이유는 대개 '혐의없음'이었다고 한다. 이는 성폭력이 없었다는 것이 아니라 그만큼 심한 폭행과 협박이 인정되지 않기에 불기소되는 경우가 많았다. 강간당할 상황에서 가해자에게 목숨을 걸고 반항하지 않으면 '강간'이 아니라 '좀 거친 성관계'가 되고 피해자는 2차 피해를 입거나 '무고'로 역고소 되는 것이 현실이다. 결국 우리 사회가 강간을 바라보는 시각은 여전히 피해자가 얼마나 필사적으로 저항했는가에 머물고 있다.

그런데 실제 강간의 현장에서는 물리적인 폭력이나 협박이 없는 경우가 더 많다. 실제로 한국여성정책연구원이 2021년 발표한 연구(비동의간음죄의 비동의 판단기준 마련을 위한 국내외 사례연구)에 따르면

71.4%가 직접적인 폭력과 협박이 없는 강간이었다. 항거를 받을만한 폭력이나 협박이 없이도 강간을 할 수 있다는 말이다. 요즘처럼 여성들에게 이성과의 관계에서 안전에 대한 공포심리가 확산되어 있다면 강간은 더 쉬울 것이다. 강간의 현장에서 대다수 여성은 이미 폭력적인 상황에 압도되어 공황 상태가 되고 아무런 항거를 못 하는 무기력한 상태가 되는 경우가 많기 때문이기도 하다.

강간죄의 구성 요건을 '가해자의 폭력과 협박'이 아니라 '피해자의 자유로운 동의 여부'로 정하는 것은 우리나라뿐 아니라 세계적 추세이며, 개인의 성평등과 성적 자기결정권을 인정하는 선진 국가라면 더욱 그래야 한다. 이미 유엔고문방지위원회와 여성차별철폐위원회에서는 수차례에 걸쳐 우리나라에 "피해자의 자유로운 동의 여부를 중심으로 강간을 정의하도록 입법하라"고 권고한 바 있다.

영국에서는 2003년 성범죄법을 전면 개정하면서 '동의규정'을 신설하여 '상대방의 동의를 위한 확인을 시도했는가'를 중하게 본다. 피해자가 "그때 나는 동의하지 않았다"고 말한다고 해서 강간죄가 자동으로 성립되는 것이 아니란 뜻이다. 이외에도 독일은 '피해자의 명확한 의사 표현 유무'를 심각하게 따진다. 스웨덴은 더 나아가 '상대의 동의 확인'을 하지 않았을 경우 '과실 강간죄'를 신설하기도 하였다.

무고죄가 양산된다고?

법무부는 '비동의간음죄'로의 개정은 "범죄를 의심받는 사람이 상대방의 동의가 있었음을 증명하기 어려워 억울하게 처벌받는 도구가 될 것", 즉 "성폭력 무고율이 양산될 것"이라며 반대의견을 밝혔다. 결국 상대가 '섹스를 동의하지 않는지 어떻게 확인할 수 있느냐'며 걱정하는 것인데 엄밀히 말하면 이제까지는 상대의 동의를 명확하게 확인하지 않은 섹스를 해왔다는 말인가? 상대가 원하지도 않는데 일방적으로 성행위를 했다면 당연히 처벌받아야 하는 것 아닌가? 오히려 동의 없이 간음하는 행위를 강간죄 구성 요건의 기본으로 하고, 폭력이나 협박이 있었다면 가중 처벌하는 것이 옳다.

'속마음'이라 확인이 어렵다는 동의 여부 확인은 이미 '비동의간음죄'를 선택하고 있는 나라들의 선례를 참고하면 될 일이다. 물론 사법부가 성 인지감수성을 제고해야 하고, 사건의 맥락을 읽는 힘을 기르는 등 일의 양이 많아질 테지만 말이다.

한국여성정책연구원에서 2019년에 발표한 대검찰청 사건처리기록 분석 자료에 따르면 성폭력 무고죄 고소사건의 기소율은 7.6%에 불과하다. 그러므로 '비동의간음죄'가 무고율을 양산할 거라는 것은 괴담에 불과하다. 오히려 법 전문가들이 돈이 되는, 가해자 변호를 하려 변호사들이 앞다투어 성범죄 사건을 맡으려 한다는 신문 보도도 있는 참이다. 이런 속사정을 누구보다 잘 알고 있을 법무부가 '억울한 무고율'을 앞세워 반대하니 참 이상한 일이다. 양성평등의 시각에서도 '동의 여부'를 강간죄의 구성 요건으로 삼는 것은 오히려 남성 피해자들에게 유리하다. 비록 강간의 피해자는 80% 이상이 여성이지만.

성적 동의 연습

이미 외국의 성적 동의 경향은 'No means No'에서 'Yes means Yes'로 향하고 있다. 이는 강간의 위법 기준을 '가해자의 의도나 행동'이 아니라 '피해자의 의도와 동의'에 맞추고 있다는 것이다. 'No means No'가 상대방의 제안을 거부하는 것이라면 'Yes means Yes'는 나의 명백한 동의가 없으면 다 No라는, 훨씬 개인의 주도성을 강조하는 것이다.

국민의 힘 K의원 역시 페이스북을 통해 억울한 무고를 걱정하며 "성관계 시에 '예, 아니오' 의사 표현도 제대로 못 하는 미성숙한 존재로 성인남녀를 평가 절하한다"고 개정안을 반대했다. 상대의 동의를 알아보는 방법은 단연 말로 물어보는 것이다. 하지만 실제 우리가 마주하는 현실에서 상대방에게 성행위 동의 여부를 명확하게 표현하기를 어려워하거나, 그 거절을 거절로 받아들이지 않는 성인 남녀가 무수히 많은 것도 사실이다.

내가 학생들에게 '성적 동의'를 가르칠 때 자주 하는 연습이 있다. 두 사람씩 짝을 지어 한 사람이 상대의 어깨에 손을 올려도 되느냐고 묻는다. 상대는 거절한다. 대단한 스킨십이 아니라 그저 어깨에 손을 잠깐 대도 되겠냐고 묻고 그것을 거절하는 것이다. 상대가 미리 거절할 것을 알고 있었음에도 거절당한 사람은 불편했다고 말한다. 심지어 좀 기분이 나빴다고도 한다. 거절한 쪽에서도 미안한 마음이 들었다며 불편해하는 학생이 적지 않다. 이렇게 사소한 거절도 하거나 당하기가 쉽지 않은데 정말 사적인 성관계의 제안을 받았을 때 수락과 거절이 얼마나 힘들지 짐작할 만하다. 특히 연인 관계나 위계, 또는 심리적·경제적 의존관계일 때 거절은 더욱 어렵다.

그런데 우리 사회에서 '성적 동의'는 'No means all Yes'로 받아들여져 왔다 해도 과언이 아니다. '싫다'고 하면 여자라서 수줍어하거나 튕기는 거라고 하고, '침묵'은 동의이며, '예'는 당연히 동의이다. 그래서 성적 동의는 연습이 필요하다. 성적 동의는 아주 어렸을 때부터 개인의 '성적 자기결정권'을 존중하는 훈련을 통해 익숙해질 수 있는데 우리 사회는 아이의 의사를 전적으로 존중하는 양육문화가 일천하기 때문이다. 양육자를 포함해 누구도 '아이의 승낙' 없이는 몸을 만질 수 없고 접촉해서는 안 된다는 것을 가르쳐야 한다. 성교육도 잘 되어야 하지만, 사회의 분위기가 개인의 사적 영역과 의견을 존중하는 방향으로 가야 한다는 것이다.

무엇보다 법이란 동의하지 않았는데도 강제로 자신의 성적 권리를 침해당한 피해자 보호에 더 초점을 맞추어야 하지 않을까? 다수의 선량한 남성들에게 '잠재적 가해자'의 오명을 씌우는 '드러난 가해자'의 편에 서는 것이 아니라 그런 행동을 용납하지 않는 분위기의 사회를 만드는 게 중요할 테다. 자신의 힘을 이용해 강간하지 않을 뿐 아니라, 자제력과 명예심을 갖고, 여성을 존중하는 그런 진정한 남성다운 남자들이 나서줄 때다.

개인의 성적 자기결정권 보호가 우선

유엔은 이미 2010년에 강간 구성 요건으로 '폭행 행사'가 아닌 '명백하고 자발적인 동의' 여부를 기준으로 삼을 것을 권고했으며, 2018년 3월에는 우리나라 정부에 형법 297조를 개정해서 '피해자의 자유로운 동의 부족'을 중심으로 강간을 정의할 것을 권고하기도 했다.

성평등지수가 높은 나라인 스웨덴에서는 2017, 2018년에 성범죄의 구성 요건을 '자발적으로 성행위에 참여하지 않는 경우'로 변경하면서 '주도성과 자발성', 즉 개인의 성적 자기결정권 보호에 방점을 찍는 법 개정을 마련했다.

무엇보다 성폭력 판결에서 가장 중요하게 고려돼야 할 기준은 '사람의 성적 자기결정권을 침해하는 행위'였느냐, 즉 자발적인 '성적 동의'가 있었는가 하는 것이다.

'성적 자기결정권'이란 각 사람이 몸과 마음으로 규정되는 자신의 온전한 몸과 성적 가치, 태도, 행동에 대한 결정권을 의미한다. 즉, 성관계를 할 것인가 말 것인가를 결정하는 것을 포함해 머리 스타일을 어떻게 할 것인가, 어떤 옷을 입을 것인가, 피어싱을 할 것인가, 타인과 손을 잡을 것인가, 키스를 할 것인가 하는 모든 성적 행동의 결정권을 의미한다. 그런데 우리 사회는 이런 성적 자기결정권의 의미를 너무 축소해 생각한다. 바로 '성기 중심주의'다.

몇 년 전 이런 일이 있었다. 한 여성이 직장에서 휴식 시간에 대화를 하다가 함께 있던 남성이 자꾸 자신의 쇄골 부위를 건드리며 이야기를 하자 사과를 요구했다. 그런데 남성은 성적 의도가 없었음을 주장하며 사과하지 않았고, 결국 성희롱으로 고소했지만 사법부는 남성의 손을 들어주었다. "여성의 쇄골은 성적 부위가 아니기 때문에 성적 수치심을 유발했다는 말이 지나치다"는 논리였던 걸로 기억한다.

또 한 여성이 자신의 레깅스 착용 부위를 몰래 찍은 남성을 고소했는데 재판부는 2심에서 "일상복인 레깅스를 입은 부위를 촬영했다는 것이 성적 수치심을 유발했다고 보이지 않는다"는 판결을 해 또 한 번 시끄러웠다. 그런데 생각해 보면 내가 몸매가 드러나지 않는 두툼한 코트를 입었다 하더라도 그 모습을 다른 사람이 자기 마음대로 찍어서 가지고 있다면 기분이 좋을 것인가를 생각해야 한다. 다행히 이 건은 대법원에서 성폭력에 피해자가 느끼는 '성적 수치심'이 '부끄러움, 불편함'을 넘어 '성적 대상화가 되지 않을 자유'까지 수용하는 판결을 내리고 유죄를 선고했다.

'성적 수치심'은 성기 주변에 한정돼 일어나는 감정이 아니다. 그것은 나의 몸에 대한 결정권을 나의 동의 없이 침해한 것에 대한 혐오와 수치의 감정이다. 보통 사람들은 이런 무죄 판결에 대해 수긍하기도 하지만, 그 피해자가 나와 관계있는 사람이 된다면 대개 생각은 달라진다.

레깅스를 입은 여성이 나와 관계없는 사람일 때 느꼈던 감정과 나의 누이나 여자친구, 아내, 딸 심지어 아들일 경우조차 내 느낌은 달라지는 것이다. 바로 성 인지감수성이 더 예민해지는 순간인 것이다. 결국 상대에 대해 인격을 부여하면 훨씬 성 인지감수성은 높아진다. 부디 앞으로는 가해자가 아닌 피해자의 입장에서 성폭력을 바라볼 수 있길 바란다. 🐾

관심조차 두지 말아야 할
몰래 카메라

몇 년 전 아주 유명한 젊은 남자 연예인이 그가 운영하는 클럽에서 몰카 촬영과 성추행 사건으로 감옥살이를 하고 풀려났다. 그 클럽에서는 여자에게 약을 먹여 정신을 잃게 한 후 끔찍한 성폭행을 하고, 그 장면을 촬영한 '강간 영상'이 무차별적으로 돌았으며, 심지어 성매매를 알선하기까지 했다니 그 만연된 폭력성의 끝을 가늠할 수가 없다. 이에 더해 미국에 서버를 두고 국내 숙박업소에 몰래 카메라를 설치해 무려 1,600여 명의 사생활, 성관계를 찍어 포르노 사이트에 노출하고 유료로 몰카 영상을 유통시켜 온 이들이 적발되기도 했다. 이쯤 되면 대한민국은 가히 '몰카 천국'이라 할 만하지 않을까. 또 'n번방'이라 해서 취약한 어린 여자들을 노예처럼 성학대한 온라인 단톡방의 주범과 공범들이 체포되어 벌을 받고 있다(그들이 저지른 극악한 범죄에 비해 너무도 약한 처벌이라고 생각하지만).

마치 은밀한 곳에 숨어 사냥감을 고르고, 사냥감의 목숨을 앗아 전리품으로 전시하는 것처럼 그들은 그렇게 했다. 방송에서 과장되게 꾸며준 얼굴로 자신을 추종하는 여성을 유혹하고, 그녀와 섹스하고, 그 장면을 몰카로 찍어 전리품을 나누듯 그들은 단톡방에서 그렇게 즐겼다. 그리고 또 다른 사냥감을 물색하고 품평하고 나눠 가졌다. 이들이 한 성행위는 심각한 폭력이다. 그들은 피해자들이 입을 피해와 상처에 대해서 전혀 생각하지 않았으며, 자신들의 왜곡된 남성성에 갇혀 폭력으로 얻은 정복감만을 즐기는 어리석고 비열한 수컷들이다.

그뿐 아니라 그렇게 몰래 찍은 섹스 영상을 기를 쓰고 찾아 공유하고 관람하려는 이들이 많고, "내 애인과 찍고 아내와도 찍는 섹스 영상이 뭔 대수라고 호들갑이냐"는 이들도 있다고 들었다. 이미 저급한 관음증 문화에 길들어진 그들의 대다수가 직장에서, 학교에서, 거리에서 마주하는 우리 사회의 보통 남성들이라는 점에서 더욱 심각한 우려를 금할 수 없다.

아마도 그것은 최근 우리 사회에 만연한 성차별주의와 폭력에 대한 둔감함, 인성교육 포기로 인한 실종된 인간애가 만든 결과들일 것이다. 결국 남자와 여자가 서로를 적대적으로 보는 시선과 사회 전반에 퍼진 성 상품화, TV·영화·포르노 등의 매체들을 통해 여과

없이 학습된 폭력성과 성적 학대에 대한 둔감함이 이 괴물들을 길러낸 것이다. 또 존경할 만한 롤모델이 없는 가정과 사회, 건강한 성 행동과 가치관을 심어주는 성교육의 부재도 한몫을 했다.

누군가는 이들의 행위가 남자들의 '참지 못하는 성욕' 때문이라 할지도 모른다. 하지만 폭력적이라는 면에서 강간과 연장선에 있는 몰카 촬영·유포 같은 행위는 '성욕'이 아니라 '공격성' 때문에 이뤄진다. 대부분의 강간은 모르는 사람보다 아는 사람에 의해 저질러지고, 우발적이라기보다 계획적 범죄 행위이며, 피해자를 고립시키고 때로는 술이나 약물로 저항할 수 없게 만든다. 가해자가 고의로 저지른다는 것이다. 그리고 폭력적 소통을 하는 사람은 대개 자존감이 낮고, 폭력적이거나 냉담한 아버지에게 육체적·정서적 학대를 당한 피해자인 경우가 많다. 또 여자는 남자에게 복종해야 하고, 여자가 선정적인 옷을 입거나 행동을 함으로써 섹스를 끌어냈으며, 여자가 말로 섹스를 거부했음에도 사실은 그녀가 더 강압적으로 대해지기를 원하는 것이라 왜곡해 해석하는 경향이 있다.

몰카를 찍는 사람 역시 강간 신화에 젖어 있고, 상대를 존중받아야 할 인격체가 아니라 자신의 의도에 따라 얼마든지 가지고 놀 수 있는 성적 대상이라고 가벼이 생각한다는 점에서 다르지 않다.

그렇다면 몰카 피해자가 가장 두려워하고, 그들을 죽음의 직전까지 몰고 가는 것은 무엇일까? 그건 바로 '불특정한 많은 사람에게 자신이 소비되고 희롱되는 것'이다. 철학자 니체는 "성기를 건드리는 것이 가장 지독하고 끔찍한 폭력"이라고 말했다. 성은 우리의 가장 밑바닥(근원)이기에 그것이 모욕당하고 훼손되면 사람은 자존감을 잃는다. 그래서 몰카 영상을 공유하고 보는 것은 찍는 것만큼의 범죄와 다름이 아니다. 악의가 없다고 해도 몰카 영상을 보고 유포에 가담하는 것이 심각한 2차 가해가 되는 이유다. 아니 오히려 그것이 야말로 가해자의 악의에 가득 찬 목표에 동조하며 피해자를 유린하는 공범이 되는 것이다.

성이 상대와 즐거움을 나누고, 사랑을 표현하고 확인하는 정서적 소통임을 경험해보지 못하고, 자신의 힘과 분노와 적대감을 표현하는 폭력적 도구로 사용하도록 학습되는 사회는 위험하다. 예나 지금이나 진정한 남성성은 약한 것을 정복하고 군림하는 공격성이 아니라, 남을 위해 건강하고 관대한 용기를 발휘하고 자신을 위한 독립심을 가지는 것이다.

어떤 남자가 여자에게 차별적인 말이나 행동을 할 때 웃거나 침묵하는 것이 아니라, 그렇게 하지 못하도록 저지하고 집단의 잘못된 압력에 동조하지 않는 남자가 되어야 한다. 성폭력 피해자의 상처에 공감할 줄 아는 남자, 나아가 남녀가 행복과 조화로운 세상을 만들기 위한 협력자임을 인식하고 그런 문화로 이끌 수 있는 남자야말로 우리가 바라고 사랑하고 싶은 멋진 남자다. ✋

스토킹은
구애가 아니다

2022년 9월, 한 여성이 스토킹의 피해자가 되어 살해되었다. 20대 직장인이 동료 직원의 3년간에 걸친 스토킹으로 괴롭힘을 당하다 일터에서 잔혹하게 살해당한 이 사건은 최근 거듭되는 스토킹 살인 사건에도 불구하고 경찰, 재판부와 기업의 미흡한 대처로 우리에게 큰 충격을 안겼다.

　이 사건을 보며 몇 년 전 한 여성에게서 들었던 이야기가 생각났다.

　　스토킹이 시작된 건 1년 정도 사귀던 그 남자와 헤어진 직후였어요. 이별을 받아들이지 않는 그를 처음에는 설득해보고, 마음이 아파서 달래 보기도 했는데 집착은 더 심해졌어요. 안 만나주면 자살하겠다고 해서 만나기도 했지만 그러다 보니 매번 끌려다니게 되는 거예요. 그래서 무시했더니 그때부터는 집 근처에서 기다리고, 따라다니고, 숨어서 지켜보고 밤에 집으로 전화해서 아무 말 없이 끊기 시작했죠. "너는 나 아닌 다른 누구도 만날 수 없다"면서요.

집에 혼자 있는 것도 두려워졌고, 가족에게 도움을 요청했지만 하루 이틀이 아니라서 다들 지쳐갔고 익숙해졌어요. 정말 아무것도 내 마음대로 할 수 없었지요. 어디에 갈 때도 가족에게 동행을 부탁해야 할 정도였죠. 숨을 쉴 수가 없었어요. 그래서 그가 나타났을 때 경찰서에 들어가 신고를 했더니 "맞은 데가 있냐"고 묻는 거예요. 없다고 했더니 "그냥 불안한 것만으론 처벌할 수 없어요. 그냥 가세요. 나중에 무슨 일이 있으면 그때 찾아와요."라고 했어요. 나는 외출도 할 수 없는데 기가 막혔죠. 또 신고해도 경범죄라서 벌금형이나 나올지 모르겠다고 하더군요.

경찰이 제재하지 못하고 제가 겁내는 걸 알자 그는 점점 대담해졌어요. 범죄는 그 사람이 저지르는데 마치 제가 잘못해서 그런 일을 당하는 것처럼 상황이 돌아갔어요. 그때도 경찰은 단순히 전화하는 거로는 처벌하기 어렵다고 했어요.

피해자가 얼마나 괴로운지, 피해를 입는지 관심이 없는 거죠. 스토킹은 창살 없는 감옥에 갇히는 거예요. 직장도, 학교도, 하다못해 집 앞 슈퍼마켓도 마음대로 못 나가죠. 전화벨이 울리면 움찔거리고 잠도 못 자요. 그러면서 자존감과 자존심을 잃어가죠. 제 삶 모든 것을 악의를 가진 남에게 완전히 통제당하는 거예요. 사람을 불안으로 서서히 병들게 하고 무형의 감옥에 가두는 그게 바로 스토킹이란 범죄입니다.

스토킹은 결코 낭만적인 구애가 아니다. 애초에 스토커가 상대를 만만히 보고 자신의 성적 소유 대상으로 생각해 통제하려는 끔찍한 범죄다. 게다가 스토킹 처벌은 그동안 너무나 가벼웠다. 실제 스토킹 처벌법 판결문을 분석해 보니, 기소된 56건 중 9건이 징역형을 받았으며, 그나마 실형이 선고된 징역형은 그중에 단 2건이었다.

게다가 우리나라의 스토킹은 '반의사불벌죄'라는, 피해자가 합의하거나 처벌을 원치 않는다고 하면 기소된 후라도 재판 자체가 없어져 버리고, 사건 자체가 사라지는 불합리한 조항을 두고 있다. 이 '반의사불벌죄'는 가해자가 피해자에게 합의를 종용하고, 협박하고, 괴롭히는 2차 가해의 원인이 되며 결국 앞선 사건처럼 피해자를 위협하고 괴롭히다 못해 살해하는 비극을 가져올 수 있다.

미국에서는 스토킹 신고가 들어오면 현장에 출동한 경찰이 가해자를 식별해 반드시 체포해야 하고 피해자에게 체포나 처벌을 원하는지를 질문해서도 안 되는 '의무체포제도'를 시행하고 있다. 또 피해자의 의사와 상관없이 형사사법기관이 구속 여부를 결정한다. 앞서 말한 직장 동료 스토킹 살인의 1차 구속영장 기각에는 가해자가 전문직 자격증을 가졌다는 것과 초범이라는 것이 감안되었다고 하며 피해자의 2차 신고 때는 경찰이 구속영장을 신청하지도 않았다고 한다. 스토킹은 범죄가 진행되면서 점점 대담해지기 때문에 강력 범죄가 되기 쉽고, 살인의 전조신호이기도 하다.

무엇보다 스토킹은 피해자가 아닌 가해자에 대한 감시가 우선되어야 한다. 스토킹 자체가 가해자로부터 구속당하는 것이고, 그의 적극적인 의도에 의한 것인데, 스마트 워치를 피해자에게 주어 스스로 보호하게 하는 것은 예방 효과가 없다. 스토킹이 시작되면 전자 발찌나 위치추적, 구속 조치 등으로 가해자의 행동을 강력하게 통제해야 한다. 가해자의 손발을 묶어야 한다. 그리고 기소 후 사법부는 일체의 관용을 베풀지 말아야 한다. 가해자의 학력이나, 직장 여부, 가족 부양 여부는 관용의 대상이 아니다.

직장 동료 스토킹 사건의 피해자는 죽음의 공포 속에서도 비상벨을 끝까지 눌렀다고 한다. 그 순간 가해자를 꼭 처벌받게 하겠다는 결연한 의지와 함께 그녀가 감당했을 두려움과 고통의 크기가 어땠을지 생각하니 너무나 가슴이 아프다. ✑

먹방과 연애 리얼리티 프로그램,
대리 만족의 사회

혼자 사는 A씨는 심심할 때 자주 먹방을 본다. 영상 속의 유튜버는 한 입만 물어도 기름이 입안을 가득 채울 것 같은 대창을 2kg씩 구워 먹기도 하고, 소간이나 골수 같은 것들을 입맛을 다시며 먹어 치운다. A씨 자신은 대창이나 소간, 말미잘 같은 것들을 먹지 못하지만 유튜브 화면 속 그녀가 먹는 것을 보며 '무슨 맛일까?' 상상하기도 하고, 빨갛게 입술을 칠한 그녀가 입이 미어지게 밀어 넣는 소시지를 보면서 묘하게 성적으로 자극받는 느낌을 받기도 한다.

연애를 하지 않는 B씨는 요즘 '연애 리얼리티 프로그램' 보는 재미에 푹 빠졌다. 휴일이면 역시 솔로 친구들과 삼삼오오 모여 TV 속 연애를 보며 이러쿵저러쿵 의견과 평가를 주고받는 것이 그렇게 재미있을 수 없다. 연애 리얼리티 프로그램은 요즘 종류가 무척 많아졌는데, 출연한 사람들이 일반인이어서 오히려 신선하다. 또 출연자들은 모르지만 자신들은 알고 있는 그들의 연애 미래를 친구들과 서로 맞추어 보는 것이 아주 재미있다.

최근 우리 사회에서 가장 영향력 있는 사회문화적 키워드는 '먹방'과 '연애 리얼리티 프로그램'이다. '먹방'은 푸드 포르노(Food Porno)의 일종으로 어떤 이가 음식 먹는 장면을 자발적으로 보여주는 영상이다. 외국에서도 'Mukbang'이라고 불릴 정도로 한국의 독특한 콘텐츠가 된 지 오래다. 원래 푸드 포르노는 1984년 영국의 저널리스트인 로잘린 카워드Rosaline Coward가 그녀의 저서《여성의 욕망Female Desire》에서 처음 사용한 말로 '시각적인 자극을 극대화한 음식 관련 콘텐츠'를 일컫는 말이었다.

푸드 포르노 중에서도 우리나라에서 유행하고 있는 것은 음식을 만들거나(쿡방), 음식을 먹는 모습(먹방)이 노골적으로 담긴 영상들이다. 1인분이라 보기에는 너무나 어마어마한 양을 먹는 대식 먹방과, 이름난 맛집을 찾아 음식의 맛을 평가하는 미식 먹방, 식감이나 생김새가 독특해 호불호가 많이 갈리는 자극적인 음식을 먹는 먹방, 그리고 최근에 관심을 모으고 있는 아주 적은 음식을 오래오래 맛없이 먹는 소식 먹방 등이 있다.

혹자는 이런 먹방의 대유행이 우리 사회가 원하는 도가 지나친 바디 이미지(날씬해야 한다) 때문에 다이어트가 생활이 된 이들이 남들이 맘껏 먹는 것을 보면서 대리만족하는 것이라 말하기도 한다. 그런데 사실 남이 뭔가를 먹는 장면을 그렇게나 노골적으로 바라보는 일은 참 편안하지 않다. 또 가학적이고 성적인 느낌을 받기도 한다.

입이라는 구조가 성기를 연상하게도 하고, 인기 있는 먹방 유튜버의 대부분이 젊은 여성이란 점도 그런 혐의를 부추긴다. 유독 빨갛게 칠한 입술을 벌려 음식을 잔뜩 집어넣고 우물거리는 모습은 왠지 어떤 성행위를 연상하게 하지 않는가? 그에 더해 커다란 핫도그에 노란 소스를 잔뜩 뿌려 입가에 소스를 묻혀가며 오물거리고, 요즘 먹방의 주류인 구운 통대창을 뜯어 먹어 입가가 번질한 그녀를 웃으며 바라보는 그런 것들이 그야말로 진짜 포르노를 보는 것 같다. 게다가 시청자들은 그들에게 더 매운 음식을, 더 기름진 음식을, 더 이상한 모양과 식감의 음식을 먹어 보라고 요구한다.

또 다른 인기 있는 키워드인 '연애 리얼리티 프로그램'은 어떤가? 연애 리얼리티 프로그램은 연예인들이 가상의 짝을 짓는 것에서 일반인들이 진짜 커플이 되는 형식으로 진화했다. 그리고 갖가지 채널에서 경쟁적으로 프로그램을 선보이고 높은 인기를 얻고 있다.

정작 자신은 사람도 만나지 않으면서 남들의 연애를 들여다보고, 대리체험하면서 만족한다는 것이다. 자신의 연애가 아니기 때문에 더욱 객관화할 수 있다고 생각하며 친구 연애에 훈수 두듯 남의 연애를 보며 대상화한다. 특히 최근의 연애 리얼리티 프로그램은 관전하는 연예인 패널들이 있기에 우리의 관음 행위를 더 편안하게 느끼게 한다. 혼자만 보는 것이 아니라 여러 사람이 함께 들여다보고 의견을 나누고 있기에 더 그렇다.

전 세계적인 추세이긴 하지만 그중에서도 유독 우리나라 사람들은 연애를 하지 않고 있다. 사랑도 하지 않고 결혼도 하지 않으며 섹스도 하지 않는다. 결혼하지 않아도 사랑과 섹스는 할 수 있는데, 아예 상대를 만나지 않는 사람이 적지 않다. 그러면서 남들의 연애를 들여다보는 연애 리얼리티 프로그램은 열심히 본다. 그 이유는 아마도 우리 사회의 만연화된 성별 갈라치기로 인한 상대 성에 대한 왜곡된 오해, 젠더 갈등을 유발하는 차별과 폭력의 문제, 구조적인 성차별 때문일 것이다. 이는 결혼이라는 제도 안으로 여성이 들어가길 머뭇거리게 하며, 많이 가지지 못한 남자들 역시 힘들게 하는 꿋꿋한 남성주의와 맞물린다. 돈이 곧 성공이고 행복이라는 편향된 사회적인 문제도 빼놓을 수 없다. 여러 이유로 사회적·정서적 고립이 익숙해진 사람들이 소통에 어려움을 겪고 있는 것이다.

혼자만의 식사, 놀이, 시간 보내기에 더 익숙해진 사람들은 다른 사람과의 소통이 낯설고 두렵다. 그래서 혼자의 방에서, 혼자의 스마트폰으로, 남들의 모습을 훔쳐 보는 것이 안전하다고 느끼는지도 모른다.

우리 사회의 이런 현상은 정말 걱정스럽다. 먹는 것과 사랑하는 것은 인간의 가장 기본적인 본능이며, 즐거움의 근원이다. 특히 사랑의 욕구는 타인과의 친밀감과 유대감, 결속감을 가져다주며 우리로 하여금 이 세상을 더 용기 있고 행복하게 살 수 있게 한다. 생리적으로 식욕과 성욕을 느끼는 신경중추는 아주 가까워서 속기도 하는데 사랑이 모자라면 배가 고프기도 하고, 사랑이 넘치면 포만감이 느껴지기도 한다는 거다.

우리는 먹방을 보면서 식욕이 아니라 사랑에 허기진 마음을 속이는 것은 아닐까? 내가 직접 당사자로 뛰어들어야만 느낄 수 있는 사랑의 충만감을 포기해도 되는 것일까?

우리가 정말 해야 할 것은 나를 위해 스스로 즐겁고 적당히 먹고, 현실에서 누군가를 만나 눈을 마주치고, 손을 잡고, 키스하고, 사랑을 나누는 것이다. 사람들과의 접촉을 회복하는 것이다. 사람들과의 애정어린 접촉이야말로 우리를 따뜻하고 배부르게, 행복하게 할 것이기 때문이다. 🐾

남녀 갈등,
문제는 젠더가 아니야

청년들과 함께 성을 공부한 지 20년 가까이 되었다.

마음에 드는 사람을 만나는 일부터 호감을 얻고 사랑에 빠지는 과정, 연애와 안전한 섹스, 남녀의 성 건강 관리, 서로 다른 성 생리와 성 심리, 결혼, 이별, 성폭력, 성매매까지 사랑과 섹스에 관련한 주제를 다양하게 다뤄왔다. 청년들과 나누는 대화는 언제나 낭만적이고 흥미진진하고 즐거웠다. 그런데 최근 몇 년, 남녀 문제를 이야기하기가 점점 어려워지고 있음을 느낀다.

아마도 2020년대에 들며 우리나라에서 가장 비약적으로 많이 사용된 단어는 젠더, 젠더 갈등, 성 인지감수성, 여혐, 남혐 등 성 역할과 성차별에 연관된 것들일 것이다. 특히 전 세계가 코로나19의 팬데믹 상황에 빠지고 비대면과 거리두기가 요구되면서 우리나라에서는 남녀의 갈등이 더욱 심화되었다.

2021년 발표된 사회학자 염유식 교수(연세대)의 〈2021년 서울 거주자의 성생활 실태〉 연구에 따르면, 서울에 거주하는 19세 이상 성인들 세 명 중 한 명이 지난 일 년간 한 번도 섹스하지 않은 것으로 밝혀졌다. 일 년에 한 번도 안 한 상태라면 이건 섹스리스가 아니라 섹스오프 상태라 해도 과언이 아니다. 특히 이번 연구에서 괄목할 점은 20대 남녀의 높은 섹스오프 상태이다. 인생을 통틀어 가장 많은 상대와의 연애와 섹스가 있어야 할 20대 남성의 섹스오프는 무려 43%로 남성 전 세대 중 가장 높은 수치였다는 것이다. 20대 여성 또한 60대(53%)에 이어 43%가 섹스를 하지 않았다고 대답했다.

가장 피가 뜨거울 젊은이들이 섹스하지 않은 이유는 무엇일까?

이에 대해 20대 남성은 '관심은 있지만 상대가 없어서'가 가장 많았고, 20대 여성은 '아예 흥미가 없어서'라고 답한 이들이 가장 많았다. 연구를 진행한 염교수는 "결국 여성은 성에 관심이 없고, 남성은 파트너를 못 만나 섹스를 못 하는 '미스매칭' 현상이 나타나고 있다"면서 미국에서 결혼 등 기성 사회의 관습을 거부하는 히피문화가 젊은층을 휩쓸었을 때 오히려 섹스가 활발해졌는데, 우리나라에서는 '비혼'이 대두되며 동시에 섹스도 없어지고 있다고 우려했다.

우리나라의 청년 여성들은 왜 성에 관심이 없어졌을까? 청년 남성들은 왜 파트너를 만날 수가 없었을까? 코로나19의 팬데믹 상황이 어느 정도 일조했겠지만 성 전문가로서 나는 더 큰 이유는 아마도 1980년대를 지나오며 우리나라의 남녀 성비가 깨진 이유가 한몫했을 것이라 생각한다. 우리나라의 경우 국가의 출산 정책은 오랫동안 '아이 적게 낳기'에 집중해왔다. 부부와 두 자녀가 '정상 가족'으로 간주되어 오다가 1980년대부터는 한 자녀로 바뀌었다.

"하나 낳아 젊게 살고, 좁은 땅 넓게 살자", "잘 키운 딸 하나 열 아들 안 부럽다"는 표어가 내세워졌고, 정부는 적극적인 산아제한정책을 폈다. 이 과정에서 우리나라 부모들은 딸보다는 아들을 선택했고, 그 결과 성별비가 무참히 깨졌다. 극적인 남아선호사상은 1990년 여아 100 대 남아 116.5까지 되었고 그 후로 저출산 위기의식이 급속히 고조되면서 정부는 적극적인 출산장려정책으로 회귀했지만 깨어진 성비는 좀처럼 회복되지 않았다.

그런데 이 성비가 사실은 중요한 의미가 있다. 남성의 성별 숫자가 더 많아질수록 사회는 폭력적이 된다는 인구사회학자들의 분석이 있기도 하지만, 무엇보다 신붓감의 숫자가 부족하게 된 것이다. 남성과 여성의 결혼 대상은 분포가 크게 다르다. 2030 남성의 경우 자신과 위아래로 4~5세 정도의 여성이라면, 여성의 경우는 20~50대까지로 스펙트럼이 넓다. 그러니 꼭 결혼이 아니더라도 파트너를 찾아야 할 남성들에게는 적색경보가 켜진 것이다. 이렇게 남성 인구수가 많아지면 당연히 결혼 시장의 진입장벽은 높아진다. 보다 출중

한 외모와 학력과 사회·경제적 능력이 요구되면서 많은 남성이 파트너 만나기가 더 어려워졌다.

게다가 우리나라는 남녀 임금의 심한 격차와 입사·승진의 불공정, 여전히 여성에게 책임을 전가하는 육아에 대한 생각 등이 여성의 경력단절과 취업 불안정을 유도하기 때문에 능력 있는 여자들은 결혼을 기피하고, 결혼한다 해도 경제력에 취약한 여성들은 점점 경제적으로 능력 있는 남성 위주로 선택하게 되었다. 결과적으로 부모에게 받은 것이 없고, 사회에 진출한 기한이 짧아 가진 것이 없는 남성들은 계속되는 박탈감을 느끼게 되고 이는 기득권을 가진(결혼에 성공한) 남성에게 '설거지남', '퐁퐁남'이라는 여우와 신포도 우화 같은 조롱을 던진다. 이에 발끈한 기혼남들은 결혼 못 한 '도태남'이라고 화답하고 있다. 결국 균형이 깨진 성별비와 그 저변에서 남녀 갈등뿐 아니라 남성 간에도 갈등이 일어난 것이다.

또 하나 여성들에게 만남이나 결혼이 어려워진 이유로는 여자들이 연애 과정의 안전을 확신하기 어렵기 때문이다. 요즘 더욱 젊은 여자들로부터 "만남부터 헤어짐까지 자유권과 안전이 확보되지 않은 교제를 섣불리 시작하지 못하겠다"는 고민을 자주 듣는다. 언론에는 데이트 중 거절이나 '헤어지자'고 했다는 이유로 연인에게 여자들이 맞아 죽는 뉴스가 하루가 멀게 올라오고 그 폭력성은 점점 더 심해지고 있다. 그래서 불안한 연애를 하느니 차라리 안전한 동성 친구와 시간을 보내겠다는 여자들도 증가하는 추세이다.

결국 이 문제는 남녀의 본질적인 성차 때문에 일어나는 갈등이 아니다. 여성이 특별히 돈만 밝혀서도 아니고, 남성이 특별히 폭력적인 존재거나 능력이 없어서가 아니다. 이것은 우리 사회의 젠더에 대한 왜곡과 불공정한 정책, 균형을 잃은 구조적 시스템 문제인 것이다. 성별 갈등 지형도에서 가장 불만이 많은 20대 남성들은 역설적으로 가장 '성 인지감수성'이 높은 세대이다. 난 여기에 희망이 있다고 생각한다.

무엇보다 만나서 서로가 괴물이 아님을 확인해야 한다. 서로를 마주하고 대화하다 보면 그간의 괴담들이 얼마나 얼토당토않은 것들이었는지 알게 된다. 부디 2030 남녀 청년들이 서로를 반목하지 말고 언론이나 정치권이 조장하는 성별 갈등, 갈라치기 구도에 매몰되지 않기를 바란다. 인류의 역사가 시작된 이래 남자와 여자가 이토록 대결하던 시대와 나라는 없었다. 남자와 여자가 서로 돌보고 아끼고 힘을 합쳐 살아 오지 않았다면 오늘날 우리가 어떻게 여기 있겠는가?

기성세대보다 훨씬 더 똑똑하고 현명한 오늘날의 젊은이들이 서로를 이해하고 돌보는 길로 가길 바란다. 사랑이야말로 남녀가 상생하며 우리의 삶을 행복하게 해 주기 때문에 더욱 그렇다. ✍

섹스오프 시대에
부쳐

"여러분, 잠시 눈을 감고 성행위 장면을 생각해 보세요."

2022년 '대한성학회' 춘계학회에서 있었던 일이다. 대한민국의 내로라하는 성 전문가들이 모인 학술단체인 '대한성학회'에서는 매번 다양한 이슈의 흥미롭고 심각한 성 관련 논제들이 다뤄지지만, 이런 요구를 받아 보기는 처음이었다.

잠깐 침묵의 시간이 지나고 발표자는 말을 이어 나갔다.

"여러분이 상상한 성행위의 주체는 누구였나요? 여자와 남자, 그 이외의 이들, 즉 노인, 장애인, 성소수자를 상상하신 분 계십니까? 섹스의 내용은 뭐였을까요? 오럴섹스? 항문섹스? 아마도 대부분은 성기 삽입섹스를 생각하셨을 겁니다. 성 전문가라는 우리도 섹스를 떠올리면 당연하게 이성애, 삽입섹스, 성인 위주로 생각합니다. 그 외의 것들에 대해서 어떻게 생각하시나요?"

이 질문과 이어지는 그의 강의를 들으면서 정말 많은 생각이 스쳐 갔다.

'섹스가 무엇일까?'

'어떤 성행위는 정상이고, 어떤 성행위는 변태인가?'

사실 현대의 성학sexology에서는 더 이상 '변태'라는 말을 사용하지 않는다. 그것은 '다양성'을 인정하려는 노력 때문이다. 섹스하는 주체의 성별부터 섹스의 방식까지를 '정형화'하지 않고, 누군가에게 해를 입히지 않고 기꺼운 동의와 합의가 이루어진 행위였다면 각 개인의 다양한 취향을 존중해야 한다는 의미이다. 섹스에 대한 정의조차도 예전에는 오르가슴(혹은 사정)이라는 성적 쾌락을 목표로 하는 행위였다면 지금은 눈 마주치기, 포옹하기, 키스하기, 애무하기, 삽입성교… 어느 지점까지 했어도(오르가슴은 느끼지 않았더라도) 두 사람이 만족감과 행복감을 느꼈다면 그건 좋은 섹스였다고 정의하고 있다. 오르가슴과 생식의 목표를 달성하지 않았더라도 두 사람이 즐거움(쾌락)을 느꼈다면 멋진 섹스를 한 거란 뜻이다.

섹스를 하는 이유는 수없이 많지만 섹스를 통해 우리가 추구하는 목표는 생식, 즐거움, 사랑의 표현과 확인, 소통 같은 것들이다. 우리는 더 이상 2세를 낳는 생식을 섹스의 1차 목적이라 생각하지 않는다. 아니 그보다 몸을 통해 성적 즐거움을 나누고, 성 욕구를 해소하고, 사랑의 표현 및 확인을 하고 싶어 하며, 더 나아가 섹스를 통해 더욱 깊은 소통을 하기를 원한다. 우리는 사랑(적어도 호감을 느끼는)하는 이와의 성행위를 통해 많은 위안과 즐거움, 친밀감을 얻는다. 함께 몸을 나누고 나면 다른 이들과는 느끼지 못하는 강한 차원의 결속감과 일체감이 생기고 상대를 더욱 이해하게 된다. 이것은 머리, 혹은 이성의 능력 밖의 일이다.

얼마 전 제자를 만나 식사를 했다. 이제 갓 40대에 들어선 제자는 '각방'을 쓰기 시작한 지 벌써 꽤 되었다고 고민을 말한다. 부부 사이가 나쁜 것은 결코 아니지만 언젠가부터 생활의 편리를 위해 따로 자기 시작했고, 그것은 섹스리스로 이어졌다고 한다. 가끔 사랑을 나누고 싶기도 하지만 그러려면 방문을 두드려야 하고, 아내와 같이 자는 아이의 눈치를 보고 자리를 옮기고 하는 번거로움 때문에 더욱 섹스하는 일은 어려워졌다고 했다. 그러면서 자기들 부부는 '하우스메이트'가 된 것처럼 덤덤하다고 털어놓는다.

최근에는 이렇게 결혼한 지 얼마 안 된 신혼부부도, 심지어 사귄지 몇 년 안 된 혼전 커플들도 '섹스리스'의 고민을 갖고 상담실을 두드린다. 이렇게 고민이라며 서로의 관계를 걱정하는 커플은 그나마다행이다. 더 이상 사랑을 나누지 않는 커플들의 대다수가 나란히 앉아서 드라마를 보거나, 혹은 각각 스마트폰으로 SNS를 하거나, 유튜브 영상을 보다 따로 잠이 든다. 내 파트너와 손을 잡고, 눈을 맞추고 대화를 하고, 혹은 키스를 하고, 포옹하고, 성적인 스킨십을 현실에서 하기보다 영상 속 다른 이들의 사랑과 스킨십, 농담을 보며 대리체험을 할 뿐이다. 실제로 파트너가 잠시도 스마트폰에서 눈을 떼지 않고 앞에 앉은 자신보다 폰 속의 누군가와 시시덕거리고 진지한 대화를 나눈다며 상담실에 와 불만을 털어 놓는 커플이 많아졌다.

SNS에는 순간마다 사랑하는 이와 같이 가면 좋을 멋진 장소와 레스토랑 사진, 맛있어 보이는 음식들이 올라온다. 그런데 아이러니하게도 SNS에 커플의 다정한 모습, 행복한 모습을 자주 올리는 이들일수록 정작 현실 관계는 좋지 않다는 여러 연구 결과가 보고되고 있다. 마치 꽃다발이 있는데 꽃을 포장하는 형형색색의 색지며 리본, 투명 비닐에 덮여 꽃은 눈에 띄지 않는 것과 마찬가지이다. 이렇게 자신의 삶과 행복을 포장하는 데만 열을 올리고, 정작 내가 진짜 행복한지, 나와 함께 있는 사람의 상태가 어떤지는 관심 밖이다.

사랑과 섹스가 없어진다는 것은 저출산의 문제 이전에 누군가의 존재를 깊이 받아들이고, 상대를 존중하고, 배려하며, 오래 견디고, 연민하는 경험을 갖지 못한다는 것이다. 그리고 이것은 반드시 인간이 인간답게 살기 위한 '휴머니티'의 상실로 이어질 것이다. 우리가 살아가면서 제일 중요한 건 문명의 성취가 아니라 다른 사람과 어떤 관계를 맺는가 하는 것이다.

무작정 운명의 사람이 나타나길 기다리지 말고, 경제적·시간적 여유와 안정이 생기면 사람을 찾겠노라고 미루지도 않기를 바란다. 우리의 인생은 힘들어도 같이 가야 하는 게 있다. 그러면서 부족한 부분이 채워진다. 사랑도 행복도 종합선물세트처럼 한 상자에 넣어서 완벽하게 오지 않는다.

사랑하는 사람을 만나려면 용기를 내어 말을 걸고 사람들이 모인 곳에 나가라. 요즘은 취미가 맞는 사람들끼리 소동아리 모임을 많이 하니 그런 모임에 들어가 함께 취미를 나누다 보면 가치관과 마음에 맞는 사람을 만나는 것은 어렵지 않을 것 같다.

시도 없이 성공할 수 없고, 실패가 쌓이지 않으면 성공하기 어렵다. 마음에 드는 사람을 발견하면 용기를 내어 말을 걸고, 솔직하고 정중하게 마음을 전하자. 그리고 짝이 있다면 내 옆에 있는 사람을 외롭게 하지 말고 아낌없이 마음을 표현하자. 애정을 주고 돌보고 뜨겁게 사랑하자. ✑

에필로그

서툴러서 더 귀한 사랑을 응원하며

드디어 《배정원의 사랑학 수업》 마지막 글을 쓴다.

이 책이 세상에 나오기까지 참 오랜 시간이 걸렸다. 내가 바쁜 탓도 있었지만, 한사코 놓치지 않으려 했던 '정서'가 있었기 때문이다. 바로 '다정함'이었다. 책의 시작부터 끝까지 '다정하게, 다정한 마음으로'란 주문을 매번 새롭게 읊조렸다. 그 '다정함'의 주문이 독자들에게 위로와 응원으로 전달되기를 바랐다. 쳇바퀴 같은 하루를 보낸 후 다정하게 글쓰기를 하는 것은 쉽지 않은 일이었지만 생생하고 친절하게 사랑의 조언을 담고 싶었다.

책을 쓰면서 자주 20대의 나를 떠올렸다. 누군가를 마음에 품는 것, 사랑을 유지하는 것, 그리고 잘 헤어지는 것, 다시 새로운 사람을 만나는 것이 나 역시 쉽지 않았다. 나의 안목을 믿을 수 없었던 데다 성적인 정보엔 정말 무지했다. 그때 믿을 만한 어른이 설렘에 대해,

사랑과 몸에 대해 진득하게 알려주었더라면 좀 더 여유로웠을 것 같다. 그 젊은 날의 나를 위해 뒤늦게 이 책을 썼다. 또 내 딸을 포함해 지금 청춘들의 지난한, 그러나 풋풋한 사랑을 위해 이 책을 썼다.

이 책에 나 자신을 사랑하는 법, 건강하게 사랑을 시작하고 유지하는 법, 아픈 실연에 잘 대처하는 법, 안전하고 행복하게 섹스하는 법까지 사랑 전반에 대해 담았다. 나의 사랑하는 제자, 인생의 애틋한 후배를 만나는 심정으로 오랜 시간 정성을 들였다. '사랑의 이론서'가 아니라 '사랑의 실용서'가 되었으면 하는 마음으로 구체적인 이야기를 담으려 애썼다.

성 건강과 피임 등 섹스와 몸에 대해서도 주요하게 다뤘다. 사랑은 궁극적으로 섹스로 이어진다. 섹스를 통해 우리는 사랑을 표현하고 소통하며, 즐거움을 얻고, 유전자를 보전한다. 사랑과 섹스는 서로 돕는 끈끈한 관계이다. 우리는 성적인 존재이며 그것은 자연스럽고 건강한 본능이다. 하지만 우리 사회는 여전히 이중적인 성 의식을 가진데다 젠더 갈등을 부추긴다. 사회의 이런 태도가 우리의 아름다운 본능을 억압하고, 서로를 오해하게 만든다. 이런 음모를 알아보고 피하고 이겨 내려면 무엇보다 자신의 몸과 마음, 상대의 그것을 잘 알아야 한다. 모쪼록 이 책이 독자들이 건강한 시선을 갖추는 데 도움이 되길 바란다.

실용적인 내용을 충분히 담으려 했으나 책이 너무 두꺼워지는 바람에 신지 못한 내용이 너무 많다. 특히 요즘 젊은 여자들이 힘들어하는 심한 월경통과 다낭성난소증후군, 유방암 정보를 덜어낸 것이 안타깝다. '괜찮겠지' 하는 턱없는 낙관으로 병을 키우는 경우를 주변에서 많이 보았다. 부디 자기 몸에 관심을 가지고 자주 검진받고, 책을 찾아 읽기도 하면서 스스로를 잘 돌보길 바란다.

청춘은 사랑에, 아니 사랑을 넘어 인생의 모든 면에 서투르기에 쉽게 넘어진다. 나이의 무게가 꽤 무거워지고 살아온 역사가 만만치 않은 지금도 나는 자주 실수하고 깨달아 가는 중이다. 인생이 학교는 아니지만 매 순간 배우고 더 나은 사람으로 살려고 노력한다. 하물며 청춘은 어떨까? 청춘은 좀 더 실수하고 실패해도 되는 시기이다. 사랑도 인생도 여러 방면으로 도전하고 시행착오를 겪다 보면 자기다운 방법을 찾기 마련이다. 젊어서 실수를 많이 해 본 사람이 더 단단한 인생을 살기도 한다. 그러니 많이 웃고 짧게 슬퍼하길! 그리고 친절한 인생이 당신을 위해 곳곳에 숨겨놓은 '행운의 모자'를 찾아 쓰면서 춤추듯 가볍게, '지금 여기'에 집중하며 살아가고 사랑하길 바란다. �

배정원의 사랑학 수업

초판 1쇄 발행   2023년 11월 28일
초판 2쇄 발행   2024년 1월 15일

지은이   배정원
펴낸곳   (주)행성비

펴낸이   임태주

책임편집   이윤희
디자인   페이퍼컷 장상호
마케팅   한경화

출판등록번호   제2010-000208호
주소   경기도 김포시 김포한강10로 133번길 107, 710호
대표전화   031-8071-5913
팩스   0505-115-5917
이메일   hangseongb@naver.com
홈페이지   www.planetb.co.kr

ISBN 979-11-6471-253-3 03190

※ 이 책은 신저작권법에 따라 보호를 받는 저작물이므로 무단 전재와 무단 복제를 금합니다.
  이 책 내용의 일부 또는 전부를 이용하려면 반드시 저작권자와 (주)행성비의 동의를 받아야
  합니다.
※ 책값은 뒤표지에 있습니다. 잘못 만들어진 책은 구입하신 서점에서 교환해 드립니다.

행성B는 독자 여러분의 참신한 기획 아이디어와 독창적인 원고를 기다리고 있습니다.
hangseongb@naver.com으로 보내 주시면 소중하게 검토하겠습니다.